Todos los libros de Linkgua Ediciones cuentan con modelos de Inteligencia Artificial entrenados por hispanistas. Pregúntale al chat de tu libro lo que desees acerca de la obra o su autor/a.

Para ebooks: Accede a nuestro modelo de IA a través de este enlace.

Para libros impresos: Escanea el código QR de la portada con tu dispositivo móvil.

Obtén análisis detallados de nuestros libros, resúmenes, respuestas a tus preguntas y accede a nuestras ediciones críticas generativas para una experiencia de lectura más enriquecedora.
La transparencia y el respeto hacia la autoría de las fuentes utilizadas son distintivos básicos de nuestro proyecto. Por ello, las respuestas ofrecen, mediante un sistema de citas, las fuentes con las que han sido elaboradas.

Oscar Lewis

Tepoztlan
Un pueblo de México

Barcelona 2023
Linkgua-ediciones.com

Créditos

Título original: Tepoztlan.

© 2023, Red ediciones S.L.
Traducción: Lauro J. Zavala.

e-mail: info@linkgua.com

Diseño de cubierta: Michel Mallard.

ISBN tapa dura: 978-84-9953-963-8.
ISBN rústica ilustrada: 978-84-9953-877-8.
ISBN ebook: 978-84-9953-746-7.

Sumario

Prefacio

Una de las principales tendencias en la antropología cultural, durante los últimos veinte años, ha sido un cambio que va del estudio de los grupos tribales aislados al estudio del campesinado en los países económicamente subdesarrollados. El pueblo de Tepoztlán, en México, constituye un caso especialmente interesante a este respecto, debido a que ha sido una de las primeras comunidades campesinas estudiada por un antropólogo norteamericano. Robert Redfield hizo su investigación en este pueblo en los años 1926-1927 y posteriormente, en 1930, publicó su *Tepoztlan —a Mexican Village* [«Tepoztlán: un pueblo mexicano»]. Diecisiete años más tarde; esto es, en 1943, empecé yo un estudio parecido del mismo lugar. Hice investigación de campo de diciembre de 1943 a junio de 1944 y durante los veranos de 1946, 1947, 1948 y 1950, y en 1951 di a la estampa mi trabajo *Life in a Mexican Village: Tepoztlan Restudied*[1] [«La vida en un pueblo mexicano: nuevo estudio de Tepoztlán»]. En 1956-57 regresé a este mismo poblado con el fin de ver qué cambios habían tenido lugar desde mi investigación anterior. Sumando mis dos temporadas allí resulta que, habiendo comenzado en 1943, he hecho aproximadamente un trabajo de campo de unos tres años en Tepoztlán. Pocas comunidades campesinas han sido estudiadas más intensivamente que este pueblo por dos investigadores independientes. Por otra parte, la combinación de informes arqueológicos con materiales de archivos históricos —que datan desde el siglo XVI— y tres estudios de antropología que abarcan un lapso de más de treinta años nos ha proporcionado una perspectiva en el

1   University of Illinois Press, Urbana.

tiempo que tiene importancia particular para el estudio del cambio cultural.

He querido incluir como primer capítulo de esta versión española el resumen y las conclusiones aparecidas en mi estudio de 1951, porque considero que pueden constituir una útil introducción general al tema. En los siete capítulos siguientes describo el pueblo de Tepoztlán tal como lo vi entre los años de 1943 y 1948, y en el capítulo noveno analizo los cambios que encontré en 1956-1957. Finalmente, recojo en un apéndice tanto las críticas de Redfield a mi estudio inicial como mi propia réplica, no publicadas hasta ahora sino en revistas especializadas. El lector interesado en los aspectos metodológicos y en las fuentes del material incluido en este volumen puede recurrir a la edición original de mi estudio anterior, arriba citado.

Deseo expresar aquí mis agradecimientos a la University of Illinois Press, por su amable permiso para poder utilizar materiales incluidos en *Life in a Mexican Village: Tepoztlan Restudied* (1951). Estoy igualmente agradecido a Alberto Beltrán por sus dibujos de varias escenas del pueblo que es tema de este libro. De la misma manera, quiero dar las gracias a la Fundación Guggenheim por la Beca que me concedió y que hizo posible mi segundo estudio de Tepoztlán en 1956-1957.

L. Tepoztlán reestudiado

Crítica del concepto *continuum* folk-urbano

Este estudio representa, en el campo de la antropología, una de las pocas investigaciones que, de una misma comunidad, se hacen por segunda vez. El lector que conozca ya el estudio anterior sobre Tepoztlán realizado por Robert Redfield, deseará conocer el resultado de una comparación entre nuestros hallazgos. En estas páginas hacemos esa comparación, no solo para comprender mejor a Tepoztlán, sino también las implicaciones de mayor alcance relativas al método y la teoría antropológicos. Las cuestiones planteadas son: ¿Hasta qué punto y de qué modo difieren los resultados obtenidos del estudio independiente de una misma sociedad por dos antropólogos? ¿Cuáles son las implicaciones de tales diferencias respecto a la confiabilidad y la validez de los informes antropológicos?

Los antropólogos, a quienes agrada pensar que en las disciplinas sociales, incluida la antropología, hay un elemento científico, a menudo han llamado a las sociedades primitivas el «laboratorio» de los científicos sociales; laboratorio en el cual pueden ponerse a prueba las hipótesis acerca de la naturaleza del hombre y la sociedad. Mientras que los experimentos y las observaciones de quienes trabajan en el campo de las ciencias naturales son, en general, repetidos y cotejados independientemente por diferentes observadores, los informes de los antropólogos tienen que ser aceptados *prima facie*, y su confiabilidad tiene que juzgarse en términos del respeto y la confianza que inspiran la integridad de su autor, la consistencia interna del trabajo de éste y el grado en que el mismo concuerde con nuestras ideas preconcebidas.[2] Si hemos de tomar en serio la analogía con las ciencias naturales, debemos elaborar métodos que nos permitan comprobar la confiabilidad de nuestras observaciones y la validez de la interpretación. Uno de tales métodos es hacer un nuevo estudio de la misma comunidad. Esto lo han reconocido ya

2   Si consideramos el uso cada vez mayor y sin tamiz crítico al cual otros científicos sociales han venido sometiendo los datos antropológicos, el problema de la confiabilidad adquiere una gran importancia. En esta época, en que los antropólogos escriben abiertamente sobre naciones enteras, puede parecer una herejía el nuevo hecho de sugerir que todavía hay campo para un reexamen crítico de algunos de los métodos y enfoques empleados en los estudios de las llamadas sociedades más simples. Empero, estoy seguro de que muchos antropólogos, y aun algunos estudiosos no antropólogos, han sentido la necesidad de tal procedimiento. Bierstedt, por ejemplo, en su crítica de algunos trabajos antropológicos recientes sobre modernas comunidades y naciones, deja traslucir la idea de que estas investigaciones están estimulando «el aumento del escepticismo respecto de la información que los antropólogos nos han proporcionado sobre los pueblos ágrafos». Véase Robert Bierstedt, «The Limitations of Anthropological Methods in Sociology», *American Sociological Review*, Vol. LIV (1948), págs. 22-30.

varios antropólogos,[3] pero, hasta ahora se han llevado o cabo

3 Linton al tratar sobre las dificultades que se presentan cuando se estudian los aspectos más íntimos de la cultura, y los riesgos implícitos de hacer generalizaciones apoyadas en los muestras limitadas que usan la mayor parte de los antropólogos, escribe: «La única comprobación posible de tales fuentes potenciales de error en la actualidad, es el estudio de cada sociedad por varios investigadores. Estos expertos deberían trabajar en forma independiente, y deberían ser ellos mismos tan diferentes como sea posible en los configuraciones de su propia personalidad». Linton, Ralph, *The Cultural Background of Personality*. (Nueva York y Londres, Appleton-Century Co., Inc., 1945), pág. 50. Hay traducción española: Cultura y personalidad, Fondo de Cultura Económica, 1945.
La necesidad de hacer reestudios también fue sugerida por Radin, en 1933, cuando escribió: «Nunca podrá subrayarse con bastante énfasis no solo el hecho de que el etnólogo de campo recoge los datos, sino que con toda posibilidad su descripción quedará como el cuadro final de una cultura dada, sobre la cual no podrá hacerse apelación alguna. Nada más natural que el hecho de que esta función semidivina que se le atribuye le haga creer en los hechos tal como él los pinta, ya que los ha logrado con el sudor de su frente. Porque quienquiera que los ponga en duda no solo se muestra como impertinente, sino que hasta difama su carácter y veracidad. Esta actitud, por cierto dominante en los Estados Unidos, en el sentido de que el campo específico de búsqueda de datos representa un dominio privado del etnólogo, campo en el cual nadie más puede cazar, ha producido daños inestimables, y a menudo ha dado por resultado que una tribu haya sido descrita por una sola persona. A veces ha sido sostenido, incluso, que los peligros que concurren a la descripción de una tribu por una sola persona han sido exagerados y que, de una manera o de otra, una descripción se prueba a sí misma». Paul Radin, *The Method and Theory of Ethnology* (Nueva York, McGraw-Hill Book Co., 1933), págs. 102-04.
Hasta donde llegan mis conocimientos, Margaret Mead es la única antropóloga moderna que ha expresado serias dudas acerca de la conveniencia y utilidad de los reestudios. Para sus ideas al respecto, véase «The Mountain Arapesh», *Anthropological Papers of American Museum of Natural History*, Vol. 41. parte 3 (1940), págs. 296-297.

muy pocos reestudios.[4] El hecho se explica por muchas razones. Las más importantes han sido tal vez la limitación de los fondos disponibles para las investigaciones de campo, la premura impuesta por el estudio de tribus que se extinguían rápidamente, la escasez de investigadores de campo, el gran atractivo que ofrece el estudio de una comunidad nunca investigada anteriormente, y, por último, la falta de énfasis en la metodología.

Comparación con las conclusiones de Redfield

Como hemos observado antes, nuestro estudio de Tepoztlán no fue concebido originalmente como un reestudio del trabajo de Redfield, sino más bien como una continuación del mismo. Cuando se inició esta investigación, no preví diferencias fundamentales en nuestras conclusiones. En el desarrollo del trabajo, sin embargo, fueron surgiendo numerosas diferencias, que afectan desde cuestiones de detalle hasta el cuadro general de la sociedad tepozteca y sus miembros. A reserva de exponer más adelante estas discrepancias, reuniré aquí algunas de las más generales y fundamentales.

El trabajo de Redfield sobre Tepoztlán da la impresión de que allí vive una sociedad de que allí vive una sociedad relativamente homogénea, aislada, que funciona sin tropiezos y que está, además, bien integrada, ya que la forman per-

---

4   Muchas tribus y poblados han sido estudiados por más de un investigador, en la mayor parte de los casos los trabajos han sido lo que podría llamarse estudios aditivos más bien que reestudios de trabajos anteriores. Ha habido, por otra parte, reestudios hechos por los mismos investigadores; por ejemplo, *Middletown in Transition*, de Lynd, y, más recientemente. *A Village that Chose Progress*, de Redfield. Un equipo formado por marido y mujer nos da también alguna independencia en la información y, de hecho, nos puede llevar a interpretaciones diferentes. Compárense, para el caso, las impresiones sobre los arapesh, de Reo F. Fortune, con las de Mead.

sonas contentas y bien ajustadas socialmente hablando. El cuadro que nos ofrece de este poblado tiene un cierto sabor rousseauniano que, dentro de algunos límites, disimula los hechos de violencia, desorganización, crueldad, mala salud, sufrimiento y desajustes. Poco se nos dice de la pobreza, de los problemas económicos, de los cismas políticos. A través de todo el estudio se subrayan en la sociedad tepozteca la cooperación y la unidad. Nuestros descubrimientos revelan, por otro parte, que el énfasis estaría más bien en un individualismo subyacente, tanto a las instituciones como al carácter tepoztecos, e igualmente en la falta de cooperación, en las tensiones que hay entre los poblados del municipio, en las escisiones dentro del propio Tepoztlán, así como en el miedo, la envidia y la desconfianza en las relaciones interpersonales.

Consideremos ahora algunas de estas diferencias en detalle. El informe de Redfield sobre Tepoztlán subraya la importancia de las tierras comunales como un factor de unificación en el poblado y en todo el municipio. Pero aunque esta apreciación es correcta, constituye solo una parte de la historia. Con la única excepción de las tierras de la iglesia, las tierras comunales han sido, y son ahora, trabajadas en forma individual, y el ideal de todo tepozteco es poseer su propio pedazo de tierra. Es más, las tierras comunales han originado disensiones en el pueblo; y, precisamente, en el año en que Redfield estuvo en Tepoztlán esas disensiones desembocaron en actos de violencia. Asimismo, Redfield nos da la impresión de que el *cuatéquitl*, que es una forma tradicional de trabajo colectivo, constituye parte integrante de la vida del pueblo. Nos describe un *cuatéquitl* que tuvo lugar durante su estadía como si tal rasgo hubiese sido algo común y corriente. La verdad es que éste fue el primer *cuatéquitl* importante desde la Revolución, y son pocos los que se han llevado a cabo después. Precisamente el *cuatéquitl* observado por Redfield se realizó debido a la curiosa circunstancia de que la facción política local, de orientación socialista, revivió el *cuatéquitl* tradicional; pero dicha facción política estaba dirigida desde la Ciudad de México por un grupo de tepoztecos que eran miembros de la Confederación Regional de Obreros Mexicanos, conocido localmente como los bolcheviques. Antes de la Revolución, el *cuatéquitl* de Tepoztlán no era visto simplemente como un esfuerzo voluntario, de cooperación, sino que también se asociaba a la idea de trabajo forzado y como una imposición de los grupos de caciques que gobernaron el pueblo durante el régimen de Porfirio Díaz. Durante el periodo colonial, los españoles utilizaron también el *cuatéquitl* tradicional como fuente de mano de obra. En resumen, podemos decir que el informe de Redfield acerca de los aspectos cooperativos de la vida en Tepoztlán debe modificarse en parte de su extensión a la luz de otros datos.

Redfield trazó el cuadro de Tepoztlán como el de una comunidad de propietarios de tierras y no mencionó el problema de la tierra. Nosotros encontramos, en cambio, que más del 50 % de los habitantes no poseían tierras, y que había una escasez evidente de buenos terrenos, así como una considerable presión demográfica frente a unos recursos agrícolas cada vez menores. Redfield presentó una semblanza vivaz de Tepoztlán en el régimen de Díaz, dando a entender que en ese tiempo hubo un cierto florecimiento cultural, sin señalar que se limitaba a unos cuantos habitantes del pueblo, y que la gran mayoría de los tepoztecos eran analfabetos, desesperadamente pobres, que carecían de tierras y que vivían dentro de un régimen político opresivo que les impedía utilizar sus propios recursos comunales. Con relación a esto es de interés observar que Tepoztlán fue una de las primeras poblaciones del Estado de Morelos que se unió a la revuelta zapatista en contra del régimen de Díaz. Parece que para Redfield la Revolución mexicana fue un fenómeno histórico que solo tuvo el efecto de contener la tendencia a la formación de diferencias de clase;[5] pero nosotros creemos que la Revolución tuvo una influencia marcadamente niveladora, tanto en lo económico como en lo social y en lo cultural.

Redfield presentó solamente los aspectos positivos y formales de las relaciones interpersonales, tales como las formas de saludo y las relaciones de respeto entre los compadres. No trata, en cambio, los aspectos negativos y la descomposición en la vida del lugar, como la alta incidencia de robos, disputas y violencias físicas. Un examen de los archivos locales correspondientes al año en que Redfield vivió en Tepoztlán reveló el conocimiento oficial de 175 casos de crímenes y delitos menores en el juzgado de la localidad, la mayor parte de los cuales fueron ofensas contra las personas o las propiedades. Como no todos los hechos llegan a las autoridades, hay que considerar esta cifra solo como un índice de una situación evidentemente conflictiva.

Redfield describió la política local casi como un juego; pero nosotros advertimos que dicha política es un asunto serio que no pocas veces ha llevado a la violencia. El año en que Redfield estuvo allí, la división política culminó abiertamente en actos hostiles que estuvieron a punto de convertirse en una pequeña guerra civil; y fue precisamente esta situación la que en última instancia determinó que Redfield abandonase Tepoztlán.

Otra diferencia importante entre nuestras observaciones se refiero a la clasificación que Redfield hace de la estructura social del pueblo en términos de lo que él llamó «tontos», o

5 Al hablar de «tontos» y «correctos», Redfield escribió: «Parecería que las revoluciones periódicas proporcionaran un mecanismo por el cual la diferencia entre clases se hiciera mucho más acentuada de tiempo en tiempo, y la tendencia de ellas a fundirse fuera verificada». Redfield, *Tepoztlán*, pág. 205.

personas que representan lo cultura folk, y los «correctos», o sea los que manifiestan en su forma de ser los modos de la ciudad. Hay que hacer la aclaración de que los tepoztccos no conciben siquiera estas denominaciones, al menos en el sentido en que las usa Redfield, ni las empleaban tampoco en ese sentido hace más de veinte años. Los tepoztecos las emplean como adjetivos descriptivos, queriendo decir con «tonto» que una persona es estúpida, atrasada, escasa de juicio o ignorante; y con «correcto» que es de buenas maneras, ha tenido buena crianza y educación, y que es correcta propiamente hablando. El más pobre, menos educado y más conservador de los hombres puede ser correcto para los tepoztecos si demuestra tener buenas costumbres en su trato, es decir, si se comporta de acuerdo con los cánones establecidos en las relaciones sociales. Del mismo modo, a un individuo bien educado y aculturado se le puede llamar tonto si deja que otros lo engañen o si permite que lo domine su mujer. Dentro de una misma familia algunos miembros pueden ser considerados tontos y otros correctos: la clasificación depende casi completamente de los rasgos que integran su personalidad y de su manera de actuar.

Pero aun admitiendo que el grado en que están expuestos a la influencia del modo de vida de la ciudad es un criterio importante para establecer las diferencias de status en Tepoztlán, de ninguna manera es el único y, ciertamente, tampoco es el más significativo en términos de los muchos y variados status de este pueblo. Entre las distintas maneras de ser y de vivir que ha habido, y que hay en la actualidad, las que tienen mayor sentido para los propios tepoztecos son las que se refieren a los ricos y a los pobres, a los terratenientes y los que no poseen tierras, los que usufructúan tierras privadas que son suyas y los que trabajan en tierras de ejido (ejidatarios o comuneros), los campesinos de la cultura de la coa y los de la cultura del arado, los hijos de caciques y los hijos de los ex zapatistas; para no mencionar sino unas cuantas.

Inclusive, los conceptos de «tontos» y «correctos» como clases sociales que representan diferentes niveles culturales condujeron a una interpretación errónea de la situación política. Las facciones políticas en Tepoztlán durante la estadía de Redfield no estaban compuestas de tontos de un lado y de correctos del otro. Los líderes de ambos grupos incluían a individuos altamente aculturados y también de escasa aculturación; y lo propio ocurría con los demás miembros. Un estudio del personal de cada una de las administraciones del gobierno local (es decir, de los ayuntamientos), de 1926 a 1947, no da pie a la conclusión de Redfield de que la política, lo mismo que las fiestas religiosas, está en las manos de los tontos.

El empleo de los términos «tonto» y «correcto» para designar a grupos sociales que no existían y que no existen ni actúan como tales, hace que gran parte del análisis de Redfield de la sociedad tepozteca sea excesivamente simplificado, esquemático e irreal. Nosotros encontramos un índice más extenso de costumbres y creencias entre los llamados «tontos» que la variación o que se refiere Redfield; y, si seguimos esta manera de razonar, vemos que no existe una distancia tan grande entre «tontos» y «correctos». Mientras que el concepto de Redfield tiende a dar idea de dos culturas, para nosotros Tepoztlán ofrece una sola cultura, con individuos más o menos aculturados y en estrecho y frecuente contacto, mediante el cual cada uno influye sobre el otro, como ha venido sucediendo en los últimos cuatrocientos años.

Implicaciones de nuestras diferencias

Más importante que las diferencias en nuestros hallazgos es el problema de cómo explicar estas diferencias. Creo que hasta cierto punto es inevitable que distintos especialistas que estudian la misma sociedad lleguen a diferentes conclusiones. Por otra parte es verdad que no se puede pasar por alto lo que Redfield consideró recientemente como el elemento de arte en la ciencia social.[6] Sin embargo, las diferencias en nuestras observaciones acerca de Tepoztlán son de tal magnitud, que se hace imprescindible una mayor y más detallada explicación.

Algunas de nuestras diferencias pueden ser explicadas por los cambios que han tenido lugar en el pueblo en el lapso de cerca de veinte años entre ambos estudios. Sobre estos cambios ya hemos hablado en una publicación anterior[7] y los discutiremos también en los capítulos posteriores. Pero hay otras conclusiones que resultan de la diferencia en el alcance general de ambos estudios. Mi investigación tuvo la ventaja de contar, antes de empezar, con el trabajo pionero de Redfield; asimismo, tuvo la ayuda de personal mexicano, más del doble de tiempo para el trabajo de campo, y el desarrollo, durante los pasados veinte años, de nuevos enfo-

---

6   Algunos sociólogos, como Mannheim, irían más lejos. Este autor ha escrito: «Podría indicarse, en todos los casos, que no solamente difieren las orientaciones fundamentales, las evaluaciones y el contenido de las ideas, sino que la manera de plantear un problema, la clase de enfoque que se haga y aun las categorías en las que se incluyan, se recojan y se ordenen las experiencias, varían de acuerdo con la posición social del observador». Karl Mannheim, *Ideology and Utopia* (Londres, Kegan Paul, 1936), pág. 13. Hay traducción española: *Ideología utopía*. México, Fondo de Cultura Económica.

7   Véase O. Lewis, «Social and Economic Changes in a Mexican Village: Tepoztlán 1926-1944», *América Indígena*, Vol. IV, n.º 4 (octubre. 1944), págs. 281-314.

ques y métodos, especialmente en el campo de la cultura y la personalidad. El énfasis puesto en el análisis económico en este trabajo, reflejo también una tendencia evidente de la antropología actual. Además, el hecho de que este estudio se basó en el testimonio de más de cien informantes (respecto de media docena más o menos que auxiliaron a Redfield) reveló una gama mucho mayor de diferencias individuales que nos permitió una mayor comprobación de datos. Otras divergencias, como las que hemos sintetizado en las páginas anteriores, se deben atribuir, en su mayor parte, a diferentes orientaciones teoréticas y metodológicas, las cuales, a su vez, influyeron en la selección y el alcance de los hechos y en la forma en que éstos fueron organizados. Al releer el estudio de Redfield a la luz de mi propio trabajo en Tepoztlán, me parece que el concepto de la cultura folk y del *continuum* folk-urbano[8] fue el principio alrededor del cual organizó su investigación el doctor Redfield. Quizá esto ayude a explicar el énfasis que él puso en los aspectos formales y rituales de la vida más bien que en los detalles de la vida diaria de la gente y sus problemas; en evidenciar la homogeneidad en vez de la heterogeneidad y la amplia variedad de las costumbres; y en la unidad e integración más que en las tensiones y en el conflicto.

A Redfield le interesaba primordialmente el estudio de un simple proceso cultural: la evolución de lo folk a lo urbano, más bien que un informe etnográfico redondeado. Solo incidentalmente consideró a Tepoztlán en su contexto histórico geográfico y cultural en el Estado de Morelos y en México,

---

8 Véase Robert Redfield, *Yucatán, una cultura de transición* (traducción de Julio de la Fuente), Fondo de Cultura Económica, México, 1944 (pág. 484), especialmente el cap. XII. «La cultura folk y la civilización», págs. 403-439, así como la «advertencia del editor», pág. 473. (*N. del T.*)

tendiendo, de preferencia, o situar a Tepoztlán dentro del contexto abstracto y muy amplio del *continuum* folk-urbano.

Las preguntas que planteó con sus datos difieren en gran parte de las que nos hicimos en este estudio. Por ejemplo, a diferencia de nuestro trabajo, no le preocupaban los aspectos típicos de Tepoztlán en relación con el México rural; tampoco parece que se interesa en determinar cómo un estudio de Tepoztlán podía revelar algunos de los problemas característicos de México como un todo. Así, la Revolución en Tepoztlán no es analizada en sus efectos sociales, económicos y políticos sobre la población, ni tampoco en cuanto a la luz que pudiera arrojarnos acerca de la naturaleza de la Revolución como un todo, sino más bien con respecto de la cuestión, de alcances mucho más limitados, del surgimiento de Zapata como «héroe folk».

Crítica del concepto de Redfield del *continuum* folk-urbano

Puesto que el concepto de la sociedad folk como un tipo ideal depende, después de todo, de su definición,[9] no hay lugar a discusión alguna sobre dicho concepto, siempre que se pueda demostrar que tiene un valor heurístico. Basándome, sin embargo, en mi estudio de Tepoztlán, me gustaría señalar un cierto número de limitaciones que he encontrado en la

---

9   Es oportuno recordar aquí que el uso que Redfield hace del término «folk» y del de sociedad «folk» no siempre ha sido consistente. En su estudio de Tepoztlán, lo empleó a veces en un sentido no técnico popular como cuando habla de las danzas folk, la música folk y del folklor (Redfield, *Tepoztlán*, pág. 173). Pero en la mayor parte de su trabajo, define la sociedad folk como una fase intermedia entre la tribu realmente primitiva y la comunidad urbana. Volvió a tomar esta posición en su artículo «The Folk Society and Cultura» en 1940. Pero en 1947 estableció, por otra parte, que la sociedad folk era un tipo ideal que incluía a la sociedad tribal primitiva (Redfield, «The Folk Society», *American Journal of Sociology*, pág. 293).

armazón conceptual del *continuum* folk-urbano como un esquema para el estudio del cambio cultural o para el análisis de una cultura. Puede discutirse esta crítica desde los seis ángulos siguientes:

1) El concepto de lo folk-urbano en el cambio social centra su atención, sobre todo, en la ciudad como la fuente de cambio, excluyendo o descuidando otros factores de naturaleza interna o externa. Las llamadas sociedades folk han venido ejerciendo su particular influencia unas sobre otras a lo largo de cientos de años y, como resultado de esa interacción, se ha producido el cambio cultural. Como veremos, los registros arqueológicos en Tepoztlán, lo mismo que en otras partes de México, indican con claridad una gran mezcla de pueblos y de culturas, que por lo menos data de mil años antes de que tuviera lugar la conquista española. El propio Tepoztlán fue primero conquistado por los toltecas, y después por los aztecas; y con cada una de estas conquistas llegaron nuevas influencias, nuevas ideas religiosas y nuevas costumbres.

Otro ejemplo de factores no urbanos en el cambio cultural puede verse en el caso de Tepoztlán, así como de otras partes de la América Latina, donde la introducción de elementos culturales de orden rural tuvo, al menos en cuanto a sus efectos, un alcance tan grande como cualquier otro cambio de orden urbano llegado posteriormente. De igual modo encontramos que la revolución agrarista mexicana (especialmente en su fase zapatista) tuvo una influencia profunda en cuanto al cambio; sin embargo, difícilmente podría clasificarse como influencia urbana. Es evidente, de este modo, que el concepto del *continuum* folk-urbano trata solamente una de la gran variedad de situaciones que pueden conducir al cambio cultura.[10] En el caso de Tepoztlán, el estudio de los factores urbanos aislados nos daría únicamente un cuadro parcial del cambio cultural.

2) De ello se desprende que, en muchos casos, puede ser que el cambio cultural no sea tan solo una progresión de lo folk a lo urbano, sino más bien una heterogeneidad de elementos de cultura que aumenta o disminuye. Por ejemplo, veremos que la incorporación de elementos rurales españoles como el arado, los bueyes, ciertas plantas y muchas creencias populares no hicieron que este poblado se volviera más urbano, sino que le dieron una cultura rural mucho más variada. La introducción del cultivo de arado en Tepoztlán no eliminó el viejo sistema de cultivo con coa: lo que hizo fue ofrecer a los tepoztecos un método alternativo y, en cierto modo un sistema más eficiente de trabajo del campo, produciendo con ello una heterogeneidad más acentuada en la vida económica y en la forma de las relaciones sociales.

3) Algunos de los criterios usados en la definición de la sociedad folk son tratados por Redfield como variables encadenadas o interdependientes, que quizá fuera mejor tratar como variables independientes. En su estudio de las sociedades guatemaltecas, Sol Tax ha demostrado que las sociedades pueden estar bien organizadas culturalmente y ser homogéneas y, al mismo tiempo, ser bastante seculares, individualistas y mercantilistas.[11] También nos dice que las

10 La reciente elaboración que hizo Becker de su dicotomía de lo sagrado y lo secular, con numerosos subtipos entre cada uno de estos extremos, nos ofrece una tipología de mayor amplitud que contempla una gama mayor de situaciones de cambio de cultura. Véase Howard Becker, «Sacred and Secular Societies», *Social Forces*, Vol. 28, n.º 4 (mayo, 1950), págs. 361-375.

11 Sol Tax, «Culture and Civilization in Guatemalan Societies», *Scientific Monthly*, Vol. XLVIII (mayo, 1939), págs. 463-67; y «World View and Social Relations in Guatemala», *American Anthropologist*, Vol. 43 (1941), págs. 22-42.

relaciones interpersonales en una sociedad pequeña homogénea se pueden caracterizar por el formalismo y la impersonalidad. Los hallazgos de Tax son apoyados por nuestro estudio de Tepoztlán. Además, nuestro trabajo de este lugar demuestra otras posibles combinaciones de variables. Así, mientras Sol Tax encontró en la desorganización de la familia un concomitante del mercantilismo, en Tepoztlán la familia permanece unida, y existen pocas pruebas de su desorganización. Es más, las formas colectivas de la tenencia de la tierra coexisten con la propiedad privada y la explotación individual de ella.

4) La tipología implícita en la clasificación folk-urbana de las sociedades tiende a descuidar los hallazgos significativos de la moderna antropología cultural; específicamente la gran variedad en los modos de vida y en los sistemas de valores entre los llamados grupos primitivos. La sociedad folk, tal como usa el concepto Redfield comprendería en un solo conjunto los grupos recolectores, cazadores, pastores y agricultores, sin ningún tipo de distinción.[12] De modo similar, colocaría bajo una sola categoría a sociedades que, cultural y psicológicamente, son tan distintas como los arunta y los esquimales, los dobú y los bathonga, los zuni y los alorese, los dahomey y los navajos. En realidad, se puede argüir que la clasificación folk-urbana no es una clasificación cultural, dado que no se cuida de las diferencias culturales fundamen-

---

12 Aplicar el término «sociedad folk» a altas culturas como la de los aztecas (Tepoztlán formaba parte de esta alta cultura) y, a la vez, aplicarlo a un simple grupo recolector como el de los indios shoshones, quita a dicho término mucho de su valor de discriminación. Por otra parte, escribir acerca de un «elemento folk» en Tepoztlán en 1926 (el de los llamados «tontos») como si fuera idéntico al elemento folk de los días anteriores a la conquista por los españoles pasa por alto todas las influencias culturales a las cuales ha estado sometido dicho elemento en el transcurso de cuatrocientos años y tiende a oscurecer muchas distinciones que es preciso hacer.

tales; por ejemplo, las diferencias en el *ethos* de un pueblo. El punto decisivo aquí es que las actitudes y los sistemas de valores de algunas sociedades folk pueden parecerse a las sociedades urbanas mucho más que otras sociedades folk. Por ejemplo, el individualismo y la actitud de competencia de los indios pies negros recuerdan mucho más los sistemas de valores urbanos de los norteamericanos que los de los indios zuni.[13] Esto indica que los criterios empleados en la clasificación folk-urbana se refieren más bien a los aspectos puramente formales de la sociedad y no son los más importantes para el análisis cultural.[14]

Lo que se ha dicho del fin de lo folk en la fórmula folk-urbana se aplica también al fin de lo urbano. Centrando la atención solamente en los aspectos de la sociedad urbana, se reducen todas las sociedades urbanas a un común denominador y se las trata como si todas ellas tuvieran la misma cultura. Así, las ciudades griegas, egipcias, romanas, medievales, y las norteamericanas y rusas del siglo XX quedarían colo-

13 Becker hace una observación semejante cuando piensa que las sociedades «primitivas» pueden fácilmente asociarse más al tipo de sociedad secular que al de sociedad sagrada; cita como ejemplo el caso de los comanches.

14 Herskovits ha señalado un punto similar en su crítica a la clasificación folk urbana. Escribió que «en tales sistemas de clasificación la orientación se da en términos de categorías basada en la forma más bien que en problemas explicados en términos de proceso». Melville J. Herskovits, *El hombre y sus obras*. (Traducción de M. Hernández Barroso, revisada por E. Ímaz y L. Alaminas.) México, Fondo de Cultura Económica, 2.ª ed., 1964, pág. 658.

cadas en la misma categoría.[15] Para citar solo un ejemplo: hay diferencias obvias y significativas entre la cultura urbana de Norteamérica y la de Rusia, y, con toda probabilidad, estas dos «influencias urbanas» tendrían un efecto muy distinto sobre una sociedad ágrafa que se expusiera a ellas.

Hay que observar que aquí el concepto «urbano» viene a resultar muy parecido a un cajón de sastre como para que pueda ser útil en el análisis cultural. Aquí incluso se muestra cómo la cuestión planteada por Redfield, o sea qué ocurre con una sociedad homogénea aislada cuando entra en contacto con una sociedad urbanizada, no se puede contestar científicamente, debido a que dicha pregunta resulta demasiado general y los términos que emplea no nos dan los datos necesarios para ello. Lo que necesitamos saber es qué clase de sociedad urbana es, bajo qué condiciones de contacto se encuentra, así como otros muchos datos históricos específicos.

5) La clasificación folk-urbana adolece de serias limitaciones para servir de guía en el trabajo de campo, debido a las implicaciones altamente selectivas de las categorías mismas y al estrecho campo de enfoque del problema. El énfasis sobre los aspectos esencialmente formales de la cultura conduce al

---

15 Herskovits, usando materiales africanos, ha formulado una crítica muy parecida: «También es de notar que en estudios de sociedad popular folk, los datos africanos no son tenidos en cuenta en modo alguno. Sin embargo, en África occidental pueden encontrarse muchas comunidades urbanas que pasan de 100.000 habitantes (tamaño aproximado de Mérida, ciudad del Yucatán de Redfield) hasta alrededor de 350.000. Estas poblaciones tienen complejas economías especializadas y exhiben, como hemos visto ya, el uso de moneda, y sus individuos se mueven por el incentivo de la ganancia, y, no obstante, en esas ciudades las relaciones son tan personales como en cualquier "sociedad folk", y la religión es el aspecto focal de la cultura. En resumen, tenemos aquí la anomalía (anomalía, quiere decirse, en términos del concepto de sociedad folk de comunidades religiosas, urbanas)». Ibídem, págs. 657-58.

desprecio de los datos psicológicos y, en general, no nos ofrece un cuadro introspectivo del carácter de la gente. Ya hemos indicado anteriormente cómo esta manera de ver las cosas influyó en la selección, interpretación y organización de los datos del estudio que Redfield hizo de Tepoztlán.

6) Finalmente, en esta dicotomía folk-urbana, tal como la usó Redfield, está implícito un sistema de juicios de valor que contiene la ya vieja noción rousseauniana acerca de los grupos primitivos a los cuales se considera nobles salvajes, e implica el corolario de que con la civilización vino la caída del hombre.[16] Una y otra vez aparece en los escritos de Redfield el

16 Este tipo de sistema de valores es particularmente adecuado para influir en la interpretación de si a un cambio cultural dado, se le va a llamar desorganización o simplemente reorganización. Y puesto que el concepto de desorganización es uno de los tres conceptos clave en la hipótesis folk-urbana de Redfield, puede verse cuán directamente este sistema de valores puede afectar la interpretación. En este caso, por supuesto, no estamos haciendo ninguna objeción a los valores en sí mismos, sino más bien a la falla de hacerlos explícitos, lo mismo que al sistema de valores en lo particular. Los valores de Redfield sugieren lo que Lovejoy y Boas han llamado el «primitivismo cultural», que ellos definen como «el descontento del civilizado con la civilización, o con algún rasgo conspicuo y característico de la civilización». Véase Arthur O. Lovejoy y George Boas, *Primitivism and Related Ideas in Antiquity* (Baltimore, Johns Hopkins Press, 1935), pág. 7.
Estos autores demuestran que el primitivismo ha existido en varias formas a través de la historia conocida de la humanidad: «Probablemente hay muy poca influencia de la tradición clásica primitivista, directa o aun indirecta. Mas desde el principio del siglo en que vivimos, el hombre occidental se ha venido haciendo cada vez más escéptico respecto del mito del progreso del siglo XIX; igualmente se ha vuelto más intranquilo por recelar de los resultados que hasta ahora ha logrado la civilización, del futuro a que tiende, y de sí mismo como autor de todo esto. Hace dos mil años hubo también dudas y aprehensiones de clase muy semejante. Y a pesar de la ideología general más compleja y sofisticada de los exponentes contemporáneos de este estado de ánimo, se pueden ver paralelos extraordinarios entre algunos de los textos que siguen [se trata de textos griegos, romanos y de la India] y algunos pasajes escritos, para el caso en obras como *El malestar de la civilización* de Freud, y *El hombre y la técnica* de Spengler». Ibídem, pág. XI.

juicio valorativo de que las sociedades folk son buenas y las sociedades urbanas son malas. Se da por sentado que todas las sociedades folk están integradas, en tanto que las urbanas constituyen una gran fuerza desorganizadora. En su introducción al estudio de Miner sobre Saint-Denis, Redfield sugiere que la opinión frecuente sobre la vida campesina «como algo de lo cual hay que zafarse, una ignominia que hay que rehuir» puede ser errónea. Él cree que el *habitant* de Saint-Denis tiene orden, seguridad, fe y confianza, «porque tiene cultura». En otro ensayo («The Folk Society and Culture», en *Eleven Twenty-Six*), Redfield contrasta la «organización y la consistencia, que le da al grupo solidaridad moral» con «la deteriorada organización moral de la sociedad urbana». Todavía en su estudio más reciente —que para este autor representa un gran cambio respecto de su modo de pensar anterior, ya que se preocupa menos del formalismo y sus categorías se relacionan más con las personas— encontramos la reaparición de los viejos valores. El «progreso» y la urbanización son vistos ahora como algo inevitable, pero son malos todavía.[17]

Después de señalar algunas de las limitaciones de la fórmula folk-urbana, veamos hasta qué punto el índice de cambio encontrado en nuestro trabajo sobre Tepoztlán cae dentro de las categorías que sugiere Redfield en su obra *Yucatán,*

---

17 Redfield escribe: «La gente de Chan Kom es, entonces, un grupo que no tiene alternativa, sino que ha de seguir adelante con la tecnología y con una disminución de su fe religiosa y de sus convicciones morales; y, así, ha de ir hacia un mundo lleno de peligro. Esta gente va a llegar, así, irremisiblemente, a identificar sus intereses con los de otra gente de tierras lejanas, grupos que son ajenos al círculo tradicional de su lealtad y de sus responsabilidades políticas. Ante tal actitud, son personas que merecen la simpatía de quienes lean estas páginas». Redfield, *A Village That Chose Progress*, pág. 178.

una cultura de transición.[18] Él postula que mientras mayores sean las influencias urbanas, mayor será la desorganización, la secularización y el individualismo. Tomándola por separado, aquí consideraremos primero a la familia como ejemplo de desorganización. Redfield sintetizó del modo que sigue, las amplias tendencias al cambio en la organización familiar:

A medida que uno viaja de Tusik a Mérida va notando una reducción en la estabilidad de la familia elemental; un debilitamiento en la manifestación de la autoridad patriarcal o matriarcal; una desaparición de las instituciones que expresan cohesión en la familia extensa; una reducción en la fuerza y la importancia en las relaciones de respeto, especialmente hacia los hermanos mayores y, en general, hacia la gente de más edad; un aumento en la vaguedad de los preceptos convencionales de la conducta adecuada hacia los parientes, y una pérdida paulatina en la aplicación de los términos de parentesco que, en primer lugar, sirven para designar a los miembros de la familia estricta,

18 Estamos comparando, realmente, los resultados de un estudio diacrónico del cambio cultural con los de un estudio sincrónico. La metodología de Redfield en su *Yucatán, una cultura de transición* implica la reconstrucción de un proceso histórico desde la posición diferencial de cuatro comunidades en el hipotético *continuum* folk-urbano. Esto es, cada una de las cuatro comunidades representa una fase diferente en la evolución que avanza de lo folk a lo urbano. Se parte del supuesto de que dichas comunidades fueron semejantes en algún momento no especificado del pasado y se explican las diferencias en el grado de secularización, individualismo y desorganización como consecuencia de las influencias urbanas. Redfield planteó un problema histórico que intentó resolver con un método no histórico. Al referirse a las cuatro monografías en las cuales basa su libro, escribió lo siguiente: «Pudiera esperarse que aparecieran con más claridad los esquemas del curso histórico del cambio... si se escribieran historias cuidadosamente preparadas de las culturas locales... Pero en ninguna de las cuatro comunidades estudiadas en relación con lo que se viene hablando aquí se hizo esfuerzo sistemático alguno por reconstruir las antiguas condiciones de la sociedad local siguiendo el método de preguntar a los informantes». Redfield, *Yucatán, una cultura de transición*. (Véase la nota de la pág. 16.)

y, en segundo término, se refieren a parientes más distantes o a personas que no tienen relación alguna de familia.[19]

La primera generalización que se puede hacer en el caso de Tepoztlán es que, a pesar de las influencias cada vez mayores de la ciudad en los últimos diecisiete años, la estabilidad del núcleo familiar no se ha modificado en forma grave. La familia sigue siendo firme y tiene cohesión; las separaciones no han aumentado de modo sensible y casi no hay divorcios. Los lazos en la familia extensa son débiles, pero ésta sigue siendo un recurso en casos de emergencia. Además, tal debilidad no es un fenómeno de reciente aparición. Los pleitos entre los cónyuges, así como el pegarle a la esposa son cosas que ocurren con alguna frecuencia, pero esto también parece regirse por patrones antiguos. Las tensiones y las disputas entre familias reflejan un tipo de organización familiar y nos hablan de la personalidad de los tepoztecos, pero no son necesariamente síntomas de desorganización.

En Tepoztlán continúa siendo fuerte la autoridad paterna, no obstante la desaparición de los matrimonios arreglados y el incremento de las fugas de los novios. Los padres continúan ejerciendo el control de los hijos, en muchos casos hasta después de haberse casado éstos. Como veremos, alrededor del 16 % de los lugares de habitación están ocupados por varias familias unidas y aproximadamente la mitad de éstas son familias extensas en las cuales a los hijos casados se les sigue tratando como a «hijos de familia», sujetos a la autoridad de sus mayores.

Aunque actualmente más o menos el 50 % de los matrimonios comienzan en uniones después de un rapto —que hace befa de la autoridad paterna y materna—, subsiste aún la usanza de que sean los padres del novio los que hagan la

19   Ibídem, pág. 123.

petición de mano. De todos modos, los raptos no conducen a la desorganización, porque la mayor parte de las parejas que emplean ese sistema terminan por casarse y los nuevos esposos se ponen en buenos términos con sus padres. Ahora bien, si las fugas de los novios constituyen un rasgo cultural antiguo, como parecen decir los hechos, tenemos aquí entonces un caso en el que las influencias urbanas han fomentado un viejo aspecto de la cultura en vez de hacerlo desaparecer. Además, como Redfield no encontró prácticamente fugas de novios en Tusik y sí las encontró en Mérida, asoció este rasgo al urbanismo y a la desorganización. Pero esto da por hecho lo que debe ser probado. En Tepoztlán, que es mucho menos urbano que Mérida, de acuerdo con el criterio de Redfield, encontramos una mayor proporción de fugas que en Mérida. Es más: en Tzintzuntzan, que es un pueblo todavía más aislado, Foster encontró que el 99 % de los matrimonios comenzaban con un rapto; y cita pruebas documentales que demuestran la antigüedad de esta costumbre.[20]

20 George M. Foster, *Empire's Children: The People of Tzintzuntzan* (México, Imprenta Nuevo Mundo, 1948), pág. 429.
Beals hablando de otras cosas, ha llamado la atención sobre un patrón de cambio diferente al que alude Redfield. Dice Beals: «Cherán, como muchas otras comunidades indígenas de Mexico, está cayendo cada vez más bajo la influencia de los poblados grandes y de las ciudades. No obstante, el proceso parece aquí también significativamente diferente de aquellos que hasta ahora nos ha descrito Redfield. En Cherán no se hace la distinción entre "tontos", y "correctos", entre mestizos e indios, ni entre ladinos e indios, aunque dicha distinción quizá exista en algunos lugares tarascos con población mestiza considerable. Tampoco existe en esta área el orden de disminución de categoría que va de ciudad a pueblo y de pueblo a aldea. Cherán está probablemente más influido por Gary [en Indiana, Estados Unidos], por la Ciudad de México y por Morelia [posiblemente en este orden regresivo] que por Uruapan y Patzcuaro. La verdad es que es muy posible que, fundamentalmente, Cherán sea más progresivo y esté más en consonancia con el mundo moderno que el mestizo Patzcuaro, con su idealización consciente de su pasado colonial». Ralph L. Beals, *Cherán, A Sierra Tarascan Village*, Institute of Social Anthropology, publicación n.º 2 (Washington, D. C., Smithsonian Institution, 1946), págs. 211-12.

El deseo de las parejas jóvenes de independizarse de sus padres y de organizar sus propios hogares, de lo cual hablaremos, refleja más individualismo, pero no implica necesariamente un derrumbe en la vida de la familia. Por el contrario, el papel menor actual de los parientes políticos y la mayor dependencia que entre sí tienen los cónyuges, además del hecho de que se escogieron mutuamente, puede dar origen a mejores relaciones matrimoniales y a una mayor estabilidad familiar.

Aunque es verdad que ya no se emplean algunas formas exteriores del tratamiento de respeto, se mantiene el *status* del respeto fundamental hacia los más viejos. Quizás la única excepción a esta regla sea la declinación del respeto a los hermanos de más edad. Sin embargo, cabe preguntarse si el hermano mayor en Tepoztlán gozó alguna vez de la posición especial que tuvo en la sociedad maya.

En cuanto al modo recíproco de comportamiento entre los parientes, no encontramos pruebas de ningún cambio notable; quizás tales cambios se iniciaron hace tanto tiempo en la historia de Tepoztlán, que nuestros informantes ya no los recuerdan. Como dijimos antes la familia extensa es débil y, hasta donde sabemos, lo ha sido a lo largo de múltiples generaciones. Lo mismo se puede decir en cuanto al uso de los términos de parentesco, ya que no han cambiado en los tiempos recientes. En los poblados vecinos, que por lo general conservan elementos culturales más antiguos los términos de parentesco se emplean, esencialmente de la misma manera que en Tepoztlán.

En los ejemplos citados se ve claramente que han tenido lugar cambios en el pueblo, pero tales cambios no implican necesariamente desorganización. Más bien significan una nueva forma de organización, o de reorganización.[21]

La segunda conclusión del estudio de Yucatán muestra una tendencia a la secularización:

Se ha llegado a la conclusión de que la ciudad y la villa muestran una mayor secularización que los pueblos. Los principales hechos que se proponen en apoyo de esta conclusión son... la separación del maíz del contexto de la religión y su siembra y manejo como un simple medio para obtener alimentos o dinero; el aumento del número de especialistas que desempeñan sus actividades como medio práctico de ganarse la vida, en relación con los que llevan a cabo actividades tradicionales consideradas como prerrogativas y hasta como deberes morales para con la comunidad; el cambio en el carácter de la institución de la «guardia», por el que ésta se convierte, de una obligación de proteger un santuario y un dios, apoyada en la religión, en un mero empleo en la casa municipal: la desaparición (casi completa) del culto familiar; la declinación del carácter sacramental del bautismo y del matrimonio; la conversión del culto pagano de su carácter verdaderamente religioso a simple magia o aun a superstición; la declinación en la veneración de los santos; el cambio de la novena, por el cual ésta, de forma tradicional que expresa la súplica de la deidad, se convierte en una fiesta para diversión de los participantes; la modificación de la fiesta del santo patrón, por la cual ésta pierde su carácter predominante de culto y se convierte en diversión y oportunidad para obtener

21 Gross ha formulado una observación parecida. Escribe que «...hay que tomar nota de que los conceptos de Redfield sobre organización y desorganización están sujetos a una grave limitación. Encierran el análisis en el marco organización-desorganización y pasan por alto la posibilidad de que puedan existir distintos niveles de organización en las culturas...». Neal Gross «Cultural Variables in Rural Communities», *American Journal of Sociology*, Vol. LIV, n.º 5 (marzo, 1948) págs. 348-450.

provecho económico; la separación de las ideas sobre la causa y la curación de la enfermedad, de las concepciones que las enlazan al deber moral o religioso.[22]

Los datos obtenidos en Tepoztlán no nos permiten una comparación cuidadosa de cada uno de los puntos citados. Sin embargo, muchos datos sí son comparables y muestran la tendencia hacia la secularización aludida. La actitud hacia el maíz en Tepoztlán indica una combinación de ambos aspectos, el secular y el religioso: ciertamente el maíz se considera el producto básico, lo mismo para la subsistencia que para el comercio; pero los rasgos de religiosidad no se han descartado totalmente: el grano se bendice en la iglesia el día de San Isidro, y algunas familias todavía queman incienso en su hogar y le dedican una oración antes de sembrarlo; ciertos labriegos hacen el signo de la cruz cuando siembran la primera semilla. Es más, el día de San Miguel todavía se colocan cruces en las cuatro esquinas de la milpa, con el fin de protegerla de los malos vientos. A juzgar por lo que dicen los informantes, estas costumbres estaban mucho más extendidas antes de la Revolución. Es difícil poder decir hasta qué punto ha habido cambios desde 1926, ya que Redfield no nos dice nada a este respecto.

El estudio de los cambios en las ocupaciones y en la división del trabajo en Tepoztlán demostró que la mayor parte de los «especialistas folk» aún existía, y hasta habían aumentado en numero, a la par de un aumento de los especialistas en las cosas nuevas. Había más curanderos, chirimiteros, fabricantes de fuegos artificiales y de máscaras en 1944 que en 1926; y todo parece indicar que estas ocupaciones conmutarán. Las únicas excepciones eran las de los *huehuechiques*, que deben saber hablar náhuatl y los chirimiteros, que van

22 Redfield, *Yucatán, una cultura de transición*, págs. 419-20.

siendo desplazados por la modernas bandas de música. No obstante, el índice de aumento de los que Redfield llamaría especialistas seculares ha sido mucho más grande que el de los «especialistas folk». Hasta ahora nuestros respectivos hallazgos en Yucatán y Tepoztlán coinciden. Pero no hay que dejar de notar que antes de la Revolución había más zapateros, carpinteros, personas que hacían sillas de montar y otros artesanos que en 1926 o en 1944. Si no fuera porque existe información de tipo histórico que explica este fenómeno, bien podríamos llegar a la conclusión de que debido a contactos urbanos más frecuentes se ha producido una disminución en el número de especialistas. La razón de esta disminución ha sido más bien la desintegración de muchas haciendas vecinas, lugares a los cuales Tepoztlán proporcionaba suficiente mano de obra, y la abolición de la clase de los caciques, la cual ofrecía un mercado para los productos artesanales.

No parece que haya declinado el carácter sacramental del bautismo o del matrimonio en Tepoztlán. Como quiera que sea, estos dos actos se consideran importantes y son prácticas generalidades. Y a pesar de haber legalizado el matrimonio secular, la mayor parte de los tepoztecos siguen considerando al matrimonio eclesiástico como el mejor.

De igual modo, no encontramos evidencias de que haya disminuido la veneración de los santos; los novenarios siguen siendo una oportunidad de acercamiento a los poderes divinos más que reuniones para divertirse. Al santo patrón de cada barrio todavía se le ve como su protector y como a tal se le rinde adoración. Tampoco las fiestas de los barrios se han convertido en oportunidades para lucrar.

De hecho los tepoztecos no muestran el alto espíritu comercial que Parsons encontró en Mitla y Sol Tax en las comunidades de Guatemala. A diferencia de las experiencias que tuvo Parsons en Mitla, nosotros jamás nos vimos asediados por preguntas acerca del precio de las cosas, ni fuimos testigos del regateo entre ellos mismos o con los extraños.

La tercera conclusión del estudio de Yucatán se refiere a la tendencia hacia la individualización o el individualismo conforme se pasa de lo folk a lo urbano. Los datos específicos encontrados en el estudio de las cuatro comunidades se presentan en la siguiente forma:

> ... La relativa disminución de la importancia de las funciones especializadas que se cumplen en provecho de la comunidad y el aumento relativo de las especialidades ejercidas para el propio beneficio del individuo; el desarrollo de los derechos individuales a la tierra y a las propiedades familiares; la disminución o la desaparición del trabajo colectivo y del cambio de servicios, en relación con las empresas cívicas y el culto religioso; el interés decreciente de la familia o de la comunidad local en el arreglo y en la perduración de los matrimonios; la desaparición cada vez mayor de la familia doméstica extensa; la disminución del énfasis en las relaciones de respeto entre parientes y de la definición convencional de las mismas; la declinación del culto familiar y la desaparición de los símbolos religiosos que expresan la institución de la gran familia; la disminución en la tendencia a ampliar los términos de parentesco que tienen significación primaria para los miembros de la familia elemental, aplicándolos a parientes más lejanos o a personas no emparentadas genealógicamente; la creciente vaguedad de las pautas tradicionales de la conducta que se debe seguir hacia los parientes; el cambio en la naturaleza de los ritos del matrimonio y el bautismo, en cuanto que expresan cada vez menos el enlace de las familias, y cada vez más interesan solo a los individuos a quienes estas ceremonias afectan inmediatamente; la declinación en la importancia relativa del santo patrón de la comunidad local; la relación ya apuntada entre el aumento de la hechicería y la separación de

los individuos, especialmente de las mujeres, de la protección que les dan los grupos familiares.[23]

Algunos de los rasgos que se acaban de citar se encuentran también en las categorías de desorganización y secularización y ya los tratamos anteriormente. El desarrollo de los derechos individuales en cuanto a la tierra es quizá anterior a la Conquista española. Cortés y sus herederos tenían tierras de su propiedad en Tepoztlán y, ya por el año de 1580, las rentaban a los tepoztecos. En los últimos veinte o treinta años no ha habido cambios en la dirección de la propiedad privada de los recursos comunales. La persistencia de los recursos comunales, que tienen que ver con más del 80 % del área del municipio, es impresionante.

En Tepoztlán se ve claramente la tendencia hacia el colapso del trabajo colectivo, especialmente por las dificultades que se encuentran al tratar de conseguir gente que acuda a labrar la tierra y sembrar los campos del barrio. En 1947, tres de los barrios rentaron sus tierras y usaron el producto de ese alquiler para beneficio del barrio. Visto el cuadro en su conjunto, muchos de mis descubrimientos en Tepoztlán pueden ser interpretados como datos que confirman los hallazgos de tipo más general hechos por Redfield en Yucatán, especialmente en lo que toca a la tendencia a la secularización y al individualismo; quizás un poco menos con respecto a la desorganización.

El cambio cultural en Tepoztlán

Dejemos ahora las formulaciones de Redfield y analicemos los cambios en Tepoztlán en términos de sucesos históricos concretos y sus patrones especiales. Para este propósito, la

23 Ibídem, pág. 423.

historia del cambio cultural en Tepoztlán puede ser dividida en tres periodos principales, cada uno con sus características particulares. Estos periodos son: 1) de la Conquista española hasta 1910, más o menos; 2) de 1910 hasta aproximadamente 1930; 3) de 1930 al presente. Las grandes diferencias en la extensión de estos periodos corresponden, hasta cierto punto, a los diferentes índices de cambio característicos de cada uno. Es más, cada periodo se distingue por cambios de orden diferente.

Durante el primer periodo el cambio fue gradual, pero de largo alcance y afectó todos los aspectos de la vida, desde la cultura material y la tecnología hasta la organización social, la economía y la religión. Los cambios durante este periodo fueron el resultado de influencias de fuera y consistieron en transformaciones de la cultura originadas por la superimposición de la cultura española, con elementos urbanos y rurales, sobre la cultura autóctona, y con la fusión de ambas como resultante. Durante el periodo siguiente, los cambios fueron causados por una combinación de factores externos e internos y fueron más rápidos y violentos, afectando principalmente a la organización social y política. El tercer periodo fue, en cierto sentido, una continuación del segundo, con cambios primariamente en los campos de la comunicación, la capacidad para leer y escribir, la educación, los patrones de consumo y los valores; a la vez, en este tiempo permanecieron estables la economía, la organización social y la religión. Si se observa el cuadro en su conjunto y especialmente en el campo de la cultura material se verá que los nuevos elementos culturales no suplantaron —en los tres periodos— a los antiguos, sino que se les unieron y, con ellos, hicieron a esta cultura más rica y mucho más heterogénea.

De la Conquista a 1910

Este periodo puede dividirse en dos subperiodos: uno, de la Conquista española a 1810, o sea el periodo colonial; el otro, de 1810 a 1910, la vida independiente hasta el fin del régimen de Porfirio Díaz.

Los efectos de la Conquista y de la influencia españolas durante el periodo colonial fueron extremadamente complicados e incluyeron tanto elementos destructivos como constructivos, de desorganización y reorganización. En su conjunto, este lapso estuvo caracterizado por una disminución aguda de la población debida a las epidemias, el trabajo forzado en las minas de Taxco y Cuautla y en las haciendas vecinas y la emigración con el propósito de escapar a las contribuciones. Algunas industrias locales como la fabricación de papel, la preparación de pulque, el cultivo del algodón y la confección de tejidos decayeron. Se introdujeron varios elementos culturales nuevos: en la cultura material, los más importantes fueron el hierro, el arado, los bueyes, el ganado vacuno y porcino, así como otros animales domésticos; también llegaron nuevas plantas alimenticias, nuevos estilos de casas, nuevo moblaje e indumentaria. Casi todos estos rasgos fueron absorbidos con lentitud y solo por la pequeña porción de los habitantes que estaban en condiciones económicas de poder adquirirlas, los cuales, por lo general, pertenecían al grupo socioeconómico de más alto nivel; éste estaba integrado por los mismos españoles y por los antiguos «principales» y sus descendientes. Veremos que, aún en el año de 1943, menos de una tercera parte de las familias son dueñas de arados y de yuntas de bueyes.

Algunos de los elementos indicados en el párrafo anterior fueron parte de los complejos culturales que transformaron ciertos aspectos de la economía indígena. Consideramos necesario subrayar este punto a causa de la tendencia, mostrada por muchos estudiosos, a ver el proceso de difusión de la cultura española en términos de rasgos discontinuos. Nosotros hemos demostrado que el arado y los bueyes, por ejemplo, fueron más que dos simples elementos: más bien fueron uña y carne de un nuevo sistema de cultivo que trajo consigo transformaciones en los conceptos autóctonos de la tenencia de la tierra, de los ciclos de trabajo, de la disposición del tiempo, de la relación del trabajo con el capital, de los rendimientos del trabajo en el campo y, finalmente, de los efectos en los recursos naturales.

Otros cambios relacionados con los que tuvieron lugar en la Colonia incluyeron la difusión de la propiedad privada de la tierra, la práctica de rentarla, el trabajo a cambio de un salario, el empleo de la moneda, la adopción de uno de los sistemas europeos de pesas y medidas y el calendario cristiano.

A pesar de que los documentos que nos hablan de los cambios en la organización social tepozteca durante el periodo colonial son muy escasos, se puede aceptar que la vieja organización de clanes se vino abajo y que fue sustituida por la organización de la familia al estilo español. Por otra parte, si hemos de juzgar la vida familiar exclusivamente por la descripción que nos hace Sahagún,[24] que es de suponerse se refiere al periodo prehispánico, bien podemos afirmar que la Conquista española produjo un cambio relativamente pequeño en los patrones ya establecidos. En relación con otros aspectos de la estructura social, las pruebas son todavía más

---

24 Bernardino de Sahagún, *Historia general de las cosas de la Nueva España*, Barcelona, Linkgua Ediciones, 2023. (N. del E.)

claras. La estratificación en clases continuó, con la excepción de que unas pocas familias españolas y mestizas tomaron las posiciones de dirección en el nuevo tipo de gobierno.[25] Los españoles trajeron su forma de gobierno municipal con funcionarios electos localmente, e introdujeron asimismo una complicada maquinaria administrativa para atender las quejas. Documentos antiguos nos indican que los indios también eran electos para los puestos y su gobierno; y que el pueblo presentaba quejas en contra de los empleados oficiales de su localidad y en contra de las haciendas debido al mal trato que recibían.

Probablemente los cambios más notables ocurrieron en la religión. Como veremos, Tepoztlán fue convertido fácilmente al catolicismo, por lo menos en cuanto a la adopción de las formas de adoración que, en muchos aspectos, eran similares a las formas nativas. La fundación del convento a mediados del siglo XVI convirtió a Tepoztlán en un centro religioso de instrucción de los dominicos. La unidad de la Iglesia y el Estado dio a la primera una posición fuerte en Tepoztlán a lo largo del periodo de la Colonia. La Iglesia se apoyaba económicamente en las contribuciones que cobraba el gobierno, y las autoridades eclesiásticas y civiles trabajaban conjuntamente en la administración del pueblo. Algunas de las mejores tierras fueron a parar a manos de la Iglesia y, a fines de la Colonia, ésta era el principal terrateniente de la villa. A lo

25 Nuestros descubrimientos en Tepoztlán corroboran los hallazgos para México como un todo. Por ejemplo, dice Diffie: «Para las grandes masas de población en México, la Conquista no significó un cambió considerable en la naturaleza aristocrática y despótica de su administración. El grueso de dicha población no había tomado antes parte en el gobierno, como tampoco participó durante el dominio español. Antes habían sido gobernados por la aristocracia indígena; después fueron gobernados por los españoles que vinieron a ocupar los puestos de las viejas jefaturas, o que utilizaron a los antiguos jefes como instrumentos a su servicio». Bailey W. Diffie, *Latin American Civilization: Colonial Period* (Harrisburg, Stackpole Sons, 1945) pág. 275.

largo de este periodo la Iglesia fue un agente activo del cambio cultural, especialmente en sus esfuerzos por desterrar las creencias autóctonas y establecer el cristianismo. La Iglesia introdujo también nuevas plantas de cultivo: las primeras verduras europeas llegadas a Tepoztlán fueron plantadas y cultivadas por los sacerdotes en el solar de la iglesia.

De 1810 a 1910: Este fue un periodo de relativa estabilidad. Las guerras de Independencia para liberarse del yugo español parecen haber dejado muy poco efecto en Tepoztlán. En general continuaron las formas coloniales de vida y aumentó la población. Pero las leyes de Reforma de 1857 sí tuvieron gran importancia en el pueblo, ya que la Iglesia perdió casi todas sus tierras, que fueron luego distribuidas entre una pequeña parte de los habitantes y determinaron el crecimiento de la aristocracia local, de los «caciques», que gobernaron a través del régimen de Porfirio Díaz. Gran parte del poder de la Iglesia renació con el apoyo de la clase de los caciques, y la vida religiosa se volvió activa. A principios de este periodo se establecieron escuelas, pero solo asistían a ellas unos cuantos privilegiados. Se desarrolló así una pequeña *intelligentsia* y, por un lapso breve, la clase alta de Tepoztlán tuvo un cierto florecimiento cultural.

A mediados de los años ochenta, fueron introducidos el cultivo del café y la fabricación de cordeles. Para finales del siglo se construyó la vía férrea que cruza el municipio. Fue entonces cuando los tepoztecos tuvieron sus primeros contactos con los norteamericanos. Con el ferrocarril hicieron su entrada a esta zona el arado de acero y las cercas de alambre. Fue una época de relativa prosperidad para los caciques, para los comerciantes y para los artesanos. La vía férrea estimuló la industria del carbón de leña y dio a los tepoztecos una nueva fuente de ingreso, pero el mismo tiempo, les causó una baja considerable de sus recursos forestales. Entonces se llevaron a cabo algunas obras públicas, como la construcción del edificio municipal, el parque y el kiosco para la banda de música; se construyeron algunas calles y se repararon otras. El sistema de haciendas tuvo su apogeo en esta época y ofrecía trabajo a cientos de tepoztecos, así como un mercado para los artesanos.

Los abusos de las haciendas y de los caciques locales contribuyeron al descontento y a la discordia. No se permitió a la gente usar las tierras comunales para hacer *tlacolol*, y los que se oponían a la autoridad del cacique eran enviados al ejército o a la cárcel de Quintana Roo. Las disputas entre los pueblos del municipio por la explotación de los bosques para hacer carbón terminaban en verdaderos enconos y llevaban a la violencia. Finalmente, la carencia de tierras y la pobreza de la mayoría de los tepoztecos llevaron a muchos de ellos a participar en la Revolución, que estaba por llegar.

De 1910 a 1930

Tepoztlán sufrió extremadamente durante los años de la Revolución y la vida del pueblo se vio totalmente trastornada. Tepoztlán fue ocupado repetidas veces por las fuerzas en pugna, sus casas incendiadas, sus animales y siembras destruidos, y la población empobreció a tal grado que mucha gente se vio obligada a irse de allí. Muchas personas del pueblo tuvieron entonces su primer contacto con la gente citadina; la población disminuyó y no pocos perdieron la vida en alguna batalla o por el hambre y las enfermedades. El poder político ele los caciques fue destruido por la Revolución y quedaron abolidas las viejas distinciones de clase.[26] La iglesia apenas abrió sus puertas en este tiempo y la actividad religiosa quedó prácticamente en suspenso.

De 1920 a 1930

En los diez años que siguieron a la Revolución, el pueblo luchó por volver a la normalidad. La población creció rápidamente a medida que regresaba la gente y mejoraban las condiciones de vida. Un gobierno constitucional fue establecido en el Estado de Morelos en 1930, y dio libertad a los municipios y se celebraron elecciones «libres». Surgieron entonces nuevos grupos políticos, que reflejaban la tensión e intranquilidad post-revolucionarias, que culminaron en una pequeña guerra civil en Tepoztlán. Las nuevas restricciones que el gobierno federal implantó a la iglesia le obligó a cerrar sus puertas, de modo que la vida religiosa fue reducida nuevamente a un mínimo. En 1920 se estableció en la Ciudad de México la Colonia Tepozteca y sirvió para hacer llegar a Tepoztlán una activa y permanente influencia urbana.

---

26 Aquí resulta que de nuevo los datos históricos concretos no sirven la lógica del *continuum* folk-urbano. Uno de los criterios que Redfield emplea para la definición de la sociedad folk es el de que es una sociedad sin clases. Conforme nos acercamos al extremo urbano del *continuum* folk-urbano, se podría esperar una mayor diferenciación de clases. Tepoztlán, sin embargo, muestra mucho menos una estratificación hoy que en 1910, de lo que debería concluirse entonces que Tepoztlán es más hoy una sociedad folk de lo que lo fue en 1910. De igual modo, la sociedad sin clases del futuro, tal como la consideran los socialistas, debería ser, de acuerdo con el *continuum* folk-urbano una sociedad folk. Becker ha salvado esta dificultad en su dicotomía; de lo sagrado y lo secular estableciendo subtipos en cada categoría. Distingue dos tipos de sociedades sagradas, la folk y la prescrita, cada una, a su vez, con sus subtipos. La sociedad socialista sería clasificada probablemente, en el tipo sagrado-prescrito.

De 1930 a 1945

Los cambios que se operaron en los últimos veinte años han logrado resultados de largo alcance, y pueden sintetizarse en la forma siguiente: un aumento rápido en la población; mejoría en los servicios de salud, acompañados éstos por una decadencia en la importancia de los curanderos; una marcada elevación en el nivel de vida y en las aspiraciones de la gente; surgimiento de una pequeña clase de pequeños terratenientes; desarrollo de una gran variedad de ocupaciones especializadas; reducción del uso de la lengua náhuatl y la correspondiente expansión en el empleo del español; fomento del aprendizaje de la lectura y escritura y el comienzo de la lectura regular de periódicos, así como una mayor integración del pueblo en las principales corrientes de la vida nacional.

Las influencias de mayor peso para el cambio han sido la carretera, la concesión de tierras ejidales y la extensión de las posibilidades escolares. Los molinos para nixtamal también han jugado su papel. Debido a que estas innovaciones ocurrieron en un periodo bastante corto, sus efectos se apoyaron unos en otros y se aceleró el tiempo de sus resultados. La carretera rompió las barreras del aislamiento y dio a Tepoztlán un fácil acceso a los nuevos mercados; la concesión de ejidos amplió en cierto modo la base de la tierra, con lo que se fomentó la producción; los molinos para el maíz mejoraron la condición de las mujeres dándoles tiempo libre que podían dedicar al comercio y a otras ocupaciones de provecho. Los habitantes de Tepoztlán obtuvieron una nueva fuente de ingresos con la venta de ciruelas y otras frutas que ganaron en valor comercial al mejorar las vías de comunicación: la carretera hizo posible el intercambio turístico, contactos sociales más frecuentes con Cuernavaca e, indirectamente, cambios en los estilos de la indumentaria. Las líneas de autobuses afectaron la vida del pueblo en más de una manera, y no solo en la mejoría de los medios de comunicación. Estas líneas se han convertido en una fuerza política y económica y en una nueva fuente de conflicto. Cada empresa se las ha arreglado para que la apoyen los miembros que tienen intereses en la cooperativa: los parientes y los compadres de dichos miembros también se han visto envueltos en el conflicto y, así, el pueblo está otra vez dividido en facciones. Y no solo eso: los directores de las cooperativas han comenzado a tomar el control político, quitándoselo de las manos a los campesinos. Los empleados de las dos cooperativas de autobuses forman actualmente el grupo más importante de no agricultores en Tepoztlán.

La escuela ha sido sumamente importante como agente del cambio cultural en el pueblo en los últimos veinte años. Como veremos más adelante, las inscripciones han aumentado de menos de 100 alumnos en 1926 a más de 700 en 1948. La escuela ha aumentado la capacidad de leer y escribir; ha enseñado nuevas costumbres en la higiene y en la limpieza personal; ha familiarizado a la gente con los excusados, con el agua corriente y con las regaderas para bañarse; ha introducido nuevos juegos y un espíritu de grupo en las competencias que antes no existía. La escuela se ha convertido en el símbolo de lo nuevo en Tepoztlán; ha propendido a una mayor identificación con la nación. Es también un gran factor de socialización: está rompiendo con el localismo de los barrios y está creando amistades entre miembros de diferentes partes del pueblo. Es una institución que ha ofrecido a Tepoztlán nuevas válvulas de expresión emocional.

Patrones de cambio

En las páginas anteriores hemos enfocado la atención principalmente sobre los cambios que han tenido lugar en cada uno de los principales periodos que consideramos. Pero ha habido también elementos estables, que han persistido casi intactos, no solo durante los pasados veinte años, sino desde el principio del periodo colonial. Esto es bastante extraño porque el pueblo se encuentra muy próximo a las ciudades de Cuernavaca y México. Es posible que el mayor estancamiento se muestre en la agricultura: las herramientas y la técnica continúan siendo las mismas. El maíz y los frijoles aún son los granos básicos. La economía agrícola es aún principalmente de subsistencia. Tepoztlán se ha ingeniado para conservar sus tierras comunales a través de este periodo, principalmente debido a que estas tierras son pobres y no constituyen presa deseable para las haciendas vecinas. Esto ha sido un factor primordial para la estabilización de la economía, si bien apenas en un término de subsistencia y con un bajo nivel de vida.

La persistencia del náhuatl es digna de notarse y estaba, probablemente, relacionada con el carácter de clase. Fueron principalmente los caciques, los mercaderes y los artesanos quienes necesitaron el español en sus tratos con el exterior. Los campesinos, por otro lado, comerciaban entre sí y con los pueblos vecinos de habla náhuatl. Con el cambio en la estructura de clases, con la igualdad de oportunidades, con los más abundantes contactos con el exterior y con el aumento de la asistencia a la escuela después de la Revolución, el empleo del español se ha extendido.

En el nivel psicocultural es donde encontramos la mayor estabilidad y continuidad del pasado. El lector que esté familiarizado con la literatura etnográfica de Mesoamérica se impresionará por las muchas semejanzas en la calidad general de las relaciones interpersonales en Tepoztlán y las estudiadas en comunidades indígenas más aisladas en Guatemala. Entre algunas de esas semejanzas están: el gran valor depositado en el trabajo, las ligas firmes con la tierra, el considerar a la agricultura como una ocupación ideal, la persistencia de un localismo casi tribal, la estabilidad y la fuerza de la familia, la continuada creencia en «los aires» y «el mal de ojo», en El Tepozteco, y en los remedios de hierbas.

Al repasar la historia del cambio cultural en Tepoztlán desde la Conquista española, parece que no existe una fórmula simple que explique el alcance total de los fenómenos. El periodo de la Conquista es un ejemplo de aculturación forzada en la cual la dirección del cambio cultural estuvo, en gran medida, determinada por el conquistador y no por el conquistado. Los motivos de Cortés, quien controló Tepoztlán y los pueblos vecinos, fueron asegurarse mano de obra tepozteca para sus minas y haciendas y obtener riqueza en forma de impuestos. A Cortés no le preocupó reorganizar la sociedad de Tepoztlán como tampoco se interesó, ciertamente, por elevar el estándar de vida. Su política fue interferir lo menos posible en las creencias y prácticas de los nativos, excepto cuando podían amenazar directamente sus intereses. Como veremos, mantuvo el sistema de impuestos de Moctezuma; no modificó las fronteras de los naturales; dejó a los tepoztecos la mayor parte de sus tierras comunales y solo tomó para sí las porciones de mejor calidad.

Debe observarse que rasgos como la religión, el calendario y el nuevo sistema de pesas y medidas fueron esenciales para los españoles. En algunos casos a los indios se les prohibió específicamente adoptar determinados elementos españoles; nótense, por ejemplo las restricciones que se establecieron acerca de la posesión de caballos y armas de fuego durante la Colonia. Es obvio que los indios, montados y armados, hubieran sido una amenaza para sus opresores.

Otro factor importante que determinó la difusión de rasgos culturales españoles durante el periodo colonial fue el matrimonio de españoles con mujeres indígenas. El hecho de que no hubiera mujeres españolas que enseñaran los conocimientos culinarios y otras artes domésticas de la Península hizo que se perpetuaran la manera de cocinar, los utensilios, el fogón y el resto del equipo. De igual modo, el sistema de criar a los niños continuó esencialmente al estilo nativo. No obstante, es muy probable que las mujeres del país hayan aprendido muchas creencias populares españolas de sus maridos.

En otras palabras, la Conquista afectó el trabajo de las mujeres mucho menos que el de los hombres. Éstos eran forzados a abandonar el pueblo por largos periodos para trabajar en las minas y en las haciendas, donde aprendían los métodos agrícolas europeos que ellos mismos introducían en la villa a su regreso. En esto encontramos un proceso que viene a ser similar, en algunos aspectos, al caso de la esclavitud de los negros en el Nuevo Mundo.[27]

Un tercer factor que condicionó la naturaleza del cambio en la Colonia fue la estructura social en la cual la clase baja, o sea la de los indígenas, estaba aislada socialmente de la clase alta. Este orden de cosas duró a lo largo del periodo colonial hasta la Revolución de 1910.

Otro factor más, de tipo general, que facilitó la difusión de la cultura ibera fueron las semejanzas básicas entre la cultura nativa y la española colonial. Ambas eran sociedades estratificadas de tipo feudal, ambas tenían un sistema de te-

27 Véase, por ejemplo, Herskovits, *Trinidad Village* (Nueva York, A. A. Knoff, 1947).

nencia comunal de las tierras, en las dos la religión y la estructura de clases estaban entretejidas, y ambas practicaban el sistema de mercado. Además, las dos compartían muchos más aspectos específicos, tales como el uso de flores con las imágenes, peregrinaciones a los santuarios de culto, el uso de incienso, el concepto de los días de buena y de mala suerte y un sinfín de otras cosas.

El proceso de difusión se vio influido también por otros factores, como la natural superioridad de algunos materiales o equipos españoles: los mosquetes comparados con el arco y la flecha, o los techos de tejas comparados con los de paja. Finalmente, la aceptación de un rasgo requería la aceptación de otros relacionados con él, como veremos al hablar del cultivo de arado.

Durante el siglo XIX la mayor parte de los cambios en Tepoztlán ocurrieron bajo la forma de una urbanización creciente de la clase superior. Sin embargo, la cultura más urbana de este grupo no se extendió ampliamente hacia la masa de la población, principalmente porque la mayoría de los nuevos elementos no eran de uso práctico y, económicamente, estaban fuera de su alcance. Es más, a diferencia del periodo colonial, no hubo en el pueblo un grupo nuevo que pudiera beneficiarse con ellos. La única excepción a esto fue un pequeño movimiento para aumentar la alfabetización.

Las principales características del proceso de aculturación a partir de la Revolución fueron los mayores contactos con el exterior y la ruptura de las barreras internas que impedían la movilidad social y el aumento de la riqueza.

En contraste con el periodo colonial, en el cual el trabajo más afectado fue el masculino, entonces fueron las mujeres las más afectadas por la transformación y esto se debió al uso de molinos para el maíz, la introducción de máquinas de coser y la organización de las líneas de autobuses.

Las implicaciones del cambio

¿Cuáles son las implicaciones de todos los hallazgos de este estudio para los administradores, científicos sociales y otras personas conectadas con el problema de mejorar el nivel de vida en comunidades como Tepoztlán? En primer lugar, es importante reconocer que a los tepoztecos no los aquejan muchos de los problemas que acosan a nuestra moderna civilización industrial. En Tepoztlán hay poca explotación del hombre por el hombre; ningún individuo o grupo tiene poder sobre los demás. La verdad es que el anhelo de poder o de prestigio estimula a pocos. Tampoco existen las angustias y las frustraciones que resultan de vivir en una sociedad altamente competitiva, en la cual el fetiche del éxito personal produce una carga extraordinaria sobre el individuo.

Pero los tepoztecos tienen sus propios problemas. Sus recursos agrícolas son limitados y de escasa calidad, su tecnología es atrasada y su productividad es baja. Menos del 40 % poseen tierras propias, y las posesiones son demasiado pequeñas como para permitir un estándar de vida más alto. Además, no hay nuevas tierras disponibles, ya que el pueblo está rodeado por municipios que cojean del mismo pie. Hay que subrayar que los tepoztecos tienen un conocimiento profundo de su medio físico y que se han ajustado a él tan bien como pudiera esperarse. Están familiarizados con las ventajas de la rotación de cultivos y la practican hasta el grado en que sus propiedades se los permiten; conocen también los beneficios de dejar las tierras en barbecho, pero la mayoría de ellos no pueden hacerlo por la carencia de tierras. Se practica una antigua forma de terracería con el fin de evitar la erosión, pero la medida es solo parcial y la erosión sigue produciéndose. Tal vez el remedio más adecuado para estos males sería el uso de fertilizantes comerciales; con ellos sería factible en muchos casos duplicar la producción de maíz, pero el alto precio de los abonos hace difícil tal innovación. El riego y el control de los insectos serían también de gran ayuda para Tepoztlán.

Las perspectivas de resolver los problemas agrícolas por la mecanización son muy escasas. Lo áspero y montañoso del terreno descarta la posibilidad de emplear tractores, y el pequeño tamaño de las propiedades haría este sistema antieconómico. En realidad, aun la agricultura de arado se está volviendo una carga a causa de la creciente necesidad de capital. Como se verá en otro lugar de este libro, algunos tepoztecos están inclinándose hacia el sistema más primitivo de hacer cultivo de coa en las faldas de los cerros para evitar los costos cada vez más elevados del reciente periodo inflacionario. Pero este sistema es un anacronismo en nuestros tiempos; agota aún más los recursos comunales y no puede permitir un aumento de población con un mayor nivel de vida. Aunque el programa ejidal ha contribuido a aliviar el problema agrario, no lo ha resuelto en Tepoztlán. Es difícil, pues, ver cómo puede mejorarse de un modo apreciable el estándar de vida en un medio de tal naturaleza. A medida que mejoren las vías de comunicación y sean más altas las aspiraciones de la gente, va a aumentar, con seguridad, la migración a la ciudad. Que esto no haya ocurrido hasta ahora en mayor escala constituye algo que dice mucho del carácter del tepozteco: la mayor parte de la gente joven es todavía bastante provinciana y teme los peligros del mundo exterior.

Dadas las claras limitaciones de la economía y del medio ambiente de los tepoztecos, su historia colonial a lo largo de un periodo de trescientos años, la inestabilidad y confusión política del país, y la falta de planificación y la naturaleza azarosa del cambio social propio de la influencia urbana, estaremos en mejores condiciones de poder comprender la psicología y la visión del mundo de los tepoztecos: es una psicología de vivir con problemas en lugar de resolverlos, de un constante ajustarse a las dificultades que se presentan en lugar de eliminarlas.[28]

Ya hemos visto que con los contactos cada vez más frecuentes con el mundo exterior en los últimos años, los tepoztecos han adoptado numerosos rasgos de la vida moderna: ahora toman Coca-Cola y aspirina, tienen radios, máquinas de coser, fonógrafos, salas de billar, linternas, relojes, arados de acero y algunos objetos que sirven para ahorrarse trabajo. Tienen también un mayor deseo de asistir a la escuela, de comer mejor, de vestirse mejor y de gastar más dinero. Sin embargo, en muchos aspectos su visión del mundo es más cercana a la de la España del siglo XVI y la del México prehispánico que a la del mundo científico actual. Aun se dejan llevar por la superstición y las creencias primitivas; las ideas de hechicería, magia, los malos vientos y los espíritus dominan su pensamiento. Se ve claramente que, en muchos aspectos, solo han incorporado a su vida cotidiana los rasgos más superficiales de la vida moderna. ¿Acaso no puede ofrecerles más que eso la civilización occidental?

28 En un trabajo reciente, y al discutir los valores indígenas y ladinos, John Gillin ha sugerido que la tendencia a manipular y controlar el medio ambiente fue más característica de los ladinos que de los indígenas. De acuerdo con esta idea, Tepoztlán vendría a ser más bien indígena.

2. El escenario

Podemos considerar los habitantes de este pueblo como una sociedad campesina en el sentido de que está formada por una población antigua y estable, sus hijos tienen un gran apego a la tierra, la agricultura es la fuente principal de su vida, la tecnología es relativamente primitiva (tiene por base la coa y el arado) y la producción está dedicada esencialmente a la propia subsistencia con restos aún del sistema de trueque, aunque también participa de una economía monetaria. Es más, este pueblo forma parte de unidades de orden político de mayor amplitud tales como el Estado y la nación, y está sujeto a sus leyes. Los habitantes pagan impuestos, envían a sus niños a la escuela, y ejercen el voto en las elecciones, tanto nacionales como estatales. Igualmente, Tepoztlán ha estado expuesto a influencias urbanas y algunas de sus características han sido tomadas tanto de otras áreas rurales como de centros urbanos; no obstante, se las ha arreglado para incorporar esos rasgos nuevos dentro de un patrón cultural relativamente estable. Finalmente, hay que decir que la comunidad es pobre, que tiene una alta incidencia de analfabetismo,[29] que los índices de natalidad y mortalidad son bastante pronunciados y que ha estado bajo una dominación extraña a lo largo de extensos períodos. Es así como Tepoztlán ha desarrollado una peculiar combinación de dependencia del gobierno, a la vez que una cierta hostilidad hacia el mismo, tan característica de los grupos campesinos y coloniales.

Puesto que, por definición, una comunidad campesina es parte de una sociedad más grande (generalmente la nación), es importante situarla dentro del contexto nacional y determinar hasta qué grado la afectan las instituciones y la

29 Me refiero a la época en que empecé mi estudio, es decir, 1943.

historia. Por otra parte, el estudio de un solo pueblo, en un país puramente agrícola, nos puede proporcionar una visión interior, en varios aspectos, de la nación como un todo. Por ejemplo, Tepoztlán refleja muchas de las tendencias del país y permite enfocar con claridad algunos de los problemas más apremiantes de México. Los cambios que desde la Revolución han tenido lugar en Tepoztlán —la introducción de molinos para maíz, la concesión de ejidos a los que carecen de tierras (véase página 103), la construcción de una moderna carretera, el establecimiento de servicio de autobuses y la expansión de las facilidades educacionales, por ejemplo— son fenómenos típicos de los cambios que se operan en extensas zonas de México. Del mismo modo, muchos de los problemas que se observan en Tepoztlán pueden verse también en miles de pueblos mexicanos: ejemplos son los escasos recursos agrícolas, la presión demográfica, la importancia de las tierras de bosques y de pastos en la economía agrícola, la erosión del suelo, la deforestación, el exiguo tamaño de los terrenos en propiedad, las bajas cosechas y la ausencia de facilidades de crédito adecuadas. Una de las muchas ventajas en el estudio de estos problemas dentro del cuadro general de una población aislada es que en él podemos ver con claridad la interrelación entre los factores geográficos, históricos, económicos, sociales, políticos y psicológicos.

Tepoztlán es espejo también, y en grado bastante apreciable, de muchas características de México como un todo. Dentro del área, relativamente pequeña, de este municipio, encontramos prácticamente la gama completa de las diferentes zonas climáticas del país —desde la tierra fría hasta la tierra caliente— y su variedad concomitante de recursos naturales. Más del 50 % del área total de México cae dentro del grupo de altitudes que se encuentran en este solo municipio; es decir, desde aproximadamente 1.150 hasta 3.150 metros.

Los índices estadísticos de Tepoztlán siguen, igualmente, las cifras de la nación en aspectos como el porcentaje de tierras boscosas en relación con todo el territorio, y el tamaño promedio de las propiedades. Además, el índice de crecimiento de la población, así como la distribución de los grupos por edades, siguen muy de cerca las cifras de la nación por lo que respecta a la población rural.

En Tepoztlán, como en todo el país, hay elementos de contraste como lo primitivo y lo moderno; lo español colonial y lo contemporáneo. Éste es un pueblo con una herencia indígena muy marcada, pues conserva muchos rasgos de los tiempos prehispánicos. El sistema de propiedad de tierras comunales y la organización social del municipio han permanecido prácticamente intactos en los últimos cuatrocientos años. Así, se encuentran muchos elementos de la agricultura prehispánica; el maíz, los frijoles y la calabaza continúan siendo artículos básicos de la producción. También persisten rasgos de la cultura material prehispánica, especialmente en cuanto a la construcción de las casas los muebles, la cocina y la indumentaria. Entre los más notables de estos rasgos están las paredes de adobe, el temazcal construido con piedras y mortero, los silos de maíz hechos con acabado de barro, el fogón, la piedra de tres patas para moler nixtamal, el comal de barro, el molcajete (mortero) y su tejolote o «mano» (almirez), los huaraches, el chile y el pulque. Entre los rasgos no materiales de la cultura, las supervivencias se encuentran especialmente en la forma de curar las enfermedades, en la magia y en las costumbres con relación al nacimiento y otras fases del ciclo de vida. El idioma náhuatl se conserva aún, y todavía en 1927 casi todos los vecinos del pueblo lo hablaban, si bien la mayor parte de ellos hablaban también el español.

El gran número de rasgos de los tiempos coloniales que aún existen fueron introducidos muy tempranamente casi a raíz de la conquista española. Los más importantes de estos elementos son la disposición física del pueblo, con sus barrios, sus calles y su plaza central; el catolicismo y las iglesias; el idioma español; una economía monetaria; los animales domésticos; el arado y otros implementos agrícolas, y la mayor parte de las creencias y costumbres de la gente.

Lado a lado con las características prehispánicas y las heredadas de la Colonia se pueden discernir muchos elementos de la civilización industrial moderna. Entre éstos figuran los molinos para nixtamal y las máquinas de coser, una carretera moderna y el servicio de autobuses; relojes, salas de billares, medicinas de patente, leche en polvo, radios de batería y unos cuantos automóviles.[30] La existencia de todos estos rasgos, viejos y nuevos, y la forma en que se han combinado, distinta de una familia a otra, han dado por resultado la complejidad cultural y la heterogeneidad en Tepoztlán.

Es necesario considerar también hasta qué punto Tepoztlán es un lugar diferente de los demás. Si lo comparamos con otros pueblos de México más que con la nación como un todo, descubriremos que, en muchos aspectos, es un sitio con características que no son muy típicas. En efecto, Tepoztlán es más grande que el 90 % de los pueblos de México y acusa una mayor complejidad en su organización social. A diferencia de muchos otros municipios, éste ha conservado sus tierras comunales, y no ha habido industrias especializadas o, si las hubo, desaparecieron. Su cercanía a las ciudades de México y Cuernavaca ha expuesto a Tepoztlán a la influencia de nuevas ideas. Tiene una larga tradición de gente que lee y escribe, debida a la intelectualidad local, la cual existe allí desde 1850, aproximadamente. Por otra parte, en varios

30 Desde hace algunos años, también se encuentran tractores.

momentos de la historia del pueblo, ha habido tepoztecos que han alcanzado posiciones prominentes en diferentes campos y ha tenido contactos con hombres de los altos círculos políticos del Estado de Morelos y de la nación. Y son muchos los jóvenes de la clase acomodada que, a mediados del siglo pasado, dejaron Tepoztlán para convertirse en médicos, abogados, maestros, ingenieros y sacerdotes. El pueblo se precia de haber dado en los últimos cincuenta años dos gobernadores del Estado de Morelos, tres jueces de la corte estatal, un senador y más de media docena de diputados para la legislatura del propio Estado. Estos hombres o sus descendientes nunca han dejado de estar en contacto con sus parientes en el pueblo y, de este modo, han constituido un estímulo constante para el cambio cultural.

Situado Tepoztlán a unos 95 kilómetros al sur de la Ciudad de México, es un antiguo pueblo de tierras altas, en el Estado de Morelos. Ha estado habitado, sin interrupción, al menos desde los tiempos de Cristo; y constituye el centro administrativo del municipio del mismo nombre, el cual comprende en su jurisdicción ocho poblados que se asientan en un área de 13.500 hectáreas. Tepoztlán propiamente dicho se encuentra en el centro de dicho municipio y está como incrustado en un amplio valle aluvial rodeado de bellos montes escarpados o riscos que se elevan 400 metros sobre el nivel de las propias casas. Estos farallones o simplemente «cerros», como los llaman allí, forman una fortaleza natural que, en varias ocasiones, ha servido de refugio a los habitantes del lugar. Cada cerro es conocido entre los tepoztecos por su antiguo nombre náhuatl y cada uno de ellos está asociado con alguna leyenda particular. Uno de esos farallones resultó ser un importante sitio arqueológico cuando en 1895 se desenterró allí un templo de piedra dedicado a una deidad tepozteca.

En los últimos tiempos, tanto el templo como la gran belleza escénica del lugar han empezado a atraer turistas.

La posición de Tepoztlán, que acusa un punto intermedio entre la tierra fría y la tierra caliente, le da un excelente clima templado. En efecto, éste es uno de los lugares más saludables del Estado de Morelos y es así como, en toda esta entidad política, uno de los índices de mortalidad más bajos se observa precisamente en Tepoztlán. Su altitud lo ubica justamente sobre la zona de la malaria, y los casos de esta enfermedad se dan generalmente en personas que han estado trabajando en las tierras bajas, situadas al sur.

El índice de lluvia anual en el poblado es de unos 150 centímetros y la mayor parte tiene lugar en la temporada de aguas, que principia en mayo o en los primeros días de junio y por lo general dura hasta principios de septiembre. La estación seca comienza en octubre o noviembre y se extiende a lo largo de siete meses. Debido a esta estación seca, solo se puede obtener una cosecha al año. Los tepoztecos se quejan frecuentemente de la falta de agua para fines de riego y se refieren a Yautepec —que es una zona de cultivo por irrigación donde se obtienen varias cosechas anuales— como a un paraíso agrícola.

Existen en el pueblo veintiséis fuentes públicas: a ellas se conduce el líquido por medio de cañerías que parten de un manantial en uno de los cerros. La mayor parte de dichas fuentes están hechas de barro y de cemento; algunas están semiencerradas, protegidas por un techo que remata en una cruz; otras consisten en meros tanques abiertos. Y aunque el acarreo del agua ha sido una práctica común tradicional, hoy en día son cada vez más las familias que consideran esto como un trabajo pesado.

En el pueblo se da una flora de tipo semitropical. Puede decirse que casi no existe casa que carezca, dentro de su propio ámbito, de una gran variedad de plantas y arboles: hay papaya, café, ciruela, guaje, aguacate, chayote, mango, plátano, maguey y algunas tunas o nopales. La mayor parte de las familias cultivan diversas flores y hierbas; estas últimas les sirven como condimentos o como medicinas.

Tepoztlán yace sobre una ladera y la parte norte o más alta del pueblo viene a quedar a bastantes metros sobre el nivel del extremo sur; la parte alta es bastante empinada, rocosa y hasta cierto punto más fría, en tanto que la zona baja goza de mejor clima y tiene una flora más abundante. Las calles corren en dirección norte-sur, es decir, en el sentido del declive, y en la época lluviosa a menudo se convierten en arroyos con abundantes saltos de agua. Para evitar la erosión hay algunas calles empedradas que muestran un arreglo que revela el sistema azteca de terracenas, el cual implica una serie alterna de rampas y niveles. En realidad únicamente el camino asfaltado y la plaza que esta en el centro se encuentran más o menos a nivel.

El pueblo es grande, desparramado, de forma aproximadamente rectangular, y mide unos 2 kilómetros de largo por un kilómetro y medio de ancho. A pesar de constar de 662 emplazamientos de casas, no ofrece esa apariencia de lugar compacto o apiñado que se ve en algunos poblados mexicanos, pues la mayor parte de las construcciones están separadas unas de otras por jardines, corrales y pequeñas milpas. Las paredes de piedra que rodean cada uno de los emplazamientos son bajas y no obstruyen la vista desde la calle; muchos de los árboles que sobresalen dan sombra a la calle. Solo unas cuantas casas, en el centro de la población, están erigidas formando contigüidad, al estilo español, y éstas sí quedan enclaustradas por muros altos que les proporcionan aislamiento...

Tepoztlán tiene una plaza típicamente mexicana, con su parque, quiosco, árboles de sombra y bancas. Alrededor de la plaza se agrupan los edificios principales: el palacio de justicia, las oficinas del presidente y secretario municipales, así como de otros funcionarios locales; la escuela, la iglesia principal, algunas tiendas, un molino para maíz y un pequeño mercado. Esta parte central del pueblo tiene la apariencia de una población animada por un gran ajetreo, pero no da la impresión de una comunidad floreciente. El parque, la plaza y los edificios públicos dejan ver un descuido ya crónico; solo en ocasión del carnaval anual se barre bien esta zona y se limpia la fuente principal. Los habitantes hacen muy poco uso del parque y, por lo general, este se ve abandonado, excepto cuando llegan turistas. Las tiendas son pequeñas y más bien oscuras sin desplegar ningún atractivo de tipo comercial. Los pocos vendedores que se ven en días de mercado así como la reducida variedad de artículos para la venta revelan la ausencia de actividad en el comercio.

Las calles fuera del centro son invariablemente rústicas, quietas, y le dan a Tepoztlán un sello de poblado rural; solamente las calles cercanas a la plaza tienen letreros que indican sus nombres. Como es costumbre en México, estos nombres recuerdan sucesos históricos importantes y figuras locales de gran relieve: algunos letreros están escritos en náhuatl y aluden a personajes prehispánicos. Asimismo, solo las casas del centro están numeradas, aunque no siguen un orden numérico. Ni los nombres ni los números son usados por los tepoztecos, en la conversación o cuando escriben; tampoco aparecen en las cartas que reciben.

Por la noche, el pueblo parece más rústico de lo que es, debido a la carencia de alumbrado público. Así, cuando no hay Luna se hace difícil y hasta peligroso caminar por esas calles tan irregulares, si no se cuenta con una linterna o una vela. Solo los hombres jóvenes se aventuran a salir de noche. Los únicos ruidos que se escuchan son los de los animales, las serenatas de los enamorados o los traspiés de algún borracho cuando lo llevan a su casa. Aun en pleno día, el pueblo es más bien silencioso, aunque se oyen rumores de vez en cuando, como las voces que se alzan dentro de las casas, niños que lloran o que juegan, señoras que están «echando» tortillas, pisadas de personas o de animales sobre la piedras, las campanas de las iglesias, los ruidos de los camiones que corren sobre la vía pública principal, uno que otro bocinazo y el reclamo de algún vendedor ambulante que anuncia su mercancía.

La población

La población de Tepoztlán, lo mismo que la de todo México, ha tenido un rápido crecimiento en los últimos años.

Según el censo de 1940, la población era de 3.230 habitantes; ya en 1947 el total pasaba de 4.000. Uno de los factores responsables de este incremento fue la disminución de la mortalidad, principalmente entre los niños, durante el periodo 1930-1940. Esta baja en el índice de mortalidad fue el resultado, a su vez, del aumento de los servicios médicos y la mayor facilidad para obtenerlos, así como de un programa más intenso de inoculación llevado a cabo por la Secretaría de Salubridad. A partir de 1930 ha habido en Tepoztlán médicos residentes durante cortos períodos; por otra parte, algunos vecinos del pueblo acostumbran visitar médicos particulares o la clínica de servicios gratuitos que hay en Cuernavaca. En Tepoztlán viven actualmente, cinco parteras, que tienen ciertos conocimientos de los métodos modernos de higiene. Además, es muy probable que el incremento del promedio de vida de los tepozteños (el 5.5 % de la gente tiene más de cincuenta años: la cifra correspondiente a todo el México rural es de 9.9 %) esté relacionado tanto con la mejoría del estándar de vida en este sitio como con su clima bastante saludable.

La lengua y el alfabetismo

En Tepoztlán se hablan dos idiomas, el español y la lengua indígena o náhuatl. En 1920 casi todos sus habitantes hablaban náhuatl; pero desde entonces se ha observado una marcada disminución en su uso, a la vez que un aumento correspondiente en el empleo del español. Todavía hoy aproximadamente la mitad de sus vecinos son bilingües, sin embargo, en 1944 solo cinco personas hablaban únicamente el náhuatl. Este idioma es aún el preferido en las reuniones de barrio y para las frases ceremoniales en algunas fiestas. Las compañías de autobuses tienen nombres en náhuatl y en los eventos deportivos los grupos que compiten llevan, a veces, nombres indígenas.

La nueva generación tiene una clara actitud negativa hacia el náhuatl; o sea que la gente que no llega a los treinta y cinco años tiende a sentirse avergonzada de hablar esta lengua delante de los extraños, y no es raro ver que se niegan a aceptar que la conocen. Por otro lado, en la mayor parte de las casas, los miembros de la generación más vieja suelen hablar español, pero recurren al náhuatl para comunicarse secretos o decir chistes o, simplemente, para expresarse con más énfasis cuando discuten acaloradamente. Así, muchos niños han acabado por asociar el habla náhuatl con las peleas, los refunfuños y los regaños.

No obstante, el incremento en el uso del español en este pueblo no ha sido acompañado de un aumento parecido en el alfabetismo: El 42 % de los habitantes no podían leer ni escribir en 1940. En general, existe una señalada correspondencia entre el pertenecer al grupo económico de tipo medio y la capacidad de leer y escribir; pero muchos que pertenecen al grupo económico más alto son analfabetos. En los últimos años ha aumentado, en forma considerable, la lectura de diarios. En 1920 no llegaban al pueblo los periódicos de modo regular, en tanto que en 1944 cincuenta y seis personas compraban diarios en un promedio de dos veces por semana. Esta gente ha venido a jugar un papel importante en la formación de la opinión sobre los asuntos locales, nacionales y aun de alcance internacional.

Los medios de comunicación

Con una moderna carretera, servicio de autobuses, servicio de correo, algunos teléfonos, telégrafo, y la proximidad de una línea férrea, Tepoztlán goza relativamente de buenos medios de comunicación. El ferrocarril, construido alrededor de 1900, fue un estímulo para la explotación comercial de los recursos naturales, y actualmente se usa principalmente, para el transporte de madera y carbón a la Ciudad de México. Antes de construirse la carretera, la comunicación entre Tepoztlán y las regiones que la rodean se hacía a lomo de burro o simplemente a pie, y la mayor parte del intercambio y de los contactos sociales tenían lugar con la cercana población de Yautepec. Con la llegada del camino moderno y de las líneas de autobuses, Yautepec fue sustituida en importancia por Cuernavaca. Debido a la tendencia de esta última ciudad hacia las costumbres de gran mundo, aquel cambio vino a acelerar el índice de transformación cultural en Tepoztlán. Este pueblo ha tenido servicio diario de correos desde el año 1926. En cuanto al teléfono y al telégrafo, Tepoztlán los logró antes de la Revolución, pero hasta hace poco estos servicios estaban descompuestos, o se usaban muy pocas veces.

La casa y el mobiliario

En Tepoztlán las casas son esencialmente de tres tipos: el endeble jacal, la casa de adobe y las construcciones de mejor material que se encuentran en el centro. El jacal y la construcción de adobe son, básicamente, de origen indígena; las casas de la zona central revelan influencia española. El primero de los tres tipos constituye el más pobre de todos y la mayor parte de la gente lo considera primitivo e indeseable. Está hecho con cañas de maíz o bambú mexicano (otate) y lo cubre un techo de paja; el piso es de tierra. Únicamente el 5 % de las casas son jacales y su presencia se limita a las áreas más pequeñas, en las orillas del pueblo, especialmente hacia la parte más alta. Según el Censo Mexicano de la Habitación de 1939, este tipo de casas constituye el 38,7 % correspondiente a la región de la Mesa Central, que es en la que Tepoztlán se asienta; el por ciento correspondiente para el país es de 44,9. Estas cifras le dan a Tepoztlán una posición relativamente alta en lo que toca a la habitación.

La mayoría de las familias tepoztecas (más o menos el 90 %) tienen el segundo tipo de casa, el de adobe, que es más sólido y cuya techumbre es de teja. Tales casas a veces tienen piso de ladrillo, pero lo general es que sea de tierra aplanada. Cada casa consta de uno o varios cuartos rectangulares, que casi siempre tienen solo una abertura o vano formando la entrada. Algunas de las casas de adobe más nuevas poseen vanos para ventanas de madera que se pueden cerrar y abrir. La puerta de cada cuarto da directamente al patio o al porche más bien que a las otras piezas en el interior del inmueble. Frecuentemente, a medida que las familias van creciendo, se agregan más cuartos-dormitorio, y muchas familias añaden una cocina, con techado de una sola agua o colgadizo, hecha de carrizo y con cubierta de tejas.

Con los jacales y con estas casas de adobe hacen un marcado contraste las pocas construcciones de las familias acomodadas en los barrios del centro: estas habitaciones revelan el estilo español o las influencias urbanas de nuestros tiempos, y varias de ellas colindan con la elegancia. Están construidas con ladrillo o con piedra, las paredes recubiertas con estuco y blanqueadas por dentro y fuera. Grandes y hasta imponentes, están rodeadas por un muro exterior alto, al ras de la calle; tienen además ventanas con vidrios y pequeños balcones provistos de enrejados de hierro.

No obstante que solo los más pobres viven en jacales, de ninguna manera es cierto que los ricos habitan en casas de primera clase. Familias de todas las categorías económicas viven en simples casas de adobes, y algunos de los hombres de la clase acomodada, que representan la generación más vieja y conservadora, continúan habitando en casas a las cuales no se ha hecho casi ninguna mejora. Las familias de los nuevos ricos tienden también a construir casas con fachadas muy sencillas, aun cuando en el interior se puede ver cierto grado de elegancia. La destrucción de las casas de los caciques durante la Revolución está muy fresca todavía en el recuerdo, y es así como algunos tepoztecos sienten temor de adquirir reputación de ricos.

La gran mayoría de las casas en Tepoztlán carecen de agua corriente o de facilidades sanitarias de cualquier tipo. Unas cuantas casas cercanas al centro tienen cañerías que llevan el agua directamente a sus patios o a las cocinas, privilegio por el cual pagan un pequeño impuesto a la municipalidad. Hasta ahora no se ha hecho ningún intento, sin embargo, de ejercer control sobre este uso privado del servicio de agua pública y algunas personas que usufructúan tal privilegio permiten que sus parientes, amigos o compadres tomen toda el agua que quieran, y aun dejan que algún vecino suyo conecte su tubería a la de ellos para evitar, así, el pago del impuesto. Estas pocas familias que tienen servicio privado de agua invariablemente; tienen huertos frondosos y hasta jardines. Ocurre a veces que el uso particular de agua sin ningún control disminuye la provisión de agua de la fuente pública más cercana, especialmente en la época de secas, lo que a menudo ha sido causa de conflictos. No es raro el caso en que los conductos de propiedad privada han sido obstruidos o dañados deliberadamente de alguna manera por los vecinos menos afortunados y ha llegado a suceder que grupos de residentes encolerizados, conducidos por algún líder político, irrumpan dentro de aquellas casas para cortar el servicio de agua individual que ha estado menoscabando el servicio de la comunidad.

En 1943 no se consideraban generalmente como indispensables los beneficios de un excusado: solamente una casa particular y las dos casas para turistas tenían servicio de retrete. La nueva escuela, empero, tiene excusados y duchas, y las nuevas generaciones se están acostumbrando a estas cosas. Los enseres para el baño de las mujeres y los niños consisten en un pequeño depósito de barro o de hojalata que se emplea en la casa, si bien muchas mujeres se bañan y lavan el cabello cuando van a lavar la ropa a un arroyo o al lavadero de uso público. Los hombres y los muchachos ya crecidos se bañan en el río.

Ninguna casa en Tepoztlán tiene medio alguno para calentar la habitación a excepción del fuego de la cocina. Éste proporciona muy poco calor y, además, con el fin de economizar combustible, se apaga tan pronto se ha terminado de cocinar. En invierno acostumbran acostarse temprano para, así, mantenerse con mejor temperatura; mas como la mayor parte de las familias tienen muy escasa ropa de cama, pasan frío en las noches invernales. De los varios medios para alumbrarse en la noche, el más común y menos oneroso es el uso de velas. Algunas casas emplean lámparas de kerosene, y en las tiendas y en unas cuantas casas en el centro se pueden ver lámparas Coleman de gasolina. Una sola casa —la del próspero curandero— tiene electricidad producida por un generador privado.

Las diferencias en el amueblado son todavía más notables que las que se observan en los tipos de habitación. Como ejemplo del sinnúmero de combinaciones de objetos caseros modernos y primitivos no es raro encontrar bajo un mismo techo un radio de baterías, un hogar prehispánico como único lugar para cocinar, un molino de mano para moler café y el metate en que se muele el nixtamal. Parte de la gente joven, la más educada, y el grupo económico medio manifiestan un fuerte deseo de mejorar sus condiciones de vida y de invertir lo que ganan en comodidades modernas para cocinar, dormir e iluminarse. Entre la generación anterior, sin embargo —aun aquellas personas con medios suficientes—, hay quienes desprecian las innovaciones y prefieren vivir como siempre lo han hecho y emplean el dinero que les sobra en la adquisición de tierras y ganado. De este modo, el uso de los utensilios hogareños modernos va paralelo más bien con la edad y con la educación que con los medios económicos; por ello es más frecuente encontrar objetos de menaje moderno en las casas de familias con entradas de nivel medio. Pero las casas de los más progresistas casi siempre utilizan un mayor número de objetos caseros, sean primitivos o modernos.

Casi toda casa tiene un hogar o fogón, ora sobre el suelo, ora levantado a la altura de una mesa mediante una plataforma de cemento. El comal para cocer las tortillas puede ser de barro o de metal, aunque, con el creciente uso del pan, este utensilio se usa cada vez menos. Lo mismo puede afirmarse del metate, pues casi toda mujer puede hacer moler su maíz en el molino. No obstante, no hay mujer tepozteca que se respete que para desempeñar sus quehaceres no tenga su propio metate, bien sea para refinar el molido de la masa, bien para moler el café o los montones de chile para las fiestas o, en fin, para alguna preparación de emergencia.

El resto del menaje lo forman unas cuantas cosas: lo más importante es el equipo para dormir, los objetos religiosos y trastos varios para guardar diversos objetos. Las camas son de tres clases: el petate, o estera de paja sobre el piso; el tepexco, que es una cama elevada del suelo y hecha de varas de carrizo, atadas y colocadas en una armazón de madera o sobre dos caballetes; y una armadura de latón o de hierro, con resortes de metal, sobre la que se coloca generalmente un petate más bien que un colchón. La gran mayoría de los tepoztecos duermen sobre el piso, o en el tepexco; solamente el 20 % duermen sobre una cama o catre. La proporción de los que duermen en cama en México es mayor (61 %) y aun para comunidades de 10.000 habitantes o menos la proporción es de 53 %. La mayor parte de los tepoztecos pasan sus horas de sueño en el suelo, debido a que no pueden adquirir una cama; pero los viejos duermen sobre el piso porque así lo prefieren, lo estiman más seguro, o se sienten menos sujetos a «los aires» (vientos que causan mal), o porque les parece más confortable. Las almohadas, los colchones, las sábanas y los cubrecamas se encuentran solo en muy pocos hogares. Un sarape de lana es toda la ropa de esta clase que conoce la mayoría.

La distribución para dormir varía de una familia a otra, pero la costumbre más extendida consiste en que los niños de dos a seis años duerman entre sus padres, sobre un petate.

Si en la familia hay un niño de pecho, duerme a un lado de la pareja, junto a la madre; las cunas se usan solo durante el día. Los niños mayores duermen aparte, las muchachas juntas sobre un petate y los varones compartiendo otro. En las casas que tienen dos cuartos, los padres y los pequeños duermen en una de esas piezas y los jóvenes en la otra. Pocas son las casas que tienen suficientes cuartos como para poder hacer la separación de los hermanos mayores de sus hermanas. A veces los padres se sienten en situación embarazosa al tener que dormir juntos en presencia de sus hijos; en este caso la mamá duerme con las hijas y el papá con los muchachos.

Casi todas las casas tienen un altar móvil en la pieza principal. Por lo general es una mesa cubierta con papel de china, sobre la que se colocan velas, flores, quemadores de incienso y estatuas de los santos; los cuadros religiosos se cuelgan en la pared.

Los pobladores poseen menos de una docena de radios de batería y aproximadamente unos cuarenta y cuatro fonógrafos de cuerda. En 1943 había 215 máquinas de coser en el pueblo. Estas máquinas eran propiedad del 25 % de las familias, pero las utilizaba mucha más gente, pues es costumbre prestar o rentar dichos implementos a los parientes y a los vecinos; la mayor parte de esas máquinas están trabajando casi siempre. Esto último se debe a un fin secundario —pero no por eso sin importancia— de las máquinas de coser, que es el de dar motivo justificado para aumentar las visitas de unas señoras a otras, redundando en una intensificación de la vida social.

La dieta

Lo mismo que en el resto del país, la dieta básica de la gente de Tepoztlán la forman el maíz, los frijoles y el chile; la proporción de estos tres artículos respecto de otros alimentos varía entre las familias y se relaciona con la estación, el ingreso y los hábitos alimenticios. Se puede decir que en general, cuanto más pobre es una familia mayor es su consumo de aquellos tres artículos en relación con la carne, la leche, el pan, el queso y otros alimentos. El maíz ocupa el primer lugar y constituye del 10 al 70 % de la base alimenticia.

Las tortillas son la forma en que con más frecuencia se come el maíz, si bien se toma igualmente en forma de atole. En ciertas fiestas también se comen tamales, que se elaboran de una pasta o masa de maíz. En cuanto a los frijoles, hay muchas variedades en Tepoztlán, de las cuales la más común es la de las judías o frijoles rojos, que se cocinan con manteca de puerco, chile y en ocasiones con tomate y cebolla. Una salsa muy en uso es la que se hace con chiles verdes, cebollas y tomates: la preparan diariamente y la toman con tortillas, o aderezan con ella casi cualquier platillo de que dispongan.

Esta dieta básica la completan con otros alimentos que cultivan, que recogen en forma silvestre en la región o que compran en las tiendas o en el mercado. Por lo que respecta a los productos locales, hay que mencionar los plátanos, naranjas, limones, limas, toronjas, ciruelas, papayas, mangos, tunas, aguacates, calabazas, tomates, zapotes, chayotes, manzanillos, pitos, semillas de acacia, caña de azúcar, chirimoyas, mameyes, cacahuates, café, miel de abeja, especias, hierbas de olor, carne de res, carne de puerco, pollo, guajolote, leche, huevos, queso y leche cuajada. Los tepoztecos aprovechan también diversas verduras que recolectan en estado silvestre en el campo abierto, el bosque y las colinas cercanas. Obviamente, este último tipo de plantas comestibles no se considera el más deseable; sin embargo, resulta importante porque les da elementos dietéticos que de otra manera no tendrían. En tiempos de escasez, un número considerable de familias aprovecha estas plantas comestibles y toma cierta cantidad de ellas varias veces a la semana. Las personas muy pobres toman estos alimentos en forma regular durante todo el año.

Los artículos alimenticios que compran en las tiendas del propio Tepoztlán, de Yautepec, de Cuernavaca y de la Ciudad de México son: pan, azúcar, sal, arroz, ciertos tipos de chile y de frijoles, pastas de harina y bacalao seco. También compran chocolate, pero se considera un lujo. La leche evaporada y en polvo, las sardinas enlatadas, el arenque en salsa de tomate y otras clases de pescado son del gusto de una minoría; no obstante, cada vez son más populares.

El comer pan blanco hecho de harina de trigo viene a ser de particular interés en México, ya que resulta un rasgo cultural relativamente nuevo que puede tomarse para indicar el grado de aculturación, tanto de los individuos como de los grupos. En Tepoztlán, el pan se considera un alimento apetecible, y a menudo se juzga el status social y económico de una familia en términos de la cantidad de pan que dicha familia consume. En 1940 más del 31 % de los tepoztecos comían pan con bastante regularidad; tres años más tarde apenas había alguna familia que no tomara pan en su dieta, aunque solo fuera una o dos veces al mes. Sucede, además, que se considera este alimento como especialmente favorable para los niños pequeños; así pues, aun la familia más pobre trata de proporcionarle diariamente una pieza de pan al más joven del grupo. No tenemos señales, empero, de que el pan vaya a reemplazar algún día a las tortillas; aun entre las familias más acomodadas el consumo de pan representa, cuando más, el 10 % del gasto total de la comida.

Naturalmente, en cuanto al consumo de alimentos, hay una gran variedad. La irregularidad en la dieta es característica a través de todo el año, si se exceptúan las familias de buena posición económica; o, dicho en otras palabras: son pocas las familias que mantienen un cuadro dietético uniforme, de día en día, aun si lo medimos de acuerdo con el patrón local. La temporada más dura en el curso del año es los tres o cuatro meses que preceden a la estación de las cosechas, y en ella muchos hogares se ven obligados a consumir la cantidad mínima de tortillas, frijoles y chile. Por otra parte, ocurre que en la época que precede a cada fiesta, el dinero se requiere más imperiosamente para adquirir ropa nueva, para preparar las comidas de la fiesta misma y, en fin, para otros gastos concomitantes. En el seno de muchas familias, la gente se aprieta más el cinturón y come menos por estos días con el fin de vender su maíz, frijoles, huevos y pollos, y así obtener algún dinero. En cambio, la temporada en que mejor se come es justamente después de la recolección de la cosecha, así como en los días de fiesta, que es cuando se hace el mole, que toman con pollo o guajolote y con arroz y frijoles. Otras irregularidades alimenticias se deben a la abundancia o escasez de frutas y legumbres, de acuerdo con la estación. Si los árboles frutales de una casa dan un producto pobre o muy escaso, esa familia simplemente se las pasa sin fruta.

El consumo de carne aumenta durante los meses de invierno seco, cuando los pastos son escasos y el ganado es sacrificado. Los huevos solo los comen generalmente los hombres, particularmente en la época de siembra, cuando el trabajo es más intenso. El pollo y el guajolote son más bien platillos especiales que se reservan para los festejos, bodas, bautismos y cumpleaños. Con la excepción de la fiesta que se hace con motivo de un casamiento, fiesta que es socialmente obligatoria y que debe ofrecer el pobre lo mismo que el rico, muchas familias tienen que privarse de todas las demás comidas de días de fiesta, a veces por años, Y de este modo pueden gozar de ellas solamente cuando son invitadas por otras familias. Los animales de caza no se comen con profusión; además, los hombres solo van de cacería cuando no tienen otra cosa que hacer, como sucede en la estación de secas.

Las diferencias en la dieta de los ricos y de los pobres se revelan principalmente en la cantidad de comida, y en la relativa frecuencia con que cada familia puede satisfacer sus propios gustos dentro de los tipos de alimentos que se conocen en la localidad. No existen diferencias de clase en cuanto a la calidad de los alimentos, ni en lo que toca a los tipos de comida, ni por lo que respecta a las maneras de preparar los platillos. En Tepoztlán se dice comúnmente que el rico es demasiado tacaño como para que coma mejor que el pobre. Así, no la riqueza por sí misma sino la educación o el grado de aculturación son los factores que están empezando a crear verdaderas diferencias en la dieta.

Las familias tepoztecas toman normalmente tres alimentos al día, aunque muchos recuerdan el haber comido solo dos antes y durante la Revolución. Muy pocas veces se reúne toda la familia para comer a un tiempo, y a menudo sucede que no hay horas fijas para las comidas. El padre y los hijos mayores toman el desayuno juntos, en la mañana, antes de salir para el campo; si éste queda bastante retirado, llevan su desayuno al trabajo, donde lo tomarán después de haberlo calentado. Puede ser que vuelvan a comer en el campo al mediodía y que cenen al volver a casa a cualquier hora entre las 5 y las 9 p.m. Cuando comen en la casa son los hombres los que lo hacen primero, y es la madre quien les sirve, dándole a cada quien su parte en una escudilla o en una tortilla enrollada.

Las mujeres y los niños desayunan entre las 7 y las 8 p.m.; comen alrededor de la 1 p.m., y cenan al oscurecer. A los hijos menores generalmente se les sirve antes de que la madre y las hijas se sienten a tomar sus alimentos. En la mayor parte de las casas los hombres se sientan en unas sillas bajas o sobre taburetes, y las mujeres y los niños directamente sobre el suelo. Muy pocas familias campesinas usan mesa, excepto cuando hay fiesta; aun entonces ese mueble es para los hombres de la casa y para los huéspedes y en ocasión de algún festejo; también de vez en cuando se emplean las cucharas, pero lo usual es que las tortillas las sustituyan.

Igual que la mayor parte de los mexicanos, los habitantes de Tepoztlán creen que los alimentos se pueden clasificar en «calientes» y «fríos», clasificación que no tiene relación alguna con la temperatura o el sabor de las comidas. (Los helados, por ejemplo, se consideran como «calientes», en tanto que a casi todas las carnes se les llama «frías».) En general, se cree que los alimentos «fríos» producen diarrea y se prestan menos a la digestión que los «calientes»; en consecuencia, están contraindicados para los niños pequeños y para las mujeres que acaban de dar a luz. Del mismo modo en el curso de determinadas enfermedades solamente se deben tomar alimentos «calientes»; cuando se sufre de otros males solo han de tomarse alimentos «fríos». Ahora bien, las comidas pueden ser neutralizadas —es decir, hacerlas menos peligrosas— combinando ciertos alimentos «calientes» con otros «fríos». La verdad es que los tepoztecos no son meticulosos en cuanto a seguir las reglas, como tampoco están todos de acuerdo en lo tocante a cuáles son esas reglas ni a cuál alimento, especialmente si se trata de uno nuevo, es frío o caliente.

La indumentaria

Lo mismo los estilos viejos de ropa que los nuevos se llevan indistintamente en Tepoztlán; la preferencia está determinada por la edad, la ocupación y, hasta cierto punto, la posición económica. La vieja manera de vestirse es de origen español, con alguna mezcla y adaptación de los tiempos prehispánicos. Para la mujer consiste en unas enaguas largas de color oscuro, un refajo blanco, una especie de camiseta sin cuello, una blusa de cuello alto, medio delantal, un ceñidor o banda y un rebozo. La indumentaria antigua para el hombre está formada por calzones blancos, calzoncillos de algodón, camiseta blanca, una sobrecamisa sin cuello, una chaqueta de algodón, huaraches de cuero y un sombrero de paja. El sarape, pieza muy importante en el atuendo, se usa para darse calor y para protegerse de la lluvia.

El nuevo tipo de vestimenta fue introducido por la gente con más posibilidades económicas en los años veinte, y desde entonces los miembros de todos los niveles socio-económicos lo han adoptado. Para las mujeres incluye un vestido hecho de una sola pieza, fondo completo y un delantal largo. Las muchachas solteras usan ropa interior y un buen número de mujeres jóvenes tienen un par de zapatos y de medias para las ocasiones importantes. Todavía se usa mucho el rebozo, pero cada vez se van haciendo más populares los suéteres y las chaquetas. Casi todos los cambios en el vestido se ven más bien en las mujeres que no han cumplido cuarenta años; las que han rebasado esta edad son más conservadoras y se apegan al estilo de antaño.

La indumentaria moderna de los hombres, usada principalmente por los comerciantes, los artesanos y los maestros de escuela en el centro, consiste en pantalones oscuros de confección, una camisa con cuello y botones, una chaqueta también con cuello, y además zapatos. El sombrero de palma se sustituye a veces por el moderno sombrero de fieltro de ala corta, y solo los hombres más «de ciudad» usan corbata en Tepoztlán. El nuevo estilo para los muchachos puede ser un «overol» o unos pantalones, una camisa de botones y un sombrero de paja. Generalmente, hoy en día el sarape ha sido sustituido por un suéter o una chaqueta, y muchos jóvenes llevan zapatos. Los campesinos prefieren el viejo sistema de vestirse, el cual —dicen— es más fresco, más barato y se adapta, con ventaja, al trabajo del campo.

Aunque la indumentaria se está transformando en forma notable respecto de la posición social, no revela necesariamente el nivel económico. Los grupos económicos medios, más bien que los ricos, tienden a usar ropa moderna y llevar calzados los pies. Precisamente el porcentaje más bajo de los que usan zapatos se encuentra en el grupo de mayores posibilidades económicas, debido a que a éste lo forma la generación más vieja.

Fiestas y diversiones

Las fiestas, lo mismo religiosas que civiles, constituyen las ocasiones más importantes para gozar de la música (tambores nativos, chirimías y bandas modernas), de las danzas, fuegos artificiales, preparación de comidas especiales, rodeos, ofrecimiento de velas a los santos, decoraciones florales, rezos, procesiones y la misa. Las fiestas sirven para fortalecer el *esprit de corps* de los habitantes; algunas de estas celebraciones son alegres, otras tienen más bien un matiz de tristeza y de luto. La gran mayoría de las fiestas de tipo religioso se hacen en honor de los santos; pocas celebran a Jesucristo o a la Virgen.

El calendario de las festividades religiosas es típicamente católico, e incluye días de fiesta movibles y fijos, y principia el 1.º de diciembre, al iniciarse el tiempo de Adviento. Las fiestas religiosas en las que participan los tepoztecos son de cuatro clases: 1) Las fiestas de barrio, en las que cada una de estas divisiones del pueblo celebra a su santo patrono (véase la sección sobre los barrios en la página 152); 2) las fiestas de todo el pueblo, que celebran los días santos en la iglesia central; 3) las fiestas de los pueblos vecinos del municipio (acerca del municipio véase página 143), y 4) las fiestas de los pueblos y ciudades fuera del municipio. De un total de cincuenta y tres fiestas reconocidas en las que participan los habitantes de Tepoztlán, veintisiete son de todo el pueblo, doce son festivales de barrio, siete son de los pueblos vecinos dentro del municipio, y siete son fiestas de los lugares que no pertenecen a dicho municipio. De las fiestas de todo el pueblo, las más importantes son el Carnaval, el Miércoles de Ceniza, las de la Semana Santa, Corpus Christi, el Día de San Isidro, la fiesta del Tepozteco (héroe cultural del lugar) y de María, la bendición del pericón (el 28 de septiembre), el Día de Muertos, la fiesta de la Virgen de Guadalupe, y las Posadas.

Resulta difícil saber cuántos días del año, en total, dedican los tepoztecos a todos estos festejos, pues algunos de los cincuenta y tres que ya mencionamos duran hasta tres o cuatro días; así, pues, un cálculo conservador nos daría alrededor de unos cien días. Sin embargo, sería erróneo llegar a la conclusión de que esta gente gasta la tercera parte de cada año en jolgorios y celebraciones, toda vez que a la mayoría de estas fiestas solo asiste una pequeña parte de la población. En efecto, menos del 5 % de los tepoztecos concurren a las catorce celebraciones correspondientes a los poblados de los alrededores y de otras partes, así como menos del 10 % toman parte en los festejos de los barrios, salvo el del suyo propio. Y lo más probable es que no lleguen a una docena las celebraciones del pueblo completo en las que participan todos los vecinos a lo largo del año.

Nadie, en realidad, asiste a todas las fiestas, pero si todos toman parte en algunas. Es un hecho, por otra parte, que las viudas y las mujeres de más edad tienen gran afición por todas estas celebraciones y que van a ellas tanto como les es posible. La gente más pobre tiene la tendencia de participar en las fiestas de barrio y de otros pueblos, en tanto que las personas más acomodadas se cuidan de asistir más bien a los servicios religiosos que se llevan a cabo en la iglesia del centro. A los niños, por supuesto, les agrada mucho ir a los jolgorios; precisamente una de las quejas de la escuela que se ha hecho crónica es la repentina disminución de asistencia a clases durante algunas de las mencionadas celebraciones. A los tepoztecos les gusta frecuentar también las ferias de Chalma, Jiutepec, Tepalzingo, Tlayacapan y Mazatepec. Algunos van a comprar o a vender, otros asisten por devoción religiosa hacia determinado santo, y otros van simplemente a divertirse.

El establecimiento y la creciente popularidad de muchos días festivos nacionales están fomentando un nuevo tipo de sociabilidad en este pueblo. A diferencia de las fiestas de tipo tradicional, aquellos son organizados por el personal de la escuela y los realizan los propios educandos. Consisten en bailes, recitaciones, discursos, cantos nacionales y desfiles. Los ocasionales bailes escolares y las kermeses —en las que se venden golosinas y refrescos y se organizan juegos con el fin de obtener dinero para satisfacer algunas necesidades de la escuela— son del agrado de la gente joven; la concurrencia, empero, es pequeña aún, y ello se debe a que las viejas generaciones consideran que los bailes populares son inmorales.

Otra forma común de diversión es ir a Cuernavaca. Grupos de hombres jóvenes abordan el autobús los domingos y se pasan el día paseando, jugando billar, bebiendo en las cantinas, viendo escaparates, comprando en el mercado y yendo al cine. En una palabra, un viaje a Cuernavaca es una oportunidad de mayor libertad personal para ellos.

Los juegos deportivos como forma de recreación son limitados. Las tradicionales peleas de gallos ya no existen y los rústicos jaripeos están en vías de extinción, pues a los jóvenes les falta interés en ellos y carecen de habilidad. La caza rara vez se lleva a cabo como deporte. El cantar y llevar serenatas por la noche aún conservan su popularidad entre los enamorados, a la vez que es motivo de placer para casi todos en Tepoztlán. Los deportes o competencias deportivas fueron llevados a este pueblo por primera vez en 1922, durante una campaña nacional de la Secretaría de Educación. La escuela enseñó a jugar beisbol, futbol soccer, voleibol y basquetbol, y de inmediato estos juegos tuvieron adeptos. El futbol fue el más popular de todos desde el principio y en cierta ocasión hubo hasta quince equipos al mismo tiempo. Actualmente hay cinco de estos mismos grupos, que juegan entre ellos y con clubes de Cuernavaca y de las poblaciones cercanas.

Otras formas de recreación resultaron del establecimiento de dos billares en el pueblo. Y a pesar de los temores que abrigaban las personas ya de cierta edad, no hay evidencias de que estos juegos hayan fomentado el vicio o contribuido a desarrollar nuevos malos hábitos; al contrario, parece que han proporcionado una diversión sana y que hacían falta a los hombres jóvenes.

En Tepoztlán siempre ha habido hombres muy dados a las bebidas alcohólicas, pero entre éstos hay menos borrachos habituales que entre los de algunas poblaciones vecinas. El precio del aguardiente ha subido en los últimos años, de 40 centavos el litro a 5 pesos, precio que resulta prohibitivo y que, en parte al menos, ha sido responsable de que hoy se prefiera de nuevo el pulque: en 1942 se inauguró una pulquería en la plaza. También se venden en el pueblo bebidas dulces como Coca-Cola, limonadas y otros refrescos carbo-natados.

En 1939 se instaló un equipo de cine en el edificio de la escuela y empezaron a exhibirse películas por primera vez en el pueblo. Después de un mes, el empresario tuvo que abandonar el lugar, a causa de la poca asistencia; dos o tres intentos más han tenido el mismo resultado, y es que para la mayor parte de los tepoztecos resulta oneroso el precio de 30 o 50 centavos. De vez en cuando llega a Tepoztlán alguna función de títeres y se queda por una semana, más o menos; podría decirse que este entretenimiento y las representaciones que se llevan a cabo en la escuela constituyen la actividad teatral en el lugar.

La Iglesia, por su parte, ha hecho varios intentos por proporcionar algunas otras diversiones, entre las cuales ha incluido cantos, procesiones y representaciones de tipo religioso, celebraciones de días de santos, organización de peregrinaciones y actos o pequeñas fiestas para reunir dinero. Pero todas las nuevas formas de entretenimiento han tendido a perfilar más las diferencias que existen entre los distintos estamentos económicos en el pueblo, pues inevitablemente todas ellas involucran el desembolso del dinero que se requiere para las contribuciones, el equipo, los boletos de autobús, la indumentaria y aun para los alimentos de la ocasión. De aquí que quienes son verdaderamente muy pobres no pueden participar siempre en aquellas diversiones y continúan limitándose a las fiestas y ferias de costumbre.

3. Historia del pueblo

La historia del cambio cultural en Tepoztlán sigue de cerca las principales divisiones de la historia de México, o sea: 1) el periodo prehispánico; 2) la Conquista española y el periodo colonial (1521) hasta la Independencia en 1810; 3) de 1810 hasta el régimen de Díaz, inclusive; 4) la Revolución de 1910 a 1920, y 5) el periodo post-revolucionario, de 1920 a la fecha.

El periodo prehispánico

Tepoztlán, lo mismo que México, ha tenido una historia larga y complicada de mezclas de pueblos y culturas; no ha sido, por lo tanto, un pueblo aislado. Su posición marginal entre el área del altiplano, al norte, y los valles bajos, al sur, así como su proximidad a las principales vías de transporte, la ha sometido siempre, aun en los tiempos anteriores al descubrimiento, a las influencias de las zonas más diversas. Los diferentes niveles cerámicos que han desenterrado los arqueólogos indican influencias culturales de los olmecas, los toltecas y los aztecas. Así pues, Tepoztlán ha sufrido varias conquistas y ha estado bajo el dominio político y la presión de sistemas autoritarios desde mucho antes de la llegada de los españoles.

De acuerdo con la historia legendaria de México, Mixcóatl, el fundador del Imperio tolteca, invadió el valle de Morelos, al frente de una horda nahua, a principios del siglo X, y con su gente derrotó a los tlahuicas, grupo anterior que también hablaba lengua náhuatl, y que vivía en Tepoztlán. De ahí en adelante, los tepoztecos empezaron a rendir culto a las deidades benignas de los toltecas por medio de ofrendas de papel, codornices, palomas monteses e incienso de copal. Jiménez Moreno, experto mexicano en estos temas, ha identificado al dios local, el Tepozteco, como la figura deificada de Topiltzin, el hijo de Mixcóatl y de una mujer de Tepoztlán. Debido a que Mixcóatl fue asesinado antes de que naciera su hijo y a que la madre, a su vez, murió en el alumbramiento, Topiltzin fue criado en Tepoztlán. Posteriormente, se dirigió hacia el Norte a vengar la muerte de su padre matando a su pariente Ihuitímal. El Imperio tolteca fue destruido en 1246 por los aztecas, pero Tepoztlán no fue afectado hasta 1437, cuando Moctezuma Ilhuicamina capturó esta población: Tepoztlán permaneció bajo el dominio azteca a lo largo de unos cien años, probablemente como un señorío semiautónomo, igual que Cuernavaca y Yautepec. Tepoztlán pagó tributo a sus gobernantes aztecas en forma de mantos de algodón, telas, papel, cerámica, escudos, indumentaria para la guerra y granos de frijol. Los productos agrícolas eran parte relativamente pequeña de los tributos.

En el periodo prehispánico la sociedad de Tepoztlán estaba sumamente estratificada, pues en ella había unos cuantos amos y familias gobernantes o de «principales» en la cima de la pirámide social cuya base formaba la masa de los comuneros o «maceguales». Los maceguales trabajaban las tierras de los gobernantes, construían sus casas, hacían sus ropas y, en general, les daban todo lo que pedían. No podían tener, sin embargo, trato directo con los señores de alta categoría que los regían, pues tal relación solo podía llevarse a cabo a través de los principales, quienes, a su vez, ocupaban la posición de jueces. Estas diferencias de clase tenían mucha importancia, y repercutían en todo, afectando la dieta, la indumentaria, las costumbres matrimoniales y otros aspectos de la vida.

La economía de este periodo era variada, pues además de la producción del maíz, había un cierto número de industrias y actividades locales muy importantes: cultivo de algodón, confección de tejidos, fabricación de papel, producción de cal y el uso extensivo de la planta de maguey, que tenía aplicación en múltiples propósitos. En efecto, este vegetal proporcionaba combustible; material para cercas y techados; fibras para hacer sandalias, cuerdas y un cierto tipo de telas; canaletas, punzones, clavos; cierta clase de miel, azúcar, vinagre y pulque.

De acuerdo con viejas leyendas, el pulque fue inventado en Tepoztlán o en un lugar cercano y los poblados del municipio llegaron a ser famosos por sus celebraciones y libertinajes. Tepoztlán era el sitio de un culto especial a Ometochtli (2-Conejo), el dios del pulque, cuya fama se extendió a través del Imperio azteca e hizo de Tepoztlán un importante centro religioso. Extranjeros de lugares tan lejanos como los reinos de Chiapas y de Guatemala viajaban hasta allí en peregrinaciones; y en ciertas épocas del año el culto a Ometochtli llegaba a presentar todas las características de una orgía colectiva. Bajo el dominio de los aztecas, los habitantes de Tepoztlán rindieron homenaje a los dioses de esta cultura y practicaron los ritos aztecas del sacrificio humano, para lo cual ofrecían niños al dios de la lluvia y los corazones de los prisioneros al dios de la guerra.

La Conquista española y el periodo colonial hasta la
Independencia, 1521-1810

Tepoztlán fue sometido a las tropas conquistadoras de Hernán Cortés en 1521, cuando pasaron por la población en su recorrido de Yautepec a Cuernavaca. Como algunos jefes de Yautepec se habían escondido en Tepoztlán, el capitán español incendió la mitad del poblado al detenerse allí un día. Los soldados españoles informaron que en este sitio habían encontrado «muy buenas indias y despojos». Lo mismo que otras poblaciones, Tepoztlán fue concedido a Cortés, por decreto de 1529. Cuando el capitán de los españoles decidió hacer de Cuernavaca la capital de sus grandes propiedades, Tepoztlán quedó sujeto al Corregidor de aquella ciudad y a la compleja organización administrativa establecida por los españoles.

Antes de la Conquista, el poblado estaba muy extendido, pues numerosos grupos de habitantes se habían establecido a lo largo del valle, cerca de los cerros, en los sitios donde había adecuada provisión de agua. Con el objeto de controlar a la gente y facilitar la recolección de los tributos, los conquistadores concentraron en Tepoztlán a todos aquellos grupos que habitaban en los alrededores. Mas, tanto en lo que toca al gobierno como en otros aspectos culturales, esta población fue cambiando muy lentamente, transformando, más bien que descartando, sus instituciones prehispánicas. Las antiguas disposiciones jerárquicas de la estructura social persistieron; y el poder político y religioso fue simplemente transferido al nuevo grupo gobernante, representado entonces por los españoles. Además, muchos de los antiguos principales fueron mantenidos en el poder por los conquistadores. Documentos del siglo XVI revelan la existencia de una notable y extensa burocracia gubernamental, en la cual estaban incluidos muchos funcionarios eclesiásticos.

Después de la Conquista, algunas de las industrias nativas, principalmente relacionadas con la manufactura de papel y las telas de algodón, tuvieron una expansión temporal como respuesta al nuevo mercado proporcionado por los españoles. Todavía en 1575, a la población se la describía como una en que «...con frecuencia se mira hormiguear una multitud de obreros que fabrican de este árbol un papel». La Conquista ejerció una influencia negativa en las industrias locales e hizo que Tepoztlán se volviera más y más dependiente del maíz. Uno de los hechos desintegradores fue el sistema de «repartimiento», ya que fue el responsable de que Tepoztlán se viera forzado a proporcionar, año con año, una determinada cantidad de mano de obra para los trabajos en las haciendas, las minas de Taxco, la construcción de obras en Cuernavaca y en Tepoztlán mismo, así como para servir de criados domésticos. Además, a los tepoztecos se les exigió, igualmente, dar mano de obra en los trabajos de emergencia. En una de estas ocasiones se le pidió al poblado que proporcionara «400 indios comunes» para la cosecha de caña de azúcar en una hacienda que tenía escasez de esclavos negros. Los tepoztecos se quejaron repetidamente contra estas excesivas demandas de trabajadores, y pidieron —sin éxito— que se solucionara dicha situación. La Iglesia y los dueños de las haciendas parecían actuar de consuno en la explotación del trabajo de los indios.

También estuvo sujeto Tepoztlán al pago de impuestos. En los primeros años después de la Conquista, Cortés siguió la política azteca de cobrar el tributo en productos de la tierra. No obstante, hacia finales del siglo XVI, los tepoztecos se quejaban de tener que pagar aquellos impuestos en especie, y pidieron que se les permitiera hacer efectivo el tributo en moneda. Se debió esto a que los que no tenían tierra para cultivo se veían obligados a comprar el maíz a precios muy altos para poder cumplir con aquella obligación fiscal. A partir de 1567 los impuestos se hacían efectivos tanto en maíz como en moneda, lo que nos indica que Tepoztlán había comenzado a funcionar ya como una economía monetaria. El cobro de los tributos tuvo un triple propósito: pagar a la Corona, ayudar al mantenimiento de los funcionarios locales del municipio y sostener la Iglesia y las fiestas del pueblo.

Si consideramos el fenómeno demográfico, tanto la Conquista como el periodo colonial que le siguió produjeron trastornos bastante drásticos. En efecto, en el momento de la Conquista el municipio tenía una población de unos 15.000 habitantes, cifra mucho mayor que en la actualidad, o que en cualquier época desde entonces en la historia de Tepoztlán. Los datos del siglo XVI indican una baja rápida en la población; ya en 1579 el poblado tenía 5.824 habitantes, y la cifra para todo el municipio era de 7.572. Las causas principales de semejante disminución fueron las epidemias, las muertes en las minas de Taxco y Cuautla, y la deserción de quienes poblaban el municipio, para evitar los impuestos. Esta disminución continuó a través de la Colonia, y en el año de 1807 la población llegó a ser de 2.510, lo que significa una baja del 56 % en un lapso de 228 años.

En Tepoztlán la Iglesia conquistó adeptos sin mucha dificultad, pues el politeísmo de la antigua religión permitió el cambio fácil de los viejos dioses a los nuevos. Según una leyenda del lugar, el rey Tepoztécatl se dio cuenta de la superioridad del nuevo credo, por lo que gustosamente se convirtió al cristianismo, recibió el nombre de Natividad, y sumó sus esfuerzos a los de los frailes dominicos para convertir a sus coterráneos de modo pacífico. Sin embargo, aunque el crecimiento del catolicismo y de la Iglesia en este pueblo fueron rápidos, muchos de los elementos religiosos prehispánicos se trasladaron a la nueva fe. Tepoztécatl retuvo el nombre de El Tepozteco junto con el de Natividad y, de este modo, los antiguos conceptos aztecas quedaron fusionados, de modo permanente, con las ideas recién llegadas de la Iglesia católica. La figura de aquel dios quedó confundida, también, con la del dios Ometochtli; y es así como, en la actualidad, se le conoce igualmente como dios del viento y como hijo de la Virgen María.

Después de la Conquista, los dominicos se ocuparon principalmente de la realización de las medidas administrativas dictadas por el virrey. Se dedicaron también a hacer lo posible por extirpar los cultos prehispánicos y, en este campo, fueron particularmente activos a lo largo del siglo XVI, época en que atacaron a los sacerdotes indígenas, a quienes habían considerado en la categoría de brujos, denunciando a la vez a los antiguos ídolos como instrumentos del demonio. Poco a poco fueron teniendo éxito —al igual que otras órdenes religiosas en la América española— en su empresa de reunir a los nativos en asociaciones religiosas, movimiento que facilitó las funciones administrativas y políticas de la Colonia. La Iglesia, unida como estaba al Estado, se convirtió en una institución muy poderosa. El personal de la misma era numeroso y se le pagaba con fondos públicos; los altos funcionarios, por otra parte, estaban obligados a presidir todas las procesiones y otras ceremonias religiosas. Las fiestas de la Iglesia se hicieron numerosas durante el periodo colonial, época en la cual aumentaron las entradas monetarias de aquella organización y estimularon el comercio local.

De la Independencia al régimen de Díaz, 1810-1910
Los primeros años de la independencia de México transcurrieron casi sin ser notados en Tepoztlán, pues seguían su curso las formas de vida colonial. No obstante, por primera vez desde la Conquista, hubo un incremento demográfico: por el año de 1890 los habitantes habían llegado a la suma de 4.163 en el pueblo, y de 8.589 en todo el municipio.

El primer gran cambio en Tepoztlán en este lapso surgió como uno de los resultados de la Reforma de Juárez en 1857, cuando la Iglesia y el Estado quedaron separados y fueron confiscadas las propiedades de aquélla. Las tierras pertenecientes a la Iglesia de la localidad fueron distribuidas entre una pequeña parte de la población, que constituyó la nueva aristocracia del lugar, los caciques. Éstos formaron una élite que controlaba el gobierno local, cuyos funcionarios nombraba, y que prohibía los partidos políticos y las elecciones.

Los caciques obtenían grandes cosechas en sus propias tierras: para ello empleaban bueyes y contrataban peones a 18 centavos al día. Prohibieron el cultivo del tlacolol, o sea las tierras comunales, para asegurarse suficiente mano de obra barata en sus propias labores. Para el pobre y el que carecía de tierra fue una época de sufrimiento y explotación; los alimentos y otros artículos eran baratos, pero el trabajo escaseaba y la gente llegó a padecer hambre. Los muy pobres se mantenían a menudo con hierbas, hongos y verduras silvestres. Muchos padres se vieron obligados a «empeñar» a sus hijos como sirvientes, por sumas que iban de 5 a 10 pesos por temporada. La gente se endeudó. Los compromisos pasaban de padres a hijos, y cuando las haciendas comenzaron a competir con los caciques de la localidad por los trabajadores, los salarios subieron, y en algunos casos alcanzaron a ser de 37 centavos al día. Tanto los agentes reclutadores como los mayorales adquirieron la costumbre de maltratar a los peones que no se sometían o que no trabajaban aprisa: los que protestaban eran enlistados en el ejército.

La Iglesia reaccionó a las leyes de Reforma, luchando agresivamente contra la orientación liberal del gobierno mexicano. Mas cuando Díaz llegó al poder en 1877, recuperó gran parte de su antigua gloria. En Tepoztlán, los caciques apoyaron a la Iglesia como una fuerza conservadora de importancia, y de nuevo la unieron al Estado. Una vez más, volvieron a celebrarse pomposas fiestas religiosas en el pueblo y la asistencia a ellas llegó a ser considerable. Un hecho importante en la historia de Tepoztlán fue la construcción, en la parte alta del municipio, de la vía férrea en 1897. Y aunque la mayor parte de los tepoztecos se opusieron a que pasara por allí la línea del ferrocarril y acusaron a los caciques de vender las tierras comunales a los gringos, al final toda la población resultó beneficiada. En efecto, muchos trabajadores del pueblo fueron empleados como obreros, con una paga diaria que equivalía a tres veces la que prevalecía en las haciendas. El comercio, por otra parte, subió de nivel y se realizaron varias obras públicas con el dinero que, tanto el propio pueblo como el municipio, recibió de la compañía ferrocarrilera a cambio del permiso para construir la línea en sus tierras. Entre aquellas obras pueden citarse la construcción del edificio municipal y del parque, el alumbrado de las principales calles por medio de lámparas de aceite, y la introducción de tubería para el agua. Con la vía férrea surgieron también las primeras cercas de alambre y los primeros arados de hierro; asimismo, con la aparición de los trenes de carga se estimuló la explotación comercial de los bosques y la producción de carbón. La concomitante expansión de la economía condujo también a otros cambios. Se fundó un pequeño museo de antigüedades, se abrió una biblioteca pública y se instituyeron clases nocturnas para los adultos. Este florecimiento cultural, aunque fue de poca duración y limitado a un pequeño grupo de gente bien y de intelectuales, conquistó para Tepoztlán la reputación de ser la Atenas del Estado de Morelos.

La Revolución, 1910-1920

Pocos pueblos de México sufrieron más que Tepoztlán durante la Revolución. En 1911, más de un año antes de que Zapata hiciera su llamado para la revuelta en el Estado de Morelos, Tepoztlán se liberó por la fuerza del dominio de los caciques locales. Posteriormente, el pueblo fue escenario de repetidas invasiones, primero de tropas rebeldes y después de fuerzas del gobierno, y a manos de ambas sufrió depredaciones sin cuento: muerte de su ganado, requisición de su maíz y otras cosechas, violación de sus mujeres (que a veces tomaban como rehenes), incendios de partes considerables del poblado. Cuando esta situación se hizo aún más peligrosa, sus moradores huyeron hacia las colinas y allí vivieron por temporadas hasta de seis meses. Regresaban furtivamente al pueblo, de cuando en cuando, a recoger algunas frutas o a enterrar a sus muertos.

Desde el principio los tepoztecos simpatizaron con los rebeldes, pero solo un puñado de ellos entendió realmente los ideales del movimiento zapatista y se sintieron motivados por ellos. La promesa de tener tierras era muy atractiva, pero la mayor parte de los tepoztecos prefirió mantenerse neutral y solo se unió al conflicto cuando la situación era de vida o muerte. La falta de verdadera unidad de los tepoztecos se hizo evidente en los primeros días del movimiento, cuando los líderes más capaces, en su incontrolable rivalidad por el poder, empezaron a matarse unos a otros.

Durante estos años amargos, cesaron las funciones religiosas en el pueblo. Los sacerdotes y los caciques huyeron para salvar sus propias vidas, la iglesia y las capillas fueron abandonadas y saqueadas, y el antiguo monasterio se convirtió en cuartel y establo. Algunas de las funciones del sacerdote ausente eran realizadas por «rezanderos», civiles que sabían de memoria algunas oraciones y cobraban por recitarlas a los que agonizaban, en los partos difíciles o en otras ocasiones.

A finales de 1919 el Estado de Morelos gozó nuevamente de paz y quietud y Tepoztlán reinició sus esfuerzos por volver a la normalidad. Cuando los dispersos habitantes retornaron de las colinas y de las poblaciones cercanas, se encontraron sin casas y en absoluta pobreza. La pérdida de vidas en los combates, lo mismo que por el hambre y las enfermedades habían producido una rápida declinación demográfica; en 1921, por ejemplo, solo había 2.156 personas en el pueblo y 3.000 en el municipio.

El periodo post-revolucionario, 1920-1940

La Revolución transformó la estructura social de Tepoztlán, pues aunque algunos caciques o los hijos de éstos regresaron al pueblo, sus casas estaban destruidas o quemadas, y habían perdido la mayor parte de su riqueza, especialmente el ganado y las tiendas. Así pues, fue necesario para todos, ricos y pobres, comenzar casi de nuevo. Esta reconstrucción tuvo lugar dentro de una nueva perspectiva social. La participación de los tepoztecos en las fuerzas zapatistas dejó su huella en la psicología de la población e hizo el papel de una clara influencia niveladora. Los gritos de combate de los zapatistas fueron: «Tierra y libertad» y «Abajo los caciques». Ahora el dominio político de los caciques había desaparecido.

Un cambio económico fundamental había tenido lugar y fue, por cierto, uno de los más importantes resultados de la Revolución: las tierras comunales del municipio (que forman aproximadamente el 80 % del total) quedaron disponibles para los naturales del lugar. Más tarde, en 1929, bajo el programa nacional de ejidos, el pueblo recibió, para distribuirlas entre las familias que no tenían donde sembrar, las tierras de una hacienda cercana, lo que vino a fomentar la base predial y ayudó a aumentar la producción.

La historia política de Tepoztlán durante los veinticinco años que siguieron a la Revolución fue intensa, dramática y, a menudo, trágica. Giró en torno al problema de la conservación de los bosques y otros recursos de valor comercial. Como las haciendas vecinas habían sido destruidas y el trabajo era escaso, los tepoztecos empezaron a cortar los bosques para producir carbón con propósitos de venta. Surgieron entonces dos grupos: uno, principalmente de ex zapatistas, querían conservar esos recursos; el otro, dirigido por los hijos de los antiguos caciques, deseaba su explotación en forma continua. Estas dos facciones conocidas como los Bolcheviques (después llamados los Fraternales) y los Centrales, lucharon a lo largo de los años veinte y treinta por el control del poblado, y para ello recurrieron a asesinatos, encarcelamientos e incluso a masacres, que vinieron a ser características de este conflicto. En 1930 se estableció una cooperativa para dirigir la producción de carbón: esta organización llegó a tener más de quinientos miembros; en 1937, empero, después de muchas dificultades de orden político, la cooperativa entró en bancarrota y se disolvió.

Debido a su proximidad, tanto a la capital del Estado como a la del país, Tepoztlán ha sido un pueblo particularmente sujeto a las influencias políticas externas; y casi todas las corrientes de ideas políticas de importancia nacional tuvieron, en este periodo, repercusiones inevitables. Un grupo de tepoztecos que vivía en la Ciudad de México organizó en 1920 lo que se llamó la Colonia Tepozteca, cuyo fin era eliminar el analfabetismo y conservar el uso de la lengua náhuatl en el pueblo. Esta organización se convirtió después en una fuerza política de importancia para el pueblo de Tepoztlán y tuvo una influencia permanente y urbanizadora.

La posición de la Iglesia después de la Revolución sufrió una serie de cambios en Tepoztlán. Así, cuando la paz se hubo restaurado, el cura del pueblo regresó, y la actividad religiosa volvió a tener vida, aunque sin su antiguo esplendor.

Mas esta nueva tranquilidad fue alterada en 1926, cuando el arzobispo de México ordenó una política de no cooperación con las autoridades civiles: todos los sacerdotes tenían que dejar sus iglesias y suspender los servicios religiosos. El cura de Tepoztlán abandonó el pueblo y, durante un tiempo, solo los servicios de los rezanderos fueron posibles. Finalmente, alrededor de 1929, se restablecieron los servicios religiosos regulares.

Al principio de los años treinta, el protestantismo llegó a Tepoztlán cuando aproximadamente unas quince familias, la mayoría de ellas pobres, se convirtieron en adventistas del Séptimo Día. Pero el pueblo aplicó el ostracismo a estas familias, apedreó sus casas y convirtió a sus hijos en blanco de sus bromas y abusos. Como consecuencia de esta hostilidad, el número de fieles disminuyó sensiblemente. La Iglesia católica emprendió campañas de propaganda contra otros intentos cualesquiera de protestantismo; dichas campañas tuvieron éxito, y los tepoztecos sospechaban de cualquier extraño que pudiera no ser católico.

Dos innovaciones tecnológicas que alcanzaron a Tepoztlán en los años veinte produjeron grandes cambios en la vida de las mujeres. En 1925 se instaló el primer molino para moler maíz: pronto hubo que cerrarlo por la oposición de los hombres. No obstante, en 1927 otro molino tuvo éxito financiero, gracias a «la revolución de las mujeres contra la autoridad de los hombres»; y ya por 1942 había cuatro de aquellos establecimientos que contaban con el apoyo de las señoras y muchachas, quienes ganaron de cuatro a seis horas diarias, al no tener que usar el metate. Este tiempo adicional les dio oportunidad de emprender algunos trabajos comerciales, tales como el cultivo de frutas y la crianza de animales para la venta. Las máquinas de coser, que también aparecieron por este tiempo, hicieron más llevadero el trabajo de la mujer tepozteca.

Un suceso de gran importancia en la historia de este pueblo fue la terminación, en 1936, de un camino asfaltado que conecta a Tepoztlán con la amplia carretera de la Ciudad de México a Cuernavaca. Surgieron entonces dos líneas de autobuses, cuya propiedad y manejo era parte de las cooperativas tepoztecas. Los autobuses no solo mejoraron los medios de comunicación, sino que se convirtieron en nuevos factores económicos y políticos en Tepoztlán. La enconada competencia de las empresas dividió a la población en dos facciones; los líderes se apropiaron del control político que tenían los campesinos, y sus empleados constituyeron el primer grupo importante en Tepoztlán que no era de trabajadores del campo.

La escuela fue otro agente notable de cambio cultural. El número de alumnos inscritos subió, de menos de 100 en 1926, a 611 en 1944. La escuela combatió el analfabetismo, dio a los niños otros niveles de higiene y de limpieza y se convirtió, realmente, en el símbolo de lo nuevo en aquel pueblo.

De este modo, en el periodo de veinte años que siguió a la Revolución pueden verse numerosas influencias primarias para el cambio en Tepoztlán. Las más importantes de ellas fueron la concesión de tierras de ejido, el establecimiento de molinos para nixtamal, la nueva carretera y la expansión de las facilidades para asistir a la escuela. El hecho de que ocurrieron prácticamente al mismo tiempo hizo que estos factores se reforzaran mutuamente y aceleró el ritmo del cambio. Los cambios culturales resultantes fueron de largo alcance: crecimiento rápido de la población, mejoría de los servicios de salubridad, notable elevación del estándar de vida y del nivel de aspiraciones de la gente, crecimiento de una pequeña clase de terratenientes, desarrollo de una mayor variedad de especialización en las ocupaciones, disminución en el uso de la lengua náhuatl con el respectivo fomento del empleo del idioma español, mayor alfabetismo y comienzo del hábito de leer los periódicos, así como una mayor incorporación del pueblo a la corriente principal de la vida nacional.

4. La economía

La economía de Tepoztlán es esencialmente una economía casera de pequeños productores, campesinos, artesanos y mercaderes, cuyo motivo principal de producción es la subsistencia. Sin embargo, no es una economía autosuficiente y es probable que nunca lo fuera, ni aún en los días anteriores a la Conquista. El pueblo depende, en gran medida, de su comercio con las regiones cercanas para la obtención de los elementos básicos de su dieta, tales como sal, azúcar, arroz y chile. De los centros urbanos obtiene telas, implementos agrícolas, máquinas de coser, lámparas Coleman, petróleo, pistolas, medicinas de patente, tuberías para el agua, autobuses y mesas de billar. Su artesanía es escasa y no produce cerámica, tejidos, ni cestería.

Desde el punto de vista de la agricultura, que es su medio básico de subsistencia, los recursos de Tepoztlán son realmente pobres. Solo un 15 %, aproximadamente, del área total de la tierra es cultivable por medio de arado y bueyes, y aproximadamente un 10 % lo es por el método más primitivo de cortar y quemar la vegetación haciendo después uso de la coa. Aun en el caso de que hubiera una distribución equitativa de la tierra, solo sería aprovechable algo más de media hectárea de tierra cultivable y cerca de 4 hectáreas de bosques y pastos por cabeza. Además, como hemos hecho notar, no existe un sistema de irrigación y solo se logra una cosecha anual. Y ya que el poblado no puede sostenerse a sí mismo por los medios agrícolas, los tepoztecos se ven obligados a buscar otros tipos de ingreso y se dedican a una notable variedad de trabajos en las diferentes épocas del año.

La economía tepozteca, si bien es la de una sociedad campesina, no es simple ni primitiva. Consta de muchos elementos: un bien desarrollado concepto de la propiedad privada;

un alto grado de individualismo; un mercado libre, una definición de la riqueza en términos de tierra, ganado y otras formas de propiedad; relativamente amplias diferencias de riqueza; uso de la moneda; un sistema altamente desarrollado del comercio e intercambio; interés en el capital; trabajo asalariado; empeño de las pertenencias; renta de la tierra; uso del arado con bueyes y especialización en las ocupaciones eventuales.

Además de esta enumeración de aspectos familiares, el sistema económico de los tepoztecos tiene características especiales y desafía una fácil inclusión en clasificaciones tradicionales como «capitalista» o «feudal». Porque junto a los rasgos mencionados, existen otros que hacen compleja su identificación; propiedad comunal de la tierra; trabajo colectivo; cultura de la coa; producción básicamente de subsistencia; trueque; ausencia de instituciones de crédito; falta de capital; temor a la ostentación de la riqueza (excepto en ocasiones ceremoniales) y una importancia continua de la actividad religiosa y de actos rituales en perseguimiento de la mejoría económica. Un factor que complica aún más esta semblanza es que la economía y la tecnología tepoztecas representan una fusión de elementos que provienen de tres niveles históricos diferentes: el precortesiano, el hispano-colonial y el moderno, de origen occidental europeo.

La división del trabajo
La división del trabajo por sexos aparece claramente delineada en Tepoztlán. Los hombres han de sostener a sus familias mediante la ejecución de la mayor parte del trabajo del campo; se encargan de cuidar el ganado, los caballos, bueyes y mulas; hacen el carbón, cortan la madera y llevan a cabo las transacciones más importantes cuando hay que

comprar o vender. Por otra parte, la mayoría de las ocupaciones especializadas —carpintería, albañilería, zapatería— las realiza también el elemento masculino. Dentro del hogar, ellos tienen bajo su responsabilidad la provisión de madera y de agua; han de llevar a cabo la hechura y reparación de los muebles y de muchos de los implementos de trabajo, las reparaciones de la casa, y deben ayudar a recoger fruta. También desgranan el maíz cuando se trata de cantidades considerables. La política y el gobierno local, así como la organización y manejo de las fiestas religiosas y seculares, están en manos de los hombres.

El trabajo de las mujeres se centra en el cuidado de la familia y de la casa. Ellas son quienes cocinan, limpian, lavan, planchan, van al mercado, desgranan el maíz para el consumo diario y cuidan a los niños. Las madres adiestran a sus hijas en las tareas de su sexo y las supervisan hasta que llegan al matrimonio. Algunas mujeres se dedican a criar pollos, pavos y cerdos, con lo que ayudan a los gastos de la casa; otras cultivan frutas, hortalizas y flores. Las mujeres también hacen compras y ventas en pequeña escala y controlan los gastos de la familia. No se espera que las tepoztecas vayan a trabajar al campo, y se menosprecia a las mujeres de los poblados vecinos que lo hacen.

De un modo general, el trabajo femenino en Tepoztlán está menos rígidamente definido que el de sus compañeros. Muchas mujeres, especialmente las viudas, llevan a cabo labores masculinas sin que se les censure por ello; en contraste, los hombres casi nunca hacen un trabajo propio de la mujer; los pocos que llegan a este extremo se ponen en ridículo. Únicamente en el campo, donde no hay mujeres, los hombres encienden el fuego y calientan su comida sin escrúpulos. Cuando la señora de la casa cae enferma o alguna causa de fuerza mayor le impide realizar sus quehaceres, su esposo procura obtener los servicios de alguna parienta, o, aun en el caso de ser muy pobre, contratar el trabajo de una sirvienta. De vez en cuando se tiene noticia de algún hombre viudo o de algún soltero que cocina o barre la casa, pero jamás se sabe de algún hombre que lave y planche la ropa o muela el maíz y «eche» las tortillas. Si un hombre es visto acarreando maíz al molino se siente profundamente humillado.

Las mujeres que no tienen quien las mantenga pueden prestar sus servicios como criadas domésticas, como lavanderas, como costureras o puede ser que se vuelven vendedoras ambulantes de baratijas. La única profesión que una mujer preparada puede ejercer en el pueblo es la de maestra de escuela; y, como regla general, la mujer juega un papel muy modesto en las actividades públicas. La escasa rigidez en la definición de las ocupaciones del elemento femenino se refleja, sin embargo, en el hecho de que ya en dos ocasiones, más o menos recientes, fue una mujer quien ocupó el puesto de secretaria del gobierno local, un puesto que tradicionalmente ha sido para hombres. Las mujeres son miembros de organizaciones religiosas y de comités escolares.

A pesar de que el 90 % de la fuerza de trabajo se dedica a la agricultura y a pesar, también, de que la actividad de los labradores es bien vista socialmente, el cultivo de la tierra, como ya se ha dicho, no constituye la única ocupación de esta gente. Algunos tepoztecos trabajan en las haciendas cercanas, otros se consagran al comercio o se dedican a criar ganado. En 1948 había aproximadamente veintiséis ocupaciones no agrícolas, en las cuales tomaban parte un total de 273 individuos. Las ocupaciones más frecuentes incluían a tenderos (20), profesores (21), albañiles (25), panaderos (23), curanderos y parteras o comadronas (28) y cordeleros (42). El grupo que le seguía en importancia estaba formado por carniceros (15), peluqueros (15), comerciantes de maíz (13), carboneros (13), fabricantes de tejas y ladrillos (12), y empleados de las líneas de autobuses (17). Hay, además, zapateros (5), carpinteros (9), herrajeros (3), chirimiteros[31] (6), *huehuechiques*[32] (2), coheteros (6), fabricantes de máscaras (6), «mágicos» (1), plateros (2), molineros (3), boticarios (2), choferes (6) y plomeros (2). Cincuenta y tres de los 273 trabajadores eran del sexo femenino, pero solo se dedicaban a seis de las veintiséis ocupaciones, especialmente en la enseñanza y el arte de curar.

Las veintiséis clases de trabajo enumeradas anteriormente representan una mezcla peculiar de lo viejo y lo nuevo. Algunas, como los chirimiteros, *huehuechiques*, curanderos, albañiles, fabricantes de máscaras, carboneros y cordeleros es bastante probable que hayan tenido sus colegas en tiempos prehispánicos. Otros, como los tenderos, zapateros y carpinteros es posible que aparecieran en Tepoztlán en la Colonia. Y otros —los maestros, panaderos, molineros, boticarios, choferes y empleados de autobuses— son, desde luego, modernos: la mayor parte de ellos aparece en 1936 con la construcción de la carretera.

Tenencia de la tierra

Tres tipos de tenencia de tierra se pueden observar en Tepoztlán: posesión comunal, posesión ejidal y posesión privada. Las tierras comunales comprenden más o menos el 80 % de las tierras del municipio e incluyen cuatro de las cinco clases de tierra: téxcal (véase la página 114), «monte», «ce-

---

31 Los hombres que tocan la música tradicional en los techados de las capillas, con motivo de las fiestas de los santos: tocan la chirimía, que es una flauta nativa.

32 Señores que ejecutan los ritos tradicionales en lengua náhuatl, en determinadas fiestas.

rros» y «terrenos cerriles». Las tierras comunales pertenecen tradicionalmente al municipio y están bajo su control: no se pueden dividir en lotes.

Las tierras ejidales constituyen algo menos del 5 % de la tierra dentro del municipio, y consisten principalmente en terreno arable para agricultura labrantía. Estas tierras son propiedad comunal del municipio, pero están bajo el control de las autoridades ejidales elegidas localmente. Las posesiones de ejido se diferencian de las posesiones comunales en que sí se dividen en pequeñas parcelas que se asignan a los individuos de acuerdo con ciertas normas de elegibilidad que estableció el programa nacional de ejidos. El derecho a un ejido proviene de la nación, en tanto que el título de la tierra comunal descansa en la autoridad del municipio.

La posesión ejidal y la posesión privada son prácticamente idénticas, excepto en que la privada puede comprarse y ser vendida, y el ejido solo puede permanecer en manos de una misma familia por muchos años y pasar de padre a hijo si se puede probar, suficientemente, que existe la necesidad de aquella tierra. Las posesiones privadas consisten mayormente en terrenos que se emplean para la agricultura de arado y constituyen aproximadamente el 15 % de las tierras municipales. Las posesiones privadas están sujetas al dominio absoluto y su propiedad debe ser respaldada por un título legal. Es importante recordar que en Tepoztlán los tres tipos de posesión de tierras se explotan más bien de modo individual que colectivo.

Las tierras comunales representan una de las formas más viejas de posesión agrícola, y en Tepoztlán han demostrado tener una estabilidad notable a través de los años. La verdad es que el sistema de posesión comunal de la tierra permaneció prácticamente inalterado a través de las conquistas azteca y española. Es digna de tomarse en cuenta la similitud de la política que siguieron los conquistadores aztecas y la de los españoles en Tepoztlán, en relación con este sistema de posesión de las tierras comunales.

Los títulos que acreditan la legalidad de las tierras comunales del municipio son posesiones preciosas de los habitantes, y la responsabilidad de su salvaguardia e inafectabilidad se confía a uno de los miembros del gobierno local en Tepoztlán. Estos títulos salen a relucir principalmente cuando hay que resolver disputas por causas limítrofes con los municipios vecinos. Dichas disputas han tenido lugar a lo largo de cientos de años, y tanto la pérdida como la recuperación de los mencionados títulos se han sucedido una y otra vez en la historia del municipio.

En teoría, cualquier individuo perteneciente a cualquiera de las ocho poblaciones del municipio tiene el derecho a usar cualesquiera de las tierras comunales siempre que obtenga el permiso correspondiente de las autoridades municipales o, como ocurre en la actualidad, de las autoridades forestales y ejidales. No obstante, en la práctica cada uno de los ocho poblados ha concluido por considerar ciertos terrenos, precisamente aquellos que les quedan más cercanos, como los suyos propios. Esto ha dado lugar al surgimiento de fronteras morales que reconocen todos los interesados.

Aunque el municipio de Tepoztlán se las ha arreglado para mantener casi todas sus tierras comunales intactas sin permitir abusos por parte de las haciendas vecinas, antes de la Revolución de 1910-1920 los caciques, o sea la élite gobernante del pueblo, prohibieron a los tepoztecos trabajar esas tierras para asegurarse suficiente mano de obra barata para ellos mismos. Uno de los resultados más importantes de la Revolución fue lograr que las tierras comunales fueran disponibles para todos los tepoztecos.

Las tierras de ejido constituyen un fenómeno relativamente reciente, pues datan de después de la Revolución. Tepoztlán recibió, en 1929, 2.100 hectáreas de tierra en restitución de la Hacienda Oacalco. Doscientas sesenta y siete (el 31 %) de las familias tepoztecas tienen ahora parcelas ejidales, todas menores de 3 hectáreas. De estas familias, 109 tienen también tierras de propiedad privada; las 158 restantes solamente tienen tierras de ejido.

Por otra parte, solamente el 36 % o sea 311 de 853 familias en el pueblo poseen tierras en concepto de propiedad privada. De este modo, en una población en donde el ideal familiar es ser dueño de un pedazo de tierra, el 64 % no tienen tierras en absoluto. Además, las posesiones de esta naturaleza son extremadamente pequeñas, ya que más del 90 % de estas propiedades miden menos de 9 hectáreas, y el 68 % son de menos de 4 hectáreas. En Tepoztlán, una persona que posea 15 o más hectáreas es considerada ya como gran terrateniente: en el pueblo solo hay dos posesiones cuya extensión oscila entre 25 y 29 hectáreas. El tamaño de las milpas, por cierto, es muy reducido, debido a que las propiedades han sido fragmentadas en parcelas que vienen a quedar localizadas en muy diferentes lugares. El considerable número de gente sin tierras y el pequeño tamaño de los lotes es, esencialmente, resultado de la escasez de recursos más bien que de la concentración de la propiedad en las manos de unos cuantos individuos.

El problema de las tierras en Tepoztlán no es reciente. Ya era igualmente acentuado en los años veinte, antes de que se hicieran las concesiones en los ejidos y, por supuesto, era un problema más agudo aún antes de la Revolución. Hace más de treinta años, las 158 familias que ahora usufructúan parcelas ejidales carecían de tierras. Así, el programa ejidal ha dejado sentir en Tepoztlán por lo menos dos efectos benéficos: por un lado ha reducido el número de familias sin tierra, y por el otro ha contribuido a incrementar las propiedades de quienes apenas tenían algo en qué hacer sus cultivos. Hay que decir, sin embargo, que el programa ejidal de ninguna manera ha resuelto el problema de la tierra, pues existen todavía 384 familias que carecen de lugar donde hacer las siembras y no vislumbran la menor esperanza de convertirse en dueñas de tierra alguna. Tampoco se ha beneficiado Tepoztlán de los grandes logros que la agricultura ha alcanzado en otras partes del país, como consecuencia de los proyectos hidroeléctricos y de la mecanización. Por 1948 en Tepoztlán no había siquiera un solo tractor y la mayor parte de los grupos familiares seguían labrando sus reducidas propiedades de subsistencia por métodos todavía primitivos.

Los sistemas agrícolas

En Tepoztlán existen, uno al lado del otro, dos tipos de agricultura que representan diferentes niveles históricos y tecnológicos. Uno de ellos es un sistema primitivo, de origen prehispánico y que consiste en cortar y quemar la maleza, para poder hacer después lo que se llama la cultura de la coa; el otro es más moderno, post-hispánico, y emplea el arado y los bueyes. Las diferencias entre la cultura de la coa (que en la localidad se conoce como tlacolol) y la cultura del arado no se limitan a los implementos agrícolas que forman el núcleo de dichos sistemas, sino que ambas envuelven implicaciones sociales y económicas de largo alcance.

Tanto la cultura de la coa como la cultura del arado se conocen en Tepoztlán desde los tiempos de la Conquista española. El primer sistema se emplea más bien en terrenos pendientes y rocosos, el segundo en tierras menos inclinadas, con relativa ausencia de árboles, e incluye las zonas bajas de los valles de la parte sur del municipio. La cultura de la coa se practica en tierras de propiedad comunal y exige una gran cantidad de tiempo y de trabajo, pero se puede realizar con muy poco dinero. La cultura del arado tiene lugar sobre tierras de posesión privada y requiere relativamente poco tiempo y menos mano de obra, pero necesita más capital. La primera depende casi exclusivamente de la mano de obra de los miembros de la familia la segunda depende, hasta cierto punto, del trabajo asalariado. En la cultura de la coa los rendimientos son mayores que en la del arado, pero la cantidad de semilla plantada por cada grupo familiar es relativamente pequeña y nunca alcanza la cantidad de granos sembrados por algunos de los que trabajan en las tierras aradas. La rotación de las tierras en el sistema más primitivo es una necesidad, pues los campos se agotan en unos cuantos años; el sistema posthispánico, en cambio, permite a las labranzas seguir produciendo por más tiempo hasta el agotamiento total.

La cultura de la coa está más relacionada con la producción para la subsistencia, en tanto que la del arado implica generalmente rendimientos para el mercado. Es muy significativo que la mayor parte de las familias que trabajan el sistema del tlacolol carecen de tierras y que el tlacolol es siempre el último recurso a que acude el pobre. Los agricultores que tienen pequeñas parcelas, no obstante, suelen también cultivar un tlacolol con el fin de complementar sus escasas entradas en efectivo. En realidad, en los últimos años, la inflación ha engendrado en Tepoztlán una nueva modalidad: los tepoztecos que poseen alguna extensión considerable de tierra hoy día la rentan o la dejan descansar, y ponen en actividad el sistema de tlacolol. De veinte familias que tienen tierras privadas y a la vez gozan la concesión de ejidos, doce cultivan ahora tlacolol: estas doce familias se cuentan entre los poseedores de tierras más importantes de la localidad. Tal fenómeno lo han resentido la mayoría de los tlacololeros, quienes opinan que las tierras comunales deberían ser para ayudar solo a los que no tienen tierra alguna.

Otras diferencias entre la cultura de la coa y la del arado incluyen los ciclos de trabajo, los implementos de labranza, la clase de maíz, las técnicas de ejecución y aún la terminología. En términos generales, los implementos y las técnicas usados en el tlacolol todavía se conocen con sus nombres en náhuatl, mientras que en el cultivo con arado predominan los términos en español. Y existe otra diferencia todavía, que resulta del lugar de las tierras en cuestión, pues las de propiedad privada explotadas por la cultura del arado —salvo unas pocas excepciones— están localizadas más cerca del pueblo que las tierras de tlacolol. Los tlacololeros generalmente tienen que levantarse a las cuatro de la mañana, caminar dos o tres horas hasta llegar a los campos, y vuelven a sus casas varias horas después que los que utilizan el arado.

Los instrumentos básicos de producción en la cultura del arado son el arado propiamente dicho, el machete, la coa y el hacha. Se emplean dos tipos de arado: el «arado criollo» (de madera) y el «arado polco» (de hierro). El de madera fue introducido por los españoles poco después de la Conquista. Antes de la Revolución de 1910-1920 el arado de metal era usado solamente por un pequeño número de familias, y ya en una fecha tan tardía como 1926-1927 Redfield nos informa de la existencia de únicamente algunos arados de hierro. En el comienzo de los años treinta, sin embargo, el uso de dicha herramienta se hizo más general, y en 1943 la mayoría de los labradores tenían arados de hierro al mismo tiempo que arados de madera, con uso específico de cada uno de ellos para operaciones diferentes. En 1943, aproximadamente 213 familias en el pueblo (el 48 %) tenían arados.

Desde los tiempos coloniales se han empleado los bueyes en Tepoztlán. En 1944, sin embargo, había solo 179 yuntas y únicamente el 57 % de los dueños de tierras tenían bueyes de su propiedad. Hay poco movimiento de compra y venta de estos animales en esta región; la mayoría de los bueyes se compran en el vecino Estado de Guerrero, no obstante que durante mucho tiempo el viaje a ese lugar era peligroso. Los pocos tepoztecos que viajaban a Guerrero lo hacían sometiéndose a gran riesgo, pero también obtenían beneficios considerables.

El ciclo de trabajo en la cultura del arado comprende cuatro etapas: preparación de la tierra, siembra, cultivo y cosecha. A la roturación de un terreno nuevo se le llama «barbecho»; el arar una tierra que ya antes se había cultivado se conoce con el nombre de «los tres arados». Ahora bien, el sistema de arar que se emplea en cada caso difiere mucho. La mayor parte de los labradores prefieren abrir una nueva tierra en la estación de las lluvias —generalmente en agosto—, con lo cual preparan la siembra para el año siguiente. Usan el arado de hierro para hacer el barbecho, abriendo un solo surco que forma un rectángulo concéntrico. Los tepoztecos se enorgullecen de lo derechas que les quedan las hileras de matas de maíz y compiten unos con otros en este detalle geométrico de sus siembras. Un campesino con una yunta de bueyes puede arar, en promedio, como una quinta parte de hectárea al día. Si el tiempo lo permite, se hacen dos barbechos; y al preparar un campo que estuvo bajo cultivo el año anterior se usa el arado de hierro y se ara entonces tres veces: el arar por tercera vez forma parte del proceso de siembra.

La siembra se inicia a principios de junio, después que han comenzado las lluvias. La selección de la semilla generalmente se lleva a cabo después de la cosecha en el mes de enero; en esa época se buscan las mejores mazorcas de maíz, se guardan en sitio aparte con el fin de desgranarlas en mayo o junio, justamente antes de hacer la siembra. Algunos tepoztecos aún se apegan a la tradición de que su semilla sea bendecida por el padre el 15 de mayo, o sea el día de San Isidro. Para esa ceremonia las mujeres escogen unas diez mazorcas de las mejores y algunos granos de frijol y calabaza para llevarlos a la iglesia. A veces llevan también un poco de copal y un incensario. Cuando están quemando el incienso, ya en la iglesia, aparece el cura y, con agua bendita, bendice las semillas. El maíz así purificado se deposita después en el campo de la milpa para que allí se pudra: debe evitarse que se queme, pues de otra manera la semilla no crecería.

Hoy ya no se sigue la antigua costumbre de hablarle en náhuatl al maíz que va a sembrarse, si bien la mayor parte de los hombres mayores de cincuenta años la recuerdan muy bien. En tales ocasiones se celebraba un rito corto y formal, consistente en dirigirse a la semilla momentos antes de plantarla: a menudo la ceremonia provocaba gran emoción y a veces llegaba al llanto. El texto del discurso iba más o menos así: «Eres mi cuerpo y mi fuerza. Ve a sufrir el frío y la tormenta de las estaciones; todo sea por nosotros». Un ritual semejante llevan a cabo en la actualidad unos cuantos campesinos, con la única diferencia de que las frases se recitan en español y el dios a que se refieren es el de los cristianos: «Que Dios os bendiga. Yo os deposito en la tierra, y si algún día retornáis mientras yo viva, la satisfacción será mía; y si ya estoy muerto, de mis descendientes será».

Lo usual es que los campos de maíz se aren unas dos o tres veces, con intervalos de veinte días. Después de la tercera vez, más o menos por mediados de agosto, a las matas que forman la primera y las dos últimas hileras de la milpa se les amontona la tierra a mano y con la coa. Estos amontonamientos simbolizan el fin del cultivo y se consideran como una decoración de la milpa o como un adorno del trabajo. También sirven como un refuerzo de las hileras en los extremos del campo, que son las que sufren más la inclemencia del viento: los tepoztecos abrigan la creencia de que esto protege el interior de la milpa.

El fin de las labores agrícolas se celebra con una fiesta, tanto en el propio campo como en la casa. Inmediatamente después de la última mano algunos campesinos acostumbran caminar alrededor del campo sembrado, y recitan entonces estas palabras: «Yo ya cumplí con mi obligación de cultivarte como te lo mereces. Ahora que si no rindes, eso ya es cosa tuya. Yo, por mi parte, me retiro». Algunas veces, después que se ha cultivado la última fila de plantas, se coloca en el centro de la milpa una cruz de madera; recita entonces el dueño otros rezos más y entona también ciertos cantos religiosos. Para alegrar la ocasión, se encienden fuegos artificiales y a los trabajadores se les sirve pan acompañado de queso, ponche y tequila; los bueyes son adornados con flores y con imágenes de San Isidro: los llevan después a la casa, donde se sirve más comida y bebida. Por último, se truenan cohetes en el patio.

Hacia fines de septiembre, cuando el maíz tempranero está madurando, los labradores vuelven al campo para realizar otra celebración, en la cual asan maíz y toman ponche. El 29 de septiembre, día de San Miguel, llevan a la labranza varias cruces de pericón, previamente bendecidas por el padre, y las colocan a cada lado de la milpa a fin de que la protejan de los vientos fuertes. Según una vieja creencia, si el maíz resulta dañado por los vientos es porque los danzantes que representan al Tepozteco en la fiesta del 8 de septiembre no bailaron como era debido. Entre los últimos días de septiembre y los primeros de noviembre poco es lo que hay que trabajar en el campo. Los tepoztecos aprovechan este lapso para recoger frutas de los ciruelos, cuidar los animales, cortar madera y hacerse cargo de varias tareas del hogar.

La cosecha consiste en quitar las hojas a las matas a principios de noviembre, y en recoger el maíz a principios de diciembre. Cada familia cosecha su propio campo, a veces con ayuda de otros campesinos a quienes les pagan por su trabajo. Por los primeros días de enero ya casi todos los campos se han cosechado y el maíz se ha guardado en trojes especiales, pero sin desgranar las mazorcas, con el fin de que éstas resistan mejor el ataque de los gusanos, que son un gran problema para los tepoztecos. Muchas familias acostumbran dejar el grano en las mazorcas hasta que llega abril o mayo, y las mujeres van desgranando las cantidades que necesitan día a día y aquellas que destinan a pequeñas ventas. Posteriormente, los hombres se encargan de desgranar en mayor escala, para lo cual emplean una piedra volcánica de color oscuro o los propios olotes del maíz unidos entre sí formando un disco plano, contra el cual frotan la mazorca. El maíz desgranado generalmente se guarda en sacos, si bien algunas familias todavía hacen uso de una arca especial de barro llamada cuezcómatl. En algunas casas se coloca el esqueleto de la cabeza de un perro o un pedazo de madera de pino y cal en los sacos para impedir que el grano se eche a perder. Según una antigua creencia, la muerte de alguien en la casa aumenta las posibilidades de que el maíz sea atacado por los insectos.

El rendimiento de la semilla del maíz varía grandemente de un campo a otro, y de un año a otro en un mismo campo. Si seguimos la clasificación que hacen los tepoztecos, una tierra de primera clase produce un promedio de dos «cargas» de maíz en mazorca por cada «cuartillo» de semilla que se planta; la tierra de segunda clase produce solo una carga, y la de tercera clase, alrededor de media carga: así, el producto de las mejores tierras es, más o menos, cuatro veces al de las tierras más pobres. La mayor parte de los campesinos de Tepoztlán no usan fertilizantes; conocen sus beneficios, pero no están en condiciones de emplearlos debido a la escasez de estiércol adecuado y al elevado costo de los fertilizantes comerciales.

Hay una variación bastante considerable en el número de hombres-día-trabajo necesarios para hacer la limpia, la siembra, el cultivo y la cosecha de un campo de maíz. Los factores más importantes son: la naturaleza del terreno, la calidad del suelo, la mayor o menor rapidez con que trabajan los bueyes y los campesinos que los manejan, y el tipo de semilla escogida. El total de hombres-día-trabajo que se requieren para la producción de una hectárea de maíz va de treinta y cinco a sesenta y cinco: cincuenta días viene a ser el promedio general. Esta estimación, sin embargo, no toma en cuenta el tiempo que los campesinos gastan en cuidar la milpa, tanto del ganado como de los amigos de lo ajeno. De esos cincuenta días, la mayor parte, con mucho, se emplean en las fases del cultivo y la cosecha; la preparación del campo y la siembra absorben poco tiempo en comparación.

La tierra que se emplea para la cultura de la coa es de dos tipos distintos y se encuentra en diferentes partes del municipio. El primer tipo se conoce como texcal, una tierra cubierta con roca volcánica negra y con vegetación achaparrada de hojas semicaedizas que en el suelo se pudren en la estación seca y forman, en los espacios entre rocas, una capa rica para la agricultura, pero de poco grosor. El segundo tipo es el que llaman «cerros»,[33] que son los montes escarpados o faldas de las montañas. Casi todos los cerros

---

33 Con el término cerros se refieren tanto a las espectaculares formaciones rocosas a manera de torres salientes que rodean al pueblo como a las empinadas pendientes cubiertas por monte bajo.

en los que se hacen cultivos de coa son de lechos calizos con afloraciones rocosas. Ambos tipos de terreno se encuentran a cierta distancia del pueblo.

En 1944 había 189 familias (o sea el 21 % de todas las familias del pueblo) en las que uno o más miembros trabajaban tierras de tlacolol. Más del 50 % de estos tlacololeros vivían en los tres barrios más grandes de Tepoztlán; eran, sin embargo, solo un porcentaje muy pequeño del total de familias en estos barrios. Por otro lado, en los barrios más pequeños y más pobres, los tlacololeros formaban un porcentaje mucho más alto de las familias. Aproximadamente noventa y seis familias, es decir el 50 % de todos los tlacololeros, dependían únicamente del trabajo de tlacolol, o sea que no tenían tierras privadas ni gozaban de la concesión de ejidos. Treinta y nueve tlacololeros poseían pequeñas parcelas privadas, treinta y cuatro tenían ejidos y veinte tenían tanto tierras de propiedad particular como de ejido.

La mayor parte de las limpias de terrenos para tlacolol son pequeñas y requieren, en promedio, entre ocho y doce «cuartillos» de semilla; los más grandes toman hasta treinta y cinco. La gran cantidad de trabajo necesario para despejar un terreno para tlacolol y la escasez de tierras son los dos factores más importantes responsables del pequeño tamaño de los lotes para este tipo de cultivo. Además, como se considera el tlacolol como agricultura de subsistencia, todo campesino que, desmedidamente, despeja áreas de gran extensión incurre en la ira de sus coterráneos.

El uso de arado y bueyes para el tlacolol se hace prácticamente imposible, ya que estos terrenos son de naturaleza rocosa y muy escarpados. El trabajo del tlacolol da comienzo en enero, y un campesino necesita de unos cincuenta días para limpiar la tierra suficiente en la que pueda sembrar doce cuartillos de maíz en semilla. Se cortan los árboles con el hacha y se desmonta con el machete. La mayor parte de los terrenos despejados para tlacolol se usan, sin embargo, dos años consecutivos. Los árboles ya tumbados y el matorral que se ha cortado se dejan secando hasta el mes de abril, en que todo se quema, y se usan sus cenizas como abono. Los terrenos así preparados se rodean con vallados de rocas y de matorral para que no entren en ellos los animales. La siembra principia en mayo, antes de que den comienzo las lluvias; se hace dejando caer la semilla en agujeros de 10 a 15 centímetros de hondo, que se preparan en los lugares en que hay suelo suficiente. Las matas nacen sin formar hileras y, a diferencia de la cultura del arado, no hay después labor de cultivo. Solo se hace una operación de desyerbe, después de ésta se deja que las plantas simplemente crezcan; sin embargo, los campesinos hacen visitas ocasionales al lugar para ver cómo se conservan las cercas. El trabajo de la cosecha se asemeja mucho al que se realiza en la agricultura de arado.

Una de las diferencias más llamativas entre la cultura de la coa y la del arado es la mayor cantidad de tiempo necesaria para la primera. Se necesitan aproximadamente tres veces más hombres-día para producir una hectárea de maíz en tlacolol que en el otro sistema, lo que da un promedio de 150 días comparados con solo cincuenta. Simplemente la labor de desyerbar a mano exige más tiempo que las tres operaciones de cultivo con arado. También hay una gran diferencia en el total de tiempo que se emplea en la preparación de la tierra; así como es, hasta cierto punto, mayor el lapso necesario para la cosecha y el transporte en el sistema de tlacolol que en el cultivo de arado, debido a que los campos de tlacolol están localizados más lejos del poblado. Por otra parte, el cercar las parcelas de tlacolol lleva mucho tiempo, además de que la operación debe repetirse cada vez que se abre un nuevo terreno. En contraste, las milpas de propiedad privada y los ejidos tienen cercas de piedra permanentes.

Además de la diferencia en el tiempo que realmente se emplea, la hay también en la naturaleza del trabajo. Las labores del campo para hacer tlacolol son mucho más agotadoras que en la cultura del arado. El desyerbar las plantas a mano deja en las manos del más rudo tlacololero verdugos que duran varios días; se dice que a un campesino de esta clase se le conoce por las manos. Por otra parte, hay menos prisa en los trabajos de tlacolol: un hombre, por ejemplo, puede limpiar su campo en cualquier época entre enero y abril; puede trabajar por unos cuantos días en esa labor especial, dedicarse por otro tiempo parecido a alguna otra cosa y después regresar al terreno que estaba preparando. Después de la siembra hay bastante tiempo, más o menos libre, antes de hacer el único desyerbe. No sucede lo propio en la cultura del arado, en la que una vez que el campo ha sido sembrado, las operaciones de cultivo han de hacerse dentro de intervalos regulares si se quiere evitar que la cosecha resulte notablemente menguada.

En el cuadro que sigue se muestran las diferencias entre los dos ciclos de trabajo:

Cultura del arado	Mes	Cultura de la coa
Ningún trabajo en el campo	enero febrero	Limpia del terreno con hacha y machete
Limpia del terreno	marzo abril mayo	Ningún trabajo cercado, siembra
Primera mano	junio julio	Quema del monte, cercado, siembra
Segunda mano		Resiembra
Tercera mano	agosto	Desyerbe

Visitas al campo	septiembre octubre	Visitas al campo
Se quitan las hojas a los tallos	noviembre	
Cosecha y transporte del maíz	diciembre	Cosecha y transporte del maíz

El promedio de rendimiento que da la tierra de la cultura de la coa es aproximadamente dos veces del que resulta de la tierra cultivada con arado. Esto hace aparecer, a primera vista, como más atractiva a la primera; pero hay bastante motivos por los cuales buena parte de labriegos no trabajan tlacolol. Lo difícil del trabajo en sí desanima a muchos de ellos; y, por otra parte, el hecho de que el tlacolol ha sido considerado tradicionalmente como trabajo propio de pobres y de indios es también otro factor. Además, muchas familias que trabajan como peones no tienen maíz en el tiempo de cosechas y deben ganar dinero en efectivo para sostenerse; dicho en otras palabras: aun en el caso del tlacolol, que requiere tan poco capital, un labriego debe tener alguna cantidad de maíz (capital) que le permita salvar los largos periodos necesarios para llegar a la época de la limpia. Sin embargo, la razón de más peso es la cantidad limitada de tierra para este tipo de cultivo; tal escasez se ha hecho sentir más cada vez, conforme aumenta el número de tlacololeros. Ahora bien, por su propia naturaleza, el sistema de tlacolol, que implica el corte y la quema de la vegetación, exige grandes áreas de reserva, pues una tierra que ha sido cultivada requiere de unos diez años para que se dé un bosque achaparrado que permita volverla a despejar para una nueva explotación. Si todos los tepoztecos tuvieran que limpiar terrenos para tlacolol en un mismo año, no se podrían hacer nuevas siembras antes de que transcurrieran diez años, al menos.

Uno de los problemas cruciales de Tepoztlán surge del rápido crecimiento de la población, que no va acompañado de un crecimiento paralelo de los recursos o de las técnicas de producción. El aumento en el número de tlacololeros representa más bien un retorno a un tipo más primitivo de producción, en un esfuerzo para escapar de los devastadores efectos de una economía monetaria durante un periodo de inflación. El sistema de tlacolol ayuda a resolver un problema inmediato, pero de ninguna manera puede ser una solución satisfactoria a largo plazo. Si Tepoztlán fuera una cultura primitiva con una pequeña población, el sistema de cultivo a que nos estamos refiriendo, aunque ineficiente y absorbedor de energías, podría ser eficaz. Pero ante un evidente crecimiento de la población y un sistema de vida de tipo más elevado, el primitivo tlacolol resulta extemporáneo. La necesidad de hacer nuevos claros en los bosques cada segundo o tercer año, el rápido desgaste de las tierras y de los bosques mismos, así como la consecuente erosión de los suelos son problemas a los cuales pronto habrá que hacer frente.

Ganado, industria y comercio

Tepoztlán tiene relativamente poco ganado y la mayor parte de él es de baja calidad. La Revolución de 1910 destruyó casi todos los hatos; las cabezas que actualmente se poseen se han adquirido poco a poco y con dificultad, a partir de entonces. De todos modos, la crianza de ganado jamás tuvo importancia en Tepoztlán y nunca formó parte integrante de la economía local. El clima y las condiciones topográficas del municipio no son factores muy apropiados para dedicarse a la ganadería, ya que la tierra es escarpada, pedregosa y cubierta de bosque. Las pequeñas extensiones de terreno llano se emplean más bien para la agricultura. Los pastos van escaseando a partir de diciembre, hasta que, alrededor de marzo, el ganado ha adelgazado ya en forma notable. A lo largo de todos esos meses los rebaños generalmente se reducen en un 15 o 20 %.

El cuidado que se dispensa a los animales es mínimo y casi consiste solo en cuidarlos para evitar que los roben o que se pierdan. Los dueños dedican mucho tiempo a esta tarea, aunque solo posean uno o dos animales o se trate de un hato de treinta o cuarenta cabezas. La realidad es que el robo es uno de los mayores riesgos de la crianza de ganado. Algunas familias han perdido más de veinticinco animales en unos pocos años. Se dice que el robo de ganado aumenta de modo ostensible en los días que preceden a las fiestas importantes. Los dueños a menudo le pagan al cura para que diga misas que protejan a sus animales.

La posesión de cabezas de ganado existe en pequeña escala y está limitada a una pequeña proporción de tepoztecos. Solamente 179 de las familias, es decir el 21 %, tienen ganado. Más del 50 % de estas familias poseen entre una y tres vacas, y más o menos el 40 % de cuatro a diez vacas. En 1943 el hato más grande estaba compuesto de un poco más de setenta cabezas, si bien estimaciones hechas en 1947 indicaban la existencia de dos rebaños de 150 cabezas cada uno. De los dueños de ganado se espera que contribuyan generosamente a las fiestas religiosas. Cuando un campesino vende una vaca o un buey, lo usual es que prenda una vela al Señor de Ixcatepec. En los jaripeos y en las corridas de toros, quienes poseen más ganado contribuyen con toros y dinero para los fuegos artificiales. La mayor parte de los dueños de ganado tienen en su casa una imagen de San Antonio, el santo patrón del ganado. Ahora bien, para evitar que los animales anden errabundos es costumbre cortar un poco de pelo de la oreja de la vaca o del buey y enterrarlo debajo del hogar de la casa.

La posesión de bueyes está limitada a 177 de las familias, o sea al 20 %. Es un pequeño porcentaje que indica la magra medida en que los campesinos son dueños de uno de los medios básicos de producción. La distribución de caballos, burros y mulas por familias —28, 11 y 14 %, respectivamente— revela por sí sola el valor que se da en la localidad al trabajo animal. Las mulas son más abundantes que los burros, y los caballos tienen más valor. Los caballos de montar son considerados, en contraste con los de carga, como un lujo. El prestigio que se desprende de la posesión de un caballo probablemente proviene de los días de la Colonia, cuando solo los hombres de importancia podían montar a caballo. El cerdo es un animal que se encuentra con mucha frecuencia: aproximadamente el 40 % de las familias tepoztecas tienen al menos un cerdo y algunas tienen dos o tres.

Casi todos los animales que se usan como alimento se matan en el propio pueblo, pues hay poco comercio de ganado vacuno o porcino fuera del municipio. Es muy pobre también el movimiento de compraventa de vacas, toros y bueyes dentro de Tepoztlán, ya que casi todos estos animales se compran, tradicionalmente, en el Estado de Guerrero, donde los precios son más bajos. Como dato general puede decirse que el precio de los animales, lo mismo que el de la mayor parte de las cosas, ha subido sensiblemente desde fines del siglo pasado. El aumento más impresionante, empero, ha tenido lugar desde 1940 a la fecha.

Aproximadamente unas doce familias venden la leche en el pueblo; los consumidores de este producto —un pequeño número, pero que se viene agrandando con el tiempo— son los maestros de escuela y los turistas mexicanos. Sin embargo, la mayor parte de la leche obtenida se convierte en queso, que se vende en el propio Tepoztlán. Los productos de leche se usan para fines medicinales: el suero, el queso y la mantequilla, por ejemplo, se emplean para el sarpullido de la piel, y el queso sirve muy bien para cataplasmas contra la mordedura de serpientes. Algunas familias usan, como purgante, leche en la que se remoja la cola de una vaca.

Para muchos grupos familiares, especialmente entre los pobres, la producción de carbón constituye una de las más importantes fuentes de ingreso. Dicha actividad la practican generalmente, como una ocupación eventual, algunos labriegos cuando el trabajo del campo les deja cierta libertad. Sin embargo, para alguna gente de los barrios más pequeños, como San Sebastián, San Pedro y los Reyes, este trabajo es de tiempo completo. Hasta el año de 1947, la mayor parte del carbón se acarreaba a lomo de burro a Yautepec, pero desde entonces lo hace la línea de autobuses y gran parte del carbón se vende en Cuernavaca.

Otra fuente suplementaria de dinero para los campesinos es la venta de ciruelas. Aunque esta fruta se convirtió por primera vez en objeto de venta cuando se construyó el ferrocarril, fue más bien con la construcción de la carretera, en los años treinta, cuando este pequeño negocio llegó a expandirse. Actualmente los comerciantes de la Ciudad de México y de Cuernavaca envían sus camiones a Tepoztlán en la época de la cosecha, para recoger la fruta que previamente retienen los intermediarios en el pueblo.

La fabricación de reatas se podría considerar como industria casera importante entre las familias más pobres del barrio de San Sebastián. Es un trabajo de familia que requiere la cooperación de dos o tres personas para la operación principal del retorcido. La fibra de ixtle se obtiene de las plantas de maguey, que se dan en las tierras comunales, pero solo la mitad de las personas que se dedican a la cordelería recolectan su propio ixtle; la otra mitad lo compra.

La circulación y distribución de los bienes

La circulación de los bienes dentro del municipio se realiza por medio del mercado local, las tiendas, los vendedores ambulantes, el comercio entre los poblados vecinos, la venta y adquisición de artículos en Cuernavaca y otras ciudades y el intercambio y trueque de géneros entre las familias de la población. La transformación de los medios de comunicación en los últimos veinte años ha hecho que algunos de estos factores adquieran mayor importancia que otros. Viendo las cosas de un modo general, puede afirmarse que el efecto de la carretera es el de haber debilitado el mercado local, aumentado la importancia de las tiendas y de las relaciones comerciales con Cuernavaca, disminuido la extensión del comercio entre los poblados del municipio, y abolido completamente las antiguas relaciones de comercio con otros pueblos de la región.

Los días de mercado en Tepoztlán son los miércoles y los domingos, y, como en los días en que Redfield estuvo allí, tanto los vendedores de los poblados satélites como los de sitios más distantes, se reúnen en la plaza central para ofrecer sus mercancías. Cada una de las siete poblaciones del municipio tiene su lugar tradicional en dicho mercado; mas solo en raras ocasiones aparecen comerciantes llegados de todas aquellas poblaciones en el mismo día. En comparación con los mercados a los que asisten vendedores de varios sitios en cualquier pueblo de Oaxaca de tamaño semejante a Tepoztlán, el mercado de este último lugar resulta muy pobre. En cuanto a la forma en que se exhiben a la venta los alimentos y los bienes es relativamente descuidada.

No existen en Tepoztlán facilidades de crédito organizado; tampoco hay ninguna clase de crédito ejidal. Unas cuantas personas prestan dinero con intereses que oscilan entre el 10 y el 12 % mensual. Los préstamos de dinero se llevan a cabo mediante un simple acuerdo oral o por escrito; en muchos casos, sin embargo, es preciso que medie alguna propiedad como seguro. La práctica de empeñar algo que responda por la cantidad prestada se ha hecho común. Generalmente la propiedad empeñada consiste en tierras, bueyes o ciruelos; objetos de menor cuantía, empero, como una plancha y hasta un rebozo se usan también como prendas cuando los préstamos son en pequeña escala entre vecinos. Ahora bien, el pedir dinero prestado se acostumbra por lo general en casos de emergencia: para comprar alimentos, para acudir al médico, para medicinas, funerales o una boda. Es poco frecuente pedir prestado para invertir en bienes de capital o para iniciar algún negocio. En realidad se considera este recurso más como un acto de desesperación que como una rutina en los negocios. La idea de solicitar préstamos en efectivo al Banco de Cuernavaca es extraña al pensamiento de los tepoztecos, excepción hecha de algunas personas sofisticadas.

Diferencias de riqueza

Los habitantes de Tepoztlán emplean frecuentemente los conceptos de rico y de pobre, pero estos términos tienen un significado relativo que se resiste a una sencilla definición; por otra parte, se aplican más bien a los individuos, y no a los grupos. Todos los tepoztecos tienen la tendencia a caracterizarse a sí mismos como pobres; y los que son ricos procuran evitar hacer manifestaciones ostentosas de lo que poseen. Como hicimos notar antes, el ocultar la condición de ser gente acomodada tiene ya viejo arraigo: con ello se evita la envidia, las demandas de los amigos y los impuestos y contribuciones a la iglesia y a los asuntos públicos. Esta actitud tiende, pues, a limitar las funciones de la riqueza como un factor de estratificación social. No se quiere decir con esto, sin embargo, que existe allí un culto a la pobreza o que se considere a ésta como deseable.

En general, al rico no se le distingue fácilmente del pobre: ambos labran la tierra vistiendo los mismos calzones blancos y huaraches, y ambos alquilan mano de obra cuando es necesario. Hombres que son poseedores de propiedades y hombres que no tienen nada se enganchan igualmente como trabajadores cuando necesitan dinero en efectivo. Los trabajadores que convienen en ser jornaleros son frecuentemente parientes, compadres o amigos de los que emplean sus servicios y con quienes existe algún arreglo de reciprocidad sobre la ayuda o el trabajo. Ningún tepozteco emplea trabajadores en gran escala; tres o cuatro peones se consideran una buena cantidad, y se contratan por periodos cortos durante las épocas más atareadas de los ciclos agrícolas. Las relaciones entre patrón y jornaleros se caracterizan en gran medida por un espíritu de mutua cooperación, así como por un reconocimiento de igualdad de status. El patrón labora lado a lado con sus trabajadores, los trata de «tú» si son de su misma edad, o con el respetuoso «usted» si son más viejos. En la mayor parte de los casos un peón trabaja para otra persona si recibe buen trato, y piensa con frecuencia que le está concediendo un favor a quien le paga. Las sirvientas domésticas de tiempo completo son muy pocas en Tepoztlán, pues las mujeres consideran que desempeñar tal trabajo es humillante. Quienes buscan o aceptan este empleo son las huérfanas o las hijas de las familias más pobres; y esas labores, en todo caso, las prefieren hacer en Cuernavaca o en la Ciudad de México más bien que en el propio Tepoztlán.

Tepoztlán carece de lo que podría llamarse una clase ociosa y no hay ningún estigma social asociado con el trabajo físico. Muchas de las familias acomodadas fueron una vez pobres y se apegan a los hábitos que adquirieron de trabajo fatigoso y de frugalidad. En este contexto, un hombre rico probablemente explique la pobreza de otro que no lo es como resultado de su negligencia, pereza e ignorancia mas en casi todas las ocasiones lo tratará con el debido respeto. Existe sensibilidad para las diferencias en el status económico, pero hay pocas barreras para la interacción social. Los tepoztecos tienden a preferir, sin embargo, la compañía de sus iguales a la de la gente que ocupa una posición económica de mayor rango.

A pesar de estas características niveladoras, las diferencias en la distribución de la riqueza son verdaderamente notables. Los ricos tienen un estilo de vida en muchos aspectos superior al de los pobres: comen mejor, visten mejor y viven en casas más confortables. Doce de los objetos de propiedad más frecuentemente mencionados por nuestros informantes como símbolos de una mejor situación económica de la gente, fueron los siguientes: tierras de ejido, parcelas de propiedad privada, yuntas de bueyes, arados, ganado vacuno, burros, mulas, caballos, cerdos, máquinas de coser, ciruelos y propiedades urbanas (la posesión de más de un sitio para vivir). Todas estas cosas tienen una característica en común: son medios de producción y constituyen una fuente de ingresos.

Para determinar la jerarquía de las familias de acuerdo con su posición económica, ideamos una escala de puntos en la que concedíamos un punto por cada 100 pesos de valor. Asignamos dichos puntos a cada uno de los doce objetos o pertenencias arriba mencionados y según su respectivo valor aproximado de venta, o su mayor o menor valor de producción, o ambos conjuntamente. Obtuvimos de este modo una puntuación para cada familia dada por medio de la simple adición de los puntos asignados a cada objeto o propiedad. Clasificamos luego las familias en diferentes grupos, y los resultados fueron que el 81 % de ellas quedó en el grupo más bajo (rango por puntos: 0 a 39); el 13,9 %, en el grupo intermedio (40 a 99), y el 4,4 % en el grupo superior (100 a 407,4). Al grupo inferior pudimos dividirlo en tres subgrupos: el formado por las familias de cero puntos; el de 1 a 19 puntos, y el 20 a 39 puntos: los llamaremos I-A, I-B y I-C, respectivamente. Al grupo intermedio nos vamos a referir como el II, y al grupo de mayor rango como III-A (100 a 159) y III-B (160 y más).

Las familias de nivel 0 están formadas en su mayor parte de jóvenes recién casados, los cuales viven casi todos con sus padres, quienes, a su vez, son de bajo rango; o las forman viudas u hombres viejos, muchos de los cuales viven solos. Una tercera parte de este grupo la forman mujeres que se las arreglan para ganarse la vida mediante pequeños negocios o realizando trabajos de la más variada naturaleza. Los grupos I-A y I-B, en los cuales hay 511 familias con puntos que van de 0 a 19, comprenden el 97 % de la gente del pueblo que no tiene tierras y 354 (el 70 %) de las familias clasificadas con cero puntos por lo que toca a la posesión de tierras. Más o menos una tercera parte de estas personas son tlacololeros; pero todos ellos dependen de una variedad de actividades que, junto con el tlacolol, les proporcionan una pequeña entrada. Muchos hacen carbón, venden madera, se enganchan como peones, son comerciantes en pequeño o se dedican a algunas otras ocupaciones eventuales. Tienen cierta seguridad porque la mayor parte son dueños del sitio en que habitan, o lo serán algún día, por herencia. Una tercera parte de esta gente, más o menos, son dueños de cerdos, y menos de un tercio tienen una mula, un caballo o un burro.

Las 119 familias del grupo II incluyen a casi todos los artesanos y comerciantes, lo mismo que a los labradores mejor acomodados. Estos artesanos y comerciantes forman el grupo más aculturado en Tepoztlán: usan ropa hecha, mandan a sus hijos fuera del pueblo para que estudien en las escuelas secundarias y, en general, llevan un mejor estándar de vida.

El grupo III está formado por 38 familias, todas las cuales acusan un mayor número de puntos representados por tierras, por ganado o por ambos tipos de propiedad a la vez. Más o menos la mitad de estas familias heredaron sus tierras de parientes ricos que, antes de la Revolución habían sido caciques y dominaban el lugar; las de la otra mitad han formado ellas mismas su actual posición. Son los miembros del grupo III los que no participan de la idea de llevar ropas de estilo moderno, ni hacer gastos de ostentación: forman un conjunto de gente que trabaja duramente; no constituye, pues, una clase ociosa. Una de sus características distintivas es que, por lo general, pagan mano de obra a lo largo de todo el año; no obstante, trabajan al lado de sus peones.

En Tepoztlán no existen barreras institucionalizadas que obstaculicen la movilidad vertical. No encontramos un grupo particular que tenga el monopolio de los medios de producción o de las fuentes de riqueza. Tampoco grupo alguno controla capital o mano de obra suficientes como para lograr riqueza para su uso y explotación. El índice de acumulación de capital es muy bajo debido a lo limitado de los recursos naturales, a la pobre tecnología, a la baja productividad y también a las costumbres con relación a los gastos, particularmente en las fiestas. No obstante parece que existe una tendencia hacia la concentración de riqueza especialmente en forma de tierras. El grupo económico más elevado, aunque solo constituye el 4 % de todas las familias, posee más o menos el 25 % de la tierra y ésta incluye alguna de la mejor que existe. La posesión de ganado indica una tendencia similar.

Hay dos aspectos que debemos subrayar aquí: primero, que no hay hombres jóvenes como cabezas de familia en el grupo económico de más alta categoría; y segundo, que la mayoría de los jóvenes que precisamente ahora están en los grupos I y II tienen pocas esperanzas de alcanzar alguna vez la posición más elevada. En este sentido existe muy poca posibilidad de movilidad vertical ascendente en este pueblo. La mayor parte de los tepoztecos están convencidos ellos mismos de que es casi imposible volverse ricos y, en consecuencia, no organizan sus vidas hacia la búsqueda de la riqueza. Es más bien entre las familias del grupo II donde se notan las mayores aspiraciones, y es también aquí donde hay alguna movilidad hacia arriba. Fuera de estas diferencias de riqueza, no hay en Tepoztlán diferencias de clase claramente definidas en el sentido de agrupamientos amplios que difieran unos de otros en cuanto a sus modos de vida o a sus manifestaciones culturales. El sexo, la edad, el parentesco y la ocupación son los factores básicos en la diferenciación social; las diferencias en la riqueza, en la educación y en los patrones de vida distinguen a los individuos, pero no dan cohesión a los grupos sociales. Y, como se dijo antes, las bases económicas y sociales para la estratificación de clases fueron barridas, en gran parte, por la Revolución mexicana de 1910-1920; de modo que, en 1943, la mejor forma en que puede describirse Tepoztlán es como una comunidad con una estratificación social incipiente, que probablemente se hará más notable cada vez por sus crecientes contactos con el mundo de fuera, una mejor posición económica y una especialización ocupacional cada día más grande.

En Tepoztlán no se observa el espectro completo de la estructura nacional de clase. No hay una clase superior formada por industriales, banqueros, dueños de fábricas y ni siquiera por grandes terratenientes. Tampoco existe un proletariado rural, puesto que las tierras comunales son accesibles a los desheredados. La mayor parte de la gente viene a ser, entonces, campesinos pobres, y puede encasillarse como una parte del segmento mexicano formado por la clase rural inferior. Desde un punto de vista social y económico, el contraste que hay en los campesinos entre los poseedores de la tierra y los que no la tienen como propiedad personal no es agudo porque casi todas las propiedades son de pequeñas dimensiones y los tepoztecos con media hectárea de terreno no viven mucho mejor que aquellos que nada tienen; no obstante, el poseer tierras de cualquier extensión es siempre una meta deseable. Los que carecen de tierra y los terratenientes no constituyen, ciertamente, clases sociales distintas. Es más: hay una similitud general en los sistemas de valores entre la mayor parte de las personas con ocupaciones no agrícolas y los campesinos. En 1943, casi todos los carpinteros, panaderos, peluqueros, mascareros y comerciantes eran labriegos durante una cierta parte del tiempo, y casi todos ellos venían de familias que aún eran campesinas o procedían de un origen campesino.

5. La estructura social

Quizás pueda entenderse mejor la estructura social de Tepoztlán en términos de varios niveles de organización: primero, el pueblo como entidad en sí mismo, con instituciones
de alcance completamente local como la escuela, la iglesia, el
mercado, y así sucesivamente; segundo, el pueblo en relación
con unidades más pequeñas que él y contenidas en él, como
el barrio y la familia; y tercero, el pueblo en relación con
unidades mayores que él mismo y de las cuales es parte: el
municipio, la región, el Estado a que pertenece, y la nación.
Estos aspectos internos y externos de la vida de Tepoztlán
están estrechamente interrelacionados y en conjunto constituyen un *continuum* de organización socioeconómica. Sin
embargo, desde el punto de vista de los tepoztecos, el municipio es el concepto que marca la línea divisoria de importancia entre los diversos niveles. A medida que el tepozteco
se desplaza de la familia nuclear al barrio, al pueblo mismo
y al municipio, sus relaciones se van haciendo progresiva-
mente y en cierto modo más distantes y formales, pero está
aún dentro de una comunidad primaria en la que los lazos
sociales, económicos, políticos y aun personales son todavía fuertes. Cuando se traslada hacia afuera del municipio
de Tepoztlán, sin embargo, su movimiento interfiere ya en
otro mundo. Aquí su conocimiento de la geografía se vuelve
vago, en tanto que las distinciones que puede hacer entre el
pueblerino y la persona de las ciudades, entre el «paisano» y
el extraño, entre la «gente humilde» y la «gente de cultura»
se vuelven agudas.

Se pueden discernir ciertos temas básicos o principios a
través de los niveles de la organización social. Uno de ellos es
un fuerte sentimiento de fidelidad al grupo a que se pertenece entre los miembros de una unidad dada (familia, barrio,

etc.) en relación con otras unidades del mismo nivel. Así, los miembros de un barrio se identifican con su propio barrio en contraposición a otros barrios, con su pueblo enfrente a otros pueblos, y en tal respecto cada quien es un celoso guardián de sus derechos. A este primer principio se le puede llamar de aislamiento o de establecimiento de fronteras, y en él va involucrada una cierta dosis de orgullo y aun de competencia. Este sentimiento hacia el grupo, no obstante, ha de considerarse como de intensidad variable, siendo más fuerte al nivel de la familia y disminuyendo al paso que se mueve hacia las unidades mayores. Las ocasiones en que se demuestra el sentido de solidaridad son menos frecuentes en las unidades amplias que en las pequeñas. Así, para el caso, el sentido de solidaridad municipal juega un papel de importancia en las disputas por límites; mas el de solidaridad familiar puede surgir en los actos rutinarios.

Un segundo principio, que en cierto modo corre en diferente dirección, si no es que en dirección opuesta a la del primero, es el principio de cohesión nuclear. Un principio relacionado es el del dominio del centro sobre la periferia, de las unidades mayores sobre las de menor cuantía. El patrón de asentamiento en las tierras altas de México se caracteriza por agrupamientos o conjuntos nucleares que se autocontienen; el pequeño número de pueblos que forman estos conjuntos se localizan en una densidad bastante concéntrica, de modo que la población decrece, hasta lindar con cero casi, a medida que uno se desplaza del centro hacia la orilla. De este modo, el pueblo de Tepoztlán, como asentamiento central, domina a los poblados que lo rodean, tanto en lo político como en lo económico y en lo social. Los tepoztecos se sienten superiores a la gente de los pueblos que los circundan, y es que tienen, además, sea como fuere, mejores medios de comunicación, un nivel más alto de vida y mejores facilidades para la educación. Cuando uno viaja de Tepoztlán hacia los poblados entre los cuales se encuentra y que son de menor tamaño, encuentra una mayor persistencia de las viejas costumbres, menos alfabetismo y más gente que habla la lengua indígena. Una situación parecida puede observarse dentro del propio Tepoztlán, entre los barrios más grandes, que son los del centro, y los menores, que se extienden hacia las orillas.

Una tercera característica de la organización social de este pueblo es la que podríamos dominar principio de familismo, término con el que queremos expresar que los lazos de lealtad más importantes de un individuo son los que debe a su familia nuclear. En tales relaciones de parentesco los tepoztecos depositan su mayor confianza: cualesquiera otras conexiones sociales que puedan tener fuera de la familia son vistas siempre con precaución, si no es que con sospecha. Esta acusada absorción de la familia nuclear, juntamente con un aflojamiento en los lazos de la familia extensa, tiende a estrechar los horizontes, a acentuar el egotismo y a darle un cariz atomístico a la estructura social. También contribuye a explicar mucho la naturaleza de las relaciones interpersonales, que discutiremos después. Aunque las unidades de familia que no se encuentran en estrecha unión están organizadas en conjuntos de más amplio círculo, como el barrio, el pueblo y el municipio, estas formas de organización son relativamente impersonales; no interfieren, pues, tan directamente en la vida del individuo como lo hacen, por ejemplo, la familia extensa, el clan, o la casta sobre los miembros de las sociedades cuya organización se fundamenta sobre estas bases. Además, la relación entre el pueblo y el Estado, así como con el gobierno federal, se realiza a través de los funcionarios oficiales, quienes votan como miembros de su «demarcación»: una subdivisión política arbitraria del pueblo, que tiene poca significación para los habitantes de Tepoztlán. En otras palabras, en Tepoztlán, a diferencia de otras sociedades de naturaleza más primitiva, la mayor parte de las relaciones organizadas a extramuros de la familia inmediata están basadas en factores sociales, religiosos o políticos más bien que en lazos de parentesco.

Este familismo nuclear de Tepoztlán debe entenderse desde un punto de vista histórico. Se puede ver como una reacción defensiva hacia los efectos desorganizadores de la Conquista española, que destruyó el antiguo *calpulli* o clan indígena, y transfirió sus derechos sobre la tierra y otras funciones a las nuevas autoridades establecidas dentro del pueblo. Debido a que han persistido las tierras comunales, y a causa también de que la mayor parte de los tepoztecos no han tenido posesión de tierras privadas, la familia extensa ha gozado de muy poca oportunidad para desarrollarse como un grupo corporado con usufructo privado de tierras de posesión personal. Esto explica, en parte, por qué tienen los tepoztecos un sentido genealógico muy superficial, y por qué también y a pesar de la estabilidad de la población y de la edad respetable del pueblo, la mayor parte de ellos ignoran quiénes fueron sus ascendientes. La orientación que en la actualidad muestran los tepoztecos es causada, en gran medida, por la desaparición de los horizontes de la familia extensa.

Podemos, considerar la estructura social contemporánea de Tepoztlán como una interacción entre dos elementos de naturaleza opuesta: uno es la tradición más colectivista de la herencia indígena, con sus tierras comunales y el trabajo colectivo; el otro elemento es el acusado familismo que es más individualista y aislacionista. Sin embargo, como veremos después, existe una fuerte tendencia reveladora de que lo mismo las formas prehispánicas que el familismo defensivo están siendo superados por formas nuevas, las cuales son el resultado de la integración creciente de Tepoztlán en el modo de ser de la moderna nación mexicana.

El pueblo y la nación

Tres aspectos pueden distinguirse en las relaciones entre el pueblo y la nación; a saber: el conocimiento que los tepoztecos tienen acerca de la geografía y la historia de la nación a que pertenecen, el grado hasta el cual esta gente se concibe a sí misma como mexicana, y la extensión en la que las instituciones nacionales dejan sentir su acción al nivel de este pueblo y afectan las vidas de sus habitantes. En primer lugar y como identificación más importante, los tepoztecos piensan de ellos mismos como tepoztecos; sin embargo, están prontos igualmente a considerarse como mexicanos también; y cuando se refieren a su antiguo idioma nativo no le llaman náhuatl, sino «mexicano».

A pesar de esta fácil identificación lingüística, sus conceptos acerca del México moderno como nación son, sin embargo, bastante limitados. La mayor parte de estos habitantes conocen los nombres de algunos Estados, si bien pocos habían viajado —en 1948— más allá del Estado de Morelos y parte de los Estados vecinos de México, Guerrero y Puebla; muchos de ellos, no obstante, habían tenido oportunidad de tratar con gente de otras partes del país. En la época de la Revolución tuvieron contacto con soldados que eran de diversas partes del territorio nacional; en una ocasión los «norteños» de Coahuila acamparon en Tepoztlán por meses: los tepoztecos todavía hablan de las extrañas costumbres de esa gente. También se han familiarizado con muchas ideas estereotipadas regionales mexicanas; por ejemplo, «saben» que la gente de Monterrey es tacaña, y que los yucatecos son cabezones. Por supuesto, los horizontes geográficos de los jóvenes que han ido a la escuela son mucho más amplios.

La escuela ha sido uno de los factores más importantes en el desarrollo de la toma de conciencia y en el sentido de identificación con la nación. Con la federalización de las escuelas en los años veinte, tanto los textos como los demás materiales de enseñanza fueron estandarizados. El gobierno central eliminó casi todos los textos escritos por extranjeros y los sustituyó por libros preparados por autores nacionales; estos últimos, al buscar el modo de hacer surgir el nacionalismo mexicano, echaron mano de las historias indígenas del país más bien que de las de niños de otras tierras; asimismo, dieron a los héroes nacionales de México un lugar prominente. Por otra parte, el personal escolar para Tepoztlán empezó a ser contratado en diferentes partes del país y no solo, como había sido antaño, en el Estado de Morelos; de este modo, Tepoztlán ha tenido maestros de escuela llegados de Yucatán, Oaxaca, Jalisco y Nuevo León, y de ellos han aprendido danzas y costumbres de otras regiones.

El nuevo y grande edificio de la escuela primaria —llamada Escuadrón 201 en honor de los aviadores mexicanos que en la Segunda Guerra Mundial estuvieron destacados en las Filipinas— aparece, ante los habitantes del pueblo de Tepoztlán como símbolo de mexicanidad. Este edificio fue erigido, al principio de la década de los cuarenta, con fondos de la nación y por orden directa del presidente Manuel Ávila Camacho. Gracias a esta escuela, la conmemoración de los días de fiesta nacionales, por ejemplo el 15 de septiembre (independencia de México), van tomando cada vez más importancia en el pueblo. En esas ocasiones, los padres de familia proveen a sus hijos de los uniformes escolares que son necesarios, si bien esto significa un sacrificio económico;

y los funcionarios oficiales preparan aquella festividad con varios meses de anticipación.

Paralelamente a la influencia de la escuela hay que considerar la de la misión cultural ambulante, que también es un servicio federal y que ha estado visitando Tepoztlán ya por algunos años. Esta misión les ha enseñado cómo hacer camas, sillas y otros muebles; a las muchachas les ha dado clases de costura, tejido y crochet; también ha estimulado los bailes sociales y los juegos deportivos como el voleibol; a las amas de casa les ha explicado el modo de preparar conservas en forma económica; por otra parte, llevó a cabo una campaña, mediante la persuasión entre unas cuantas familias, para que se mejoraran las condiciones hogareñas, construyendo letrinas (ahora en desuso) y para que el fuego para cocina no se hiciese directamente sobre el suelo, con lo que se lograrían resultados más sanitarios. Un médico de la misión administraba inyecciones y daba consejos acerca del cuidado de los niños de corta edad.

Otro servicio federal, la Campaña contra el analfabetismo, también ha dejado sentir sus beneficios en Tepoztlán y, en consecuencia, ha sido igualmente factor coadyuvante en el fomento del nacionalismo mexicano. Entre los lemas de esta batalla cultural figuran algunos como «México debe ser grande por su cultura» o «La Patria debe tener ciudadanos que sepan leer». Las publicaciones que llegan a Tepoztlán son panfletos que emite el partido oficial, mensajes presidenciales y hojas sueltas de propaganda de algunos de los principales sindicatos de trabajadores. El público lector, no obstante, es todavía muy pequeño.

Otras agencias federales que, directa o indirectamente, influyen en la vida diaria de los tepoztecos son, por ejemplo, el Departamento de Salubridad, el Departamento de Agricultura, el Departamento de Asuntos Indígenas, el Departamento de Economía Nacional, Gobernación y la Suprema Corte Federal. Todos estos centros tienen archivos sobre el pueblo que datan de los años veinte y que reflejan el papel creciente que han venido ejerciendo en la vida de Tepoztlán. Los impuestos federales, que afectan de modo directo los intereses de la mayoría de los tepoztecos, constituyen un tema común de quejas, a pesar de que les toca pagar relativamente poco; dichos impuestos están conectados principalmente con la venta de carbón, con la matanza de animales para el consumo y con el comercio. El gobierno ha mantenido una clínica de salud en Cuernavaca durante muchos años, pero los tepoztecos todavía prefieren a los «curanderos». El Departamento Agrario interviene directamente en los asuntos de los habitantes de Tepoztlán a quienes se les han concedido tierras de acuerdo con el programa ejidal. Por otro lado, la nacionalización de algunas tierras comunales ha disminuido el control local y ha hecho que los labradores de Tepoztlán guarden resentimiento por ello. Algo que tampoco aprueban los tepoztecos es el control nacional de los recursos forestales, y menos aún cuando dicho control contraviene los intereses de la localidad, como sucede con la producción de carbón.

Tal vez el campesino tepozteco siente el poder del Gobierno Federal más claramente representado por las tropas del ejército. A los tepoztecos no les gustan los soldados y respecto de ellos se han vuelto suspicaces; una de las consecuencias de esta actitud fue que, cuando en los años cuarenta se instituyó la conscripción militar, intentaron oponer resistencia. Ahora bien, el sentimiento local en contra de la conscripción tuvo su expresión máxima cuando los sinarquistas (grupo político de derecha que simpatizaba con los nazis) levantaron el rumor de que se preparaba a los jóvenes para que fueran a pelear contra los alemanes, por orden de los Estados Unidos de Norteamérica.

La Revolución mexicana fue uno de los factores de mayor peso en el desarrollo de un sentido de nacionalismo entre esta gente; muchos de ellos se unieron a las filas de los zapatistas y, así, viajaban mucho con las fuerzas de guerrilla. Algunos de los caudillos de la Revolución, tales como Zapata y Obregón, establecieron la costumbre de visitar a los campesinos personalmente y discutir sus problemas. El general Lázaro Cárdenas continuó con esta práctica, y los tepoztecos recuerdan esta visita con orgullo: en 1935, Cárdenas llegó, a pie, sin previo aviso ni preparación; estableció una oficina temporal en el atrio de la iglesia, donde los campesinos podían llegar a verlo: su petición más insistente fue la construcción de la carretera a Cuernavaca; cuando dicha petición fue satisfecha y les construyeron la carretera con ayuda federal, empezaron a pensar del presidente no solo como el representante del poder del gobierno, sino también como una figura popular y un amigo de los campesinos. Hoy día no es nada raro que los tepoztecos envíen peticiones o protestas directamente al presidente; en realidad, esto es lo que ha ocurrido en casi cada caso de conflicto entre las facciones del pueblo o en los pleitos por motivos de frontera con los municipios vecinos. Las elecciones para presidente, que tienen lugar cada seis años, ofrecen también a esta gente ocasiones de contacto con los asuntos políticos de alcance nacional; antes de ellas llegan al pueblo varios delegados y políticos para organizar comités locales que apoyen a un grupo o candidato particular. En el transcurso de estas campañas, los habitantes del lugar principian a darse cuenta de que ellos no solo actúan como tepoztecos, sino como ciudadanos de la nación mexicana.

Se puede tener una idea del sentimiento nacional de los tepoztecos observando su reacción con respecto a la participación de México en la Segunda Guerra Mundial. La mayor parte se opuso a la entrada de su país a aquel conflicto internacional al lado de las democracias. Bajo la influencia de la propaganda sinarquista, se desarrolló una simpatía hacia las potencias del Eje entre un sector de la población: este sector era pequeño y su actitud tenía una manifestación oral. Empezaron a surgir rumores en el sentido de que Zapata no había muerto en realidad, y de que peleaba con Hitler; así se explicaba el porqué de tantas victorias de los alemanes. De otro lado, se empezó a despertar también el sentimiento en contra de los Estados Unidos y a rumorarse que a los mexicanos se les pedía ir a la guerra para salvar a los «gringos». Así, pues, los tepoztecos aceptaron la declaración de guerra que México hizo contra el Eje como una de esas decisiones del omnipotente Gobierno Federal, acerca de la cual nada se podía hacer.

Y así como los tepoztecos reconocen en el gobierno civil una jerarquía administrativa cuyo asiento es la Ciudad de México, reconocen también una escala de rangos en las autoridades religiosas, cuya cabeza es el arzobispo de la misma Ciudad de México. La iglesia de Tepoztlán ha tomado parte en la mayoría de las campañas recientes en la administración católica, del campo nacional e internacional, para fortalecer la organización de la Iglesia. De este modo fue como, cuando en todo México se celebró el cuarto centenario de la Virgen de Guadalupe, varios dignatarios de la Iglesia viajaron a Tepoztlán para explicar allí el milagro de la aparición de la Virgen a Juan Diego, que tuvo lugar poco después de la Conquista.

El pueblo y el Estado de Morelos

El tepozteco medio tiene una noción más precisa de la geografía del Estado de Morelos que de la nación. Durante los años de la Revolución muchos tepoztecos viajaron a través de extensas zonas de su Estado, muchos han hecho viajes también con fines económicos, y otros han realizado peregrinajes religiosos; el trabajo en las plantaciones de caña de azúcar ha proporcionado a otras personas, asimismo, familiaridad con la parte sur de esa entidad geográfica. La proximidad, por otra parte, a la capital estatal —Cuernavaca— también ha desempeñado su papel despertando en la conciencia del tepozteco el ser morelense. Después de la Revolución, el Estado de Morelos desarrolló una vida política intensa y, durante los años treinta, se estableció allí un gobierno constitucional; esto quiere decir que lo mismo el gobernador que los funcionarios locales deberían ser electos y no impuestos; también significó que inevitablemente se organizan campañas políticas y se solicitan los votos de los ciudadanos. Los candidatos del Estado dedicaban gran parte de su atención al cercano Tepoztlán, y en su petición de apoyo político apelaban al sentimiento de lealtad al Estado natal, usando lemas tales como «Primero los morelenses y luego los mexicanos».

El Estado de Morelos tiene sus propias fiestas cívicas, que se celebran con considerable pompa. Entre las más importantes está la celebración del natalicio de Morelos, de quien justamente toma nombre el Estado; también se celebran los días del nacimiento y de la muerte del héroe más popular entre ellos: Emiliano Zapata. Y, como en el caso de los días de fiesta nacionales, la escuela es la agencia que organiza y actúa principalmente: el director y los maestros de ese centro, por ejemplo, pronuncian discursos en los que repasan los grandes logros de Zapata y no dejan de subrayar que cinco de sus generales fueron tepoztecos. En la celebración oficial que el Estado hace del natalicio de Zapata, Tepoztlán envía también delegaciones especiales. Unos cuantos periódicos pequeños que se publican en Cuernavaca llegan a Tepoztlán, pero más bien los leen los funcionarios del gobierno municipal. Los tepoztecos no desconocen las canciones regionales, con textos que aluden al Estado de Morelos.

Esta gente teme y respeta el poder y la autoridad del gobierno del Estado. Temen las cárceles públicas y los juzgados de Cuernavaca, así como a los policías del Estado, que a veces llegan a Tepoztlán para hacer arrestos o para buscar a algún delincuente. Por otra parte, les tienen aversión a las oficinas estatales de rentas, que son las encargadas de cobrar la parte del león en los impuestos sobre las tierras. A pesar de que el nivel de impuestos es bastante bajo, el Estado ha recogido más de 60.000 pesos en los doce años que van de 1931 a 1943, si hemos de seguir los registros oficiales correspondientes en los archivos de Cuernavaca. Los únicos fondos que en este mismo lapso fueron «devueltos» al pueblo en la forma del salario del cobrador, a quien se le pagó sobre una base de prorrateo. La Procuraduría del Estado maneja los casos en que se ventilan problemas sobre la propiedad y, cuando es necesario, cita a los interesados de Tepoztlán para que comparezcan en las audiencias que se llevan a cabo en Cuernavaca. Los tepoztecos se quejan de que esta agencia de gobierno los cita lo mismo en la época crítica de la realización de sus trabajos en el campo que en cualquiera otra ocasión. Por lo que toca al gobernador lo reconocen como una figura importante y varios pueblerinos y labriegos lo conocen por su propio nombre; de hecho, muchos recuerdan los nombres de los gobernadores de la época de Díaz. Los tepoztecos tienden a ser más exigentes en los asuntos que se relacionan con el Estado que en los que corresponden al Gobierno Federal, y tienen menos empacho en enviar una delegación a ver al gobernador que al presidente de la República.

El pueblo y el municipio

El municipio es la unidad de recurso funcional para los tepoztecos y, por tanto, las relaciones del pueblo con el municipio son más estrechas y más personales que aquellas que sostiene con las unidades de mayor categoría que hemos tratado hasta ahora. Los tepoztecos conocen íntimamente su municipio: no ignoran su geografía, historia, leyendas, recursos naturales, sus gentes y sus poblados. Hasta los niños pequeños pueden nombrar los siete pueblos que rodean a Tepoztlán y saben cómo ir hacia ellos. También son bien conocidos los límites del municipio, así como los detalles de las muchas disputas con los otros municipios por asuntos de límites. Las fronteras del pueblo son más bien vagas: podría decirse que, esencialmente, son del orden moral; en cambio, los límites territoriales del municipio están claramente demarcados. Y es dentro de estas fronteras donde se desenvuelve el mundo de cada día en la vida de los tepoztecos: es en este mundo físico en el que ellos trabajan las tierras en común, talan y queman los bosques, dejan pastar su ganado y recolectan sus hierbas medicinales.

El municipio se extiende unos 27 kilómetros, más o menos, desde las montañas escabrosas y campo densamente cubierto de maderas al norte, hasta las tierras llanas y fértiles de las plantaciones azucareras cerca de Yautepec, pasando por empinadas colinas de la cordillera montañosa del Ajusco. El cambio en altitud desde los límites norteños hasta los del sur es de unos 3.500 metros a cerca de 1.200 metros.

Aunque casi todos los pueblos se apiñan cerca del centro del municipio, se encuentran localizados en siete diferentes niveles. La diferencia más considerable en altura es entre San Juan, en el norte, aproximadamente a unos 2.300 metros, y San Andrés, en el sur, a unos 1.400 metros más o menos sobre Tepoztlán; aunque a estos dos pueblos solo los separan unos 6 kilómetros.

La parte septentrional del municipio queda en tierra fría, la zona media en tierra templada, y el sur viene a caer en la tierra caliente. San Juan, que es el pueblo más alto, está en el límite inferior de la tierra fría: en tanto que San Andrés, el de menor altura entre estos pueblos, queda en el límite superior de la tierra caliente. Tres de estos sitios: Tepoztlán propiamente dicho, Ixcatepec y Amatlán están aproximadamente al mismo nivel, en la zona templada. Cada uno de los lugares tiene una flora distinta y algunos de ellos dependen más de la producción de carbón que de la agricultura. En San Juan, por ejemplo, hay muy poca tierra de cultivo, no hay cafetales, no hay ciruelos ni frutas tropicales o semitropicales. San Juan, a diferencia de otros pueblos, siembra un poco de trigo y cebada y algo de patatas: produce, además, una gran cantidad de carbón; también huertas de melocotones, peras, capulines y tejocotes. Cada poblado manda sus productos al mercado de Tepoztlán, con lo que contribuye a realizar la interdependencia dentro de su municipio.

La unidad territorial que tiene este municipio era ya en tiempos prehispánicos una unidad sociopolítica y, por consiguiente, es en este sentido mucho más vieja que el Estado de Morelos o que la nación entera. De acuerdo con la leyenda, los pueblos vecinos eran, originalmente, puestos militares defensivos del establecimiento central de Tepoztlán, donde residía el control político.

Los lazos entre Tepoztlán y los poblados que lo rodean y que forman el municipio son numerosos; entre los de más peso cuentan las tierras comunales, así como los dos «días de plaza» en el mercado de la cabecera: Tepoztlán. Desde el punto de vista administrativo, en este pueblo se deben registrar los nacimientos, matrimonios y decesos; también aquí es donde han de pagarse los impuestos y obtenerse cualquier clase de certificados. Igualmente dependen los otros poblados de Tepoztlán para sus servicios religiosos: bautismos, comuniones, misas y confesiones, pues solo Tepoztlán tiene un sacerdote con residencia permanente. En ocasión de las fiestas, tiene lugar en este pueblo una gran cantidad de visitas de los otros lugares. Los contratos matrimoniales, no obstante, dentro del municipio no son abundantes: solo una docena de personas de otros poblados, más o menos, se han casado con tepoztecos, y los casos de tepoztecos que se hayan ido a vivir en matrimonio a alguno de esos pueblos menores son prácticamente desconocidos. Las relaciones de compadrazgo, por otra parte, son responsables también de una conexión entre los pueblos vecinos y Tepoztlán, si bien la posición de esta cabecera se impone una vez más, ya que mientras habitantes de fuera buscan a menudo para padrinos de sus hijos a personas de Tepoztlán, los tepoztecos no tienen una actitud recíproca.

Que los tepoztecos se sienten superiores queda revelado, además, por su caracterización de los pueblerinos de los otros sitios: a los de Ocotitlán los describen como «peligrosos», «violentos», «asesinos»; a los de Gabriel Mariaca como «tontos»; ricos, pero atrasados. A las mujeres de este último lugar las escarnecen porque trabajan en los campos, llevan sombreros de paja y cargan bultos pesados «como los hombres». Algunos de los apodos tradicionales en náhuatl para los poblados cercanos son indicativos, asimismo, de las actitudes del tepozteco típico: a la gente de Gabriel Mariaca aluden como cuatlateme (cabezas lerdas o embotadas), y a los de La Calera les dicen cuatichtizatin (cabezas blanqueadas, porque fabrican cal).

El dominio político que ejerce Tepoztlán sobre los sitios que lo rodean no ofrece dudas. Si bien, en teoría, cualquier hombre adulto de cualquiera de los ocho pueblos del municipio puede ser presidente del gobierno municipal, en la práctica es casi siempre un tepozteco.

En los últimos años, los conflictos por las tierras comunales han vuelto una villa contra otra y han debilitado seriamente las relaciones entre los componentes del municipio. La competencia entre pueblos, que por cierto no existía antes, fue apareciendo a medida que creció la explotación de las tierras comunales para propósitos comerciales, no para simples fines de subsistencia; dicha explotación fue estimulada por el ferrocarril y por la carretera, así como por una mayor necesidad de dinero contante; las villas vecinas, finalmente, solo reclamaron los derechos al control sobre las tierras comunales que las rodeaban. En efecto, estos poblados insistieron en que los límites morales fueran aceptados como legales, en cuyo caso las tierras municipales comunales debían considerarse como las tierras de los pueblos. Las disputas de mayor envergadura surgieron al principio de los veinte, cuando el pueblo de San Juan se aprovechó de la circunstancia de que la línea férrea pasaba cruzando la villa; y puesto que el tren podía transportar carbón, San Juan comenzó a explotar esta industria en escala comercial. Las autoridades de Tepoztlán impugnaron, de inmediato, el derecho de San Juan a explotar los recursos municipales para el beneficio de un solo poblado. La disputa fue enconada, y llegó a la violencia: en última instancia, tuvieron que intervenir las autoridades federales.

El pueblo

En las páginas anteriores nos hemos referido ya a los aspectos físicos del pueblo de Tepoztlán, a su población, lengua, habitación, dieta, indumentaria y tipos de recreación. En lo que sigue vamos a tratar de la estructura social de Tepoztlán: el ámbito que abarca la solidaridad y la identificación del pueblo, así como el papel de organizaciones cuya extensión es el pueblo mismo, por ejemplo la escuela, el mercado, la iglesia y el gobierno local.

El pueblo de Tepoztlán es una unidad corporativa que goza de *status legal*: puede demandar y ser demandado ante los tribunales. También es una unidad administrativa y la mayor parte de las actividades sociales, económicas; religiosas de sus habitantes tienen lugar en el propio pueblo de Tepoztlán. La estabilidad de la residencia y el predominio de los matrimonios endógamos (más del 90 % de los casamientos se llevan a cabo dentro del pueblo) estimulan la identificación de Tepoztlán, tendencia que, por otro lado, se ve fomentada por la ausencia de distinciones de clase demasiado contrastantes. Debido a que cada familia, rica o pobre, posee una casa o un sitio en que vivir y a que tiene un status reconocido como miembro legítimo del lugar, cada habitante de Tepoztlán puede decir, orgullosamente: «Este es mi pueblo y el pueblo de mis ancestros». Tal sentido de identificación con el pueblo se ve más claro en aquellas personas que han dejado el lugar para irse a vivir a la Ciudad de México. A principio de la década de los veinte, los emigrantes a la gran capital formaron la Colonia Tepozteca, organización que aún existe y que trabaja por el bien del sitio nativo. Es más, muchos tepoztecos de la Ciudad de México mantienen vivos sus lazos con el pueblo, lo visitan con regularidad con motivo del Carnaval y de otras fiestas, y expresan su deseo de morir y ser enterrados en su lugar de nacimiento. Existe un considerable número de manifestaciones verbales acerca del espíritu de la comunidad. Los candidatos políticos siempre hablan de «mi pueblo» y prometen actuar en bien de los intereses del mismo; que una vez en los puestos a que aspiraban, hagan bien poco en honor a sus pasadas promesas, y que los correligionarios los acusen de apropiarse de los fondos públicos no desdice de la importancia que tiene aquella lealtad como un factor ideológico, que es potencialmente unificador.

El gobierno local, cuyo asiento físico está en la plaza central, constituye la expresión más definitiva del pueblo como una unidad organizada. El Ayuntamiento, o sea el cuerpo de gobierno, está integrado por un presidente, un síndico (que se preocupa por el cumplimiento de la ley), un regidor (a cuyo cargo están las finanzas) y un secretario. Además hay un tesorero, un jefe y un subjefe de policía, un juez, un secretario de justicia y un portero. Ocho «ayudantes» o delegados representan las ocho demarcaciones en que se halla dividido Tepoztlán para los propósitos de gobierno. El presidente, el síndico, el regidor y el juez son elegidos por un periodo de dos años; los otros funcionarios son nombrados por el presidente, conjuntamente con el síndico y el regidor.

Los deberes de los funcionarios principales están estatuidos por la ley del Estado. El presidente es el miembro ejecutivo y representante oficial del pueblo en sus contactos a extramuros. Su firma es necesaria en casi toda correspondencia y en la mayor parte de los asuntos oficiales; también es el que señala las multas que se imponen por infracciones a la ley. Algunos de los habitantes presentan ante este personaje sus dificultades privadas —pleitos entre vecinos y entre marido y mujer, así como litigios sobre las propiedades y cosas por el estilo—. Sin embargo, hasta ahora la mayor parte de las tareas recaen sobre el secretario del gobierno local, que además es generalmente la persona más letrada de todos los miembros de dicho gobierno. En el periodo de 1943 a 1948 el secretario municipal era un mecanógrafo competente, preparación poco usual en el pueblo.

Los salarios que se les paga a los funcionarios del gobierno son muy bajos, aun considerando el nivel económico de Tepoztlán. La paga diaria del presidente es inferior a lo que devenga, por el mismo tiempo, un labriego según la tarifa prevaleciente. Estos salarios tan bajos estimulan «la mordida», que viene a ser un delito de concusión. Las principales fuentes de ingresos del gobierno municipal son los impuestos sobre la matanza de animales, los pagos por dar servicios públicos, la dispensa de publicación de disposiciones o decretos en el registro público, y los impuestos sobre el uso de las tierras comunales. De 1940 a 1943, el promedio anual de ingresos del gobierno fue de más o menos 7.000 pesos, suma que apenas sirvió para cubrir los sueldos, pero no para mejorar el sitio. La falta de fondos es uno de los aspectos más desmoralizadores del gobierno local; los tepoztecos, por esta razón, tratan de obtener ayuda del gobierno federal para resolver el problema. Es digno de notarse que Tepoztlán ni como pueblo ni como municipio obtiene prácticamente aportes en efectivo del impuesto sobre las tierras, la mayor parte de los cuales van a engrosar las arcas del gobierno estatal.

Los trabajos públicos, tales como el mejoramiento de las carreteras y la construcción de obras públicas, son organizados por las autoridades del pueblo por medio del *cuatéquitl*, forma antigua de trabajo colectivo. Todo hombre en condición de trabajar, entre la edad de veintiún años y la de cincuenta y uno, está obligado a contribuir con su labor doce días cada año; la falta de este cumplimiento se castiga con sentencia de cárcel o de multa. Pero un hombre puede pagar a un sustituto, y algunas de las familias de buena posición económica prefieren hacer eso, toda vez que consideran determinados trabajos muy por debajo de su dignidad personal; los pobres, que ni pueden pagar a quienes ocupen su lugar, ni pueden sufragar las multas, son la fuente principal de mano de obra para el *cuatéquitl*; cuando los trabajos para los que se llama a los hombres son de poca monta y entonces hay más brazos de los que se necesitan, se les pide a algunos de ellos que contribuyan con comida y bebida en lugar de mano de obra.

En los años recientes ha habido pocos *cuatéquitl* de importancia, pero la tradición de esta costumbre se mantiene viva para un caso de emergencia. En 1925-1927 se construyeron los lavaderos de Tepoztlán; esto sucedió durante una administración que tenía tendencias socialistas; en 1934 al mercado del pueblo se le hicieron mejoras. También al principio de los treinta, época en que Tepoztlán estuvo dividido en dos facciones políticas hostiles, tuvo lugar una demostración impresionante de trabajo colectivo con motivo de la construcción de la carretera a Cuernavaca. Los habitantes de Tepoztlán, guiados por dos activos maestros de escuela y apoyados por la Colonia Tepozteca, decidieron empezar a hacer el camino. Las facciones políticas conocidas como los Bolcheviques y los Centrales se rehusaron a trabajar unos junto a los otros. Cada grupo, entonces, organizó tandas de trabajadores, uno principiando en Tepoztlán y trabajando hacia Cuernavaca, y el otro trabajando de esta ciudad hacia Tepoztlán.

La habilidad que las autoridades de este pueblo tienen para organizar la fuerza de trabajo en ocasiones de necesidad es verdaderamente impresionante. En una disputa fronteriza con el municipio de Tejalpa, las autoridades colocaron hombres en todos los caminos y pasos principales de Tepoztlán para interceptar a todos los trabajadores que muy temprano por la mañana iban a dejar el pueblo para sus ocupaciones. Con este sistema, en un solo día se reclutaron seiscientos hombres para que cortaran la vegetación que en el bosque había sobrecrecido y así se estableció claramente la línea divisoria entre Tepoztlán y Tejalpa.

Aunque los *cuatéquitl* siempre han tenido como fin realizar algún trabajo que beneficiara al pueblo entero, en ocasiones varios obstáculos se han presentado impidiendo que el éxito coronara las intenciones y aquel sistema ha venido cayendo en desuso. El individualismo de los tepoztecos, su suspicacia y su actitud crítica hacia el gobierno local, además de la exigüidad de los fondos públicos del pueblo, han producido, en conjunto, una larga serie de dificultades. Los tepoztecos a menudo han considerado el *cuatéquitl* como una actividad de naturaleza coercitiva más que como una institución de trabajo voluntario. Y como el presidente y el síndico tienen prerrogativa de designar a los ciudadanos que van a realizar determinado trabajo, ello ha dado oportunidad para poner en práctica favoritismos, lo mismo que venganzas en contra de opositores políticos o de enemigos personales. A este respecto puede ser significativo que, en algunos juegos, los niños se refieren al *cuatéquitl* como una forma de castigo. Debemos hacer notar, también, que históricamente esta forma de trabajo colectivo fue una ayuda definitiva para los conquistadores españoles, en su organización y control del trabajo de los nativos.

La escuela, institución de la que ya hemos hablado, ha sido otra agencia importante en la ayuda para crear asociaciones de alcance general dentro del pueblo. Niños de todos los barrios se encuentran en la escuela y hacen amistades que tienden a quebrantar el localismo de los mismos barrios; sus padres sirven en ocasiones en los comités que se organizan en la escuela. Las tiendas, los molinos para el maíz y el mercado desempeñan su función socializadora, pues las mujeres de todos los rumbos del pueblo buscan la ocasión de intercambiar noticias y de hacer los comentarios de rigor en sus visitas a estos lugares.

Mas la organización que por sí sola es, quizá, el factor más importante al nivel de la unidad del pueblo, es la iglesia central. El catolicismo, con sus festivales que se celebran en todo el pueblo, proporciona un contexto común de símbolos y ritos que propicia la concurrencia de los habitantes al templo principal, en los días de festividades católicas más importantes (véase página 78). El cura visita las capillas de los siete barrios, además, en ocasiones especiales. Por otra parte, existe un cierto número de asociaciones religiosas que incluyen o actúan en los diferentes puntos de Tepoztlán: entre ellas están la Asociación Guadalupana, la Cofradía de la Virgen del Carmen, el Sagrado Corazón de Jesús y la Acción Católica. Cada una de las tres primeras asociaciones aquí mencionadas tenía, en 1948, una membresía de unas treinta mujeres; la Acción Católica abarcaba, por su parte, una sección de ochenta muchachos y otra de treinta jovencitas.

El barrio

Tepoztlán está dividido en siete barrios, o sean agrupamientos físicos con nombres particulares; cada uno tiene su capilla, su santo patrón, su organización interna y su fiesta anual. El barrio es, esencialmente, una organización socio-rreligiosa con límites fijos y gran estabilidad; es muy probable que la mayor parte de los barrios actuales surgieran en los siglos XVII y XVIII. La primera mención de los actuales barrios se encuentra en un documento de 1807, que es un censo llevado a cabo por barrios y por los nombres en náhuatl de los lugares de habitación en cada uno de los barrios precisamente. Dicho documento revela que los linderos de los barrios apenas han cambiado en los últimos ciento cincuenta años. Los nombres y el número de sitios de habitación de los barrios de hoy día son como sigue: Santo Domingo, 147; San Miguel, 163; La Santísima, 139; Santa Cruz (el grande), 67; Los Reyes, 37; San Sebastián, 34; Santa Cruz (el pequeño), 29, y San Pedro, 19. Con la omisión de Santa Cruz (el pequeño) que, estrictamente hablando, no es todavía un barrio independiente, hay tres barrios grandes y cuatro pequeños. Las de mayor área (Santo Domingo, San Miguel y La Santísima) están agrupados alrededor de la plaza central; los pequeños se localizan arriba de ellos, en la parte escarpada de la montaña. Ahora bien, puesto que toda la población se asienta sobre una falda, a los barrios más pequeños que están en la parte superior generalmente se les dice «los de arriba», y a los más grandes, que están al pie, se alude como «los de abajo»: algunos tepoztecos se refieren a la carretera pavimentada como la línea que divide al poblado en dos mitades, la superior y la inferior.

Los barrios sirven para dividir al pueblo en comunidades de menor tamaño, las cuales proporcionan más oportunidades para las relaciones personales. Las relaciones de parentesco tienden a ser más fuertes dentro del propio barrio o con los barrios vecinos. Tanto como el 42 % de todos los casamientos en un barrio tienen lugar entre los miembros de ese mismo barrio; y más o menos el 50 %, entre personas de los barrios contiguos. Casi todos los habitantes de los pequeños barrios de San Pedro, San Sebastián y los Reyes se conocen unos a otros por su nombre de pila y entre ellos se lleva a cabo bastante interacción social. Los otros barrios son demasiado grandes como para ser unidades primarias. En todos ellos, no obstante, la mayor parte de la gente no ha visitado las casas de más de una docena de familias de su propio barrio.

El ser miembro de un barrio queda determinado por la propiedad de un sitio en el cual vivir dentro de aquel barrio y por el pago de un impuesto para el mantenimiento de la capilla correspondiente. De este modo, el barrio mantiene su estabilidad como una unidad corporativa, a pesar de cualquier cambio de residencia que pudiera ocurrir. Puesto que es el sitio habitacional el que tradicionalmente pertenece a un barrio o a otro, quienquiera que allí viva, bien si lo ha obtenido por herencia o por compra, se convierte en un miembro del barrio. En tiempos antiguos, especialmente en los barrios pequeños, el lugar para vivir no podía venderse sin el consentimiento o aprobación de los otros miembros del barrio. Una persona generalmente pertenece al barrio en el que nació y fue criada, si bien un hombre nacido y crecido en un barrio puede comprar un sitio habitacional en otro barrio y establecer allá su hogar: si paga los impuestos del nuevo barrio y participa en los asuntos de esa entidad, automáticamente se convierte en nuevo miembro del barrio en el que ahora vive. Puede, por motivos sentimentales, continuar apoyando a su barrio de origen y asistir a sus fiestas, especialmente si aún tiene parientes allí; pero esto ya es voluntario.

Unas cuantas personas poseen lugares en que vivir en dos o tres barrios a la vez, y pagan los impuestos en cada uno de ellos; pero esas personas se consideran a sí mismas como miembros del barrio en que residen o de aquel que las vio nacer y en el cual tuvieron su formación. Las parejas jóvenes a veces compran una casa en un barrio al cual ninguno de los dos pertenece y, por lo mismo, adquieren membresía en un barrio que es nuevo para ambos. Y puesto que la residencia patrilocal es la que predomina, los hombres de un barrio dado están, por lo general, más estrechamente apegados a ese lugar que las mujeres. Después de casada, una mujer se vuelve miembro del barrio de su marido. Las mujeres, sin embargo, mantienen, más que los hombres, una lealtad que es dual; y a menudo retornan al hogar primigenio para ayudar a sus padres en la preparación de las comidas de las fiestas de su antiguo barrio.

Cada barrio tiene un mayordomo, que es la persona responsable de la recolección de los fondos para el mantenimiento de la capilla y para la organización de los miembros del barrio en grupos de trabajo colectivo encargados de la limpieza del patio de la iglesia, de la reparación de la capilla o de las calles, y de la ayuda en el cultivo y cosecha de maíz que se siembra en el terreno que pertenece a dicha capilla. La preparación de la fiesta anual del barrio es una tarea extremadamente importante: el mayordomo decide cómo va a celebrarse aquella fiesta, si se va a decir una misa o un sermón, o ambas cosas, y si se invita a un cura de Cuernavaca. Hace los arreglos para la banda de música y para los fuegos artificiales; su familia sirve mole, tamales y ponche a los invitados, muchos de los cuales llegan de otros barrios. Es frecuente que gaste sus fondos propios con tal de asegurar el éxito de la fiesta. Casi todos los gastos, sin embargo, se afrontan con lo colectado de los residentes del propio barrio en forma de ofrendas o limosnas; éstas se consideran como un voto o compromiso perpetuo al santo del barrio en cuestión. El mayordomo nombra los ayudantes y los comités para realizar tareas específicas, pero no tiene autoridad, excepto la que le da su influencia personal.

La selección del mayordomo se realiza en el atrio de la iglesia, la tarde que precede al Día de Muertos: solo participan los hombres. Se enciende una fogata, se sirve ponche se discuten los candidatos más apropiados y los señores de más edad pronuncian discursos en lengua náhuatl. Generalmente al mayordomo se le selecciona por mutuo acuerdo y no existe la tradición de una votación formal. No obstante la selección de un mayordomo está más cerca de la expresión de la voluntad de la gente que la elección de los funcionarios oficiales; agreguemos que el cura no controla la designación de los mayordomos, a pesar de que él considera a los barrios como sus feligresías.

Para ser elegible al puesto de mayordomo, la persona ha de ser nativa del pueblo, miembro del barrio y, además, hombre casado, aunque ha habido excepciones con respecto a este último requisito. Es esencial, por supuesto, tener reputación de hombre honesto y mostrar buena voluntad para servir al barrio, pues esta posición implica responsabilidad y gastos. En general, ocurre que los miembros de las familias acomodadas no tratan de ocupar ese puesto, pero a veces se deja sentir cierta presión para que lo acepten. Antiguamente se esperaba de un mayordomo que ejerciera sus funciones por el término de un solo año; pero en los últimos tiempos, la falta de personas que llenen todos los requisitos, particularmente en los barrios más pequeños, ha obligado a algunos mayordomos a ocupar el puesto hasta por cinco años. Hasta hace poco tiempo también, ser mayordomo era como un prerrequisito para llegar a ocupar puestos en el gobierno local: un examen de los miembros del consejo de Tepoztlán en un periodo de diez años (1934-1943) demostró que casi todos los presidentes y síndicos del pueblo habían alcanzado tales jerarquías administrativas después de haber servido como mayordomos.

Este hecho sugiere una integración de lo secular y lo religioso, que ha sido tan característico de las poblaciones indígenas.

Los barrios se distinguen unos de otros por un complejo de importantes aspectos económicos y sociales. Observando el panorama general se descubre que los barrios más pequeños son los más pobres, tienen una mayor proporción de familias que se sostienen de las tierras comunales, acusan una mayor incidencia de analfabetismo y los rodea la reputación de ser más indios. El barrio más pobre hasta ahora es San Sebastián; le siguen San Pedro y Santa Cruz. Los Reyes es un barrio de excepción en cuanto a que tiene la proporción más alta de dueños de tierras y de propiedades de mayor tamaño. Los barrios más grandes del centro —que son los que muestran los más notables extremos en cuanto a las familias más acomodadas y también las más pobres— han venido controlando a Tepoztlán desde el punto de vista político: prácticamente todos los presidentes municipales de 1922 a 1944 salieron de los tres barrios grandes y ninguno fue de San Pedro o de San Sebastián. La mayor parte de las autoridades ejidales de la villa han sido seleccionadas también en los barrios centrales, y la parte del león en el reparto de tierras de ejido ha ido a parar a sus manos.

El *esprit de corps* de los barrios se evidencia en la competencia virtual que hay entre ellos, especialmente en el Carnaval de cada año, y en las disputas sobre si las cualidades milagrosas de los santos de unos barrios son superiores a las de los patronos de otros. En tiempos pasados, este espíritu de competencia quedaba al descubierto igualmente en los sobrenombres tradicionales de los barrios, apelativos particulares que se suponía expresaban la toma de la conciencia de una personalidad característica. Así, a Santo Domingo se le llamaba Los Sapos; a La Santísima, Las Hormigas; a

San Miguel, Las Lagartijas; a Santa Cruz y a San Sebastián, *Cacomixtles*; a Los Reyes, los Gusanos de Maguey, y a San Pedro, *Tlacuaches*; en la actualidad estos sobrenombres son raramente recordados y carecen de función en la comunidad. Dicho *esprit de corps* tiene su expresión máxima en la fiesta anual que se celebra en honor del santo de cada barrio, que generalmente dura de uno a siete días. En tal celebración se decora la capilla; a ella se llevan, ceremoniosamente, abundantes velas; se erigen y queman fuegos artificiales; se preparan comidas especiales, propias de la ocasión; en el techo del templo se toca la chirimía; se ejecutan danzas sagradas; a veces se organizan corridas de toros y, desde luego, se celebra una misa en la misma capilla.

Durante el régimen de Porfirio Díaz, las diferencias entre los barrios grandes y pequeños correspondían a distinciones de clase en una forma más clara que en nuestros días. Una de las tantas consecuencias de la Revolución ha sido la tendencia general a disminuir las diferencias de los barrios: estas entidades participan ahora, en un plano más equitativo, en la vida activa del pueblo. En contraste con lo que sucedía en 1926, cuando Redfield informó que no llegaban cartas a las personas de los barrios de los suburbios, en 1943 San Pedro y Los Reyes tenían su participación en los mensajes del correo y, desde entonces para acá, ha venido en aumento. Hoy día, los contactos de los barrios aledaños con el mundo exterior se llevan a cabo con mucho menos intervención del centro de Tepoztlán.

6. La familia

Tepoztlán es una comunidad centrada en la familia. La familia biológica, el tipo predominante, consiste en los padres y los hijos que no se han casado aún y constituye la unidad de producción básica del pueblo. Las familias en Tepoztlán son fuertes y muy unidas; se mantienen así por los lazos de lealtad, esfuerzos económicos comunes, dependencia mutua, la perspectiva de obtener herencia y, finalmente, la ausencia de cualquier otro grupo social al cual pueda volverse la persona. La cooperación dentro de la familia inmediata es esencial, porque sin familia, el individuo se queda sin protección y aislado, al alcance de cualquier forma de agresión, explotación y humillación conocida en Tepoztlán. Dentro de la pequeña familia biológica los tepoztecos buscan la seguridad personal.

La familia extensa proporciona alguna seguridad adicional, particularmente en tiempos de emergencia. Se caracteriza por una limitada reciprocidad de cooperación, que incluye el acordar préstamos y el intercambio de trabajo. Entre las familias, ya se trate de unidades relacionadas o no entre sí, no existe ningún esfuerzo cooperativo institucionalizado de día en día, y sin embargo, y por regla general, se da o se recibe muy poca ayuda. Las visitas entre familiares son sorprendentemente muy poco frecuentes; se limitan a ocasiones especiales como la fiesta anual del barrio, las enfermedades, los nacimientos, las bodas y los fallecimientos.

Más del 70 % de los 662 sitios habitados del pueblo están ocupados por una sola familia biológica, y solo el 16 % los ocupan familias múltiples. La mayor parte de estas últimas están formadas por padres que viven con sus hijos solteros y también con algún hijo casado y su familia. Hay algunos ejemplos de una hija casada que vive con sus padres, así como de *siblings*[34] casados que comparten un solar común. El número de personas por sitio habitacional varía desde 1 (45 casos, principalmente viudos o viudas) hasta 17 (1 caso), y el número de casas pequeñas es más numeroso que las grandes. La mayor parte de los lugares de habitación tienen una sola casa, aunque algunos de ellos tienen dos, tres y hasta cuatro.

Varios factores revelan un acento en el aspecto patriarcal de la organización familiar: un principio de superioridad masculina (del esposo sobre la esposa, de los hermanos sobre las hermanas), una fuerte preferencia por la residencia patrilocal y por la descendencia patrilineal. Los tepoztecos hablan mal de la residencia matrilocal, y dicen que cuando un joven se va a vivir con la familia de su esposa después de casarse «se vende como un perro», o que entró a la casa «y se regaló como nuero». Sin embargo, más del 20 % de todas las parejas casadas tenían residencia matrilocal. La mayor parte de los maridos en estos casos eran jóvenes pobres, o huérfanos, o bien hombres que se habían casado con mujeres de mucha mayor edad que ellos o que tenían una posición social o económica más elevada. A cada persona en el pueblo se le conoce por los apellidos paterno y materno, pero este último siempre figura al final, y al transcurrir varias generaciones sucesivas termina por ser eliminado.

La naturaleza de las relaciones interpersonales dentro de la familia quizá pueda comprenderse mejor si examinamos dichas relaciones tal como tienen lugar entre marido y mujer, entre padres e hijos, entre hermanos, con la familia extensa y con los compadres.

---

34 Hermanos. En obras antropológicas a menudo es preferible usar la palabra *siblings* (de «sib») para obviar confusiones debidas a las varias acepciones de «hermanos» (de doble vínculo, medios hermanos, de crianza, de órdenes religiosas y otras semejantes). (*N. del T.*)

Maridos y esposas

De acuerdo con el patrón cultural ideal para las relaciones entre marido y esposa en Tepoztlán, el marido es autoritario y patriarcal; es el jefe de la casa y goza del más alto *status* en ella. Es responsable del sostenimiento de la familia y de la conducta que observan sus miembros: a su cargo quedan todas las decisiones importantes. Es su prerrogativa el que se le preste obediencia, respeto y servicio por parte de su esposa y de sus hijos. Se espera que la esposa sea sumisa, fiel y dedicada a su marido, y debe pedir su consejo y autorización antes de emprender cualesquiera trabajos, salvo los de muy poca monta. Debe ser industriosa y arreglárselas para ahorrar dinero, no importa cuán pequeño sea el ingreso del marido. No debe criticar a su compañero, tampoco celarlo en sus actividades fuera de la casa y ni siquiera mostrarse curiosa acerca de ellas.

En la mayor parte de los hogares se cumple en lo exterior con el modelo ideal, pero pocos maridos son las figuras dominantes que pretenden ser y pocas esposas son totalmente sumisas. Muchos matrimonios revelan conflicto en lo relativo a la autoridad y a los papeles que deben desempeñar el marido y la mujer. Los matrimonios que mejor congenian son los que siguen un curso intermedio: la esposa no pone en duda la autoridad de su marido y éste no es demasiado despótico con su mujer.

Los conflictos de este tipo entre maridos y esposas resultan estimulados por una discrepancia básica entre los papeles reales e ideales en la organización de la familia. Aun cuando la mujer esté subordinada a su marido, a ella le corresponde el papel central dentro del hogar. Ella es responsable de la planificación, de la organización y de la administración de la casa, así como de la educación y del cuidado de los hijos. Tradicionalmente el marido le entrega todo lo que gana: en esta forma ella está en condiciones de hacer la gran mayoría de las operaciones relativas al gasto, a los préstamos y a los reintegros sin que él se entere, particularmente tomando en cuenta que en la mayor parte de los casos el marido no interfiere en el manejo que la esposa hace del dinero, mientras ella esté en condiciones de darle las cantidades que necesite cada vez que él se las pida. La «buena» esposa no debe negarse a atender las solicitudes de dinero en efectivo que le haga su marido; si lo hace puede exponerse a recibir un regaño o a que le pegue. La esposa es libre de vender pequeñas cantidades del maíz de la familia, o sus propias gallinas y huevos. Se supone que obtiene el permiso de su marido antes de acudir ante un doctor o un curandero, y antes de visitar, de comprar o vender en cantidades apreciables; pero las frecuentes ausencias del marido le permiten hacer muchas de estas cosas sin que él tenga conocimiento de ello.

La participación real del marido en los asuntos familiares y domésticos es mínima. Su trabajo tiene lugar fuera de la casa. La división del trabajo es tajante; salvo en caso de emergencia y para desempeñar trabajos tales como acarrear agua y reparar la casa, el marido no se preocupa de la casa ni de los niños. Los hombres están fuera de su casa buena parte del día, en ocasiones durante varios días según su trabajo y la estación del año. En otros tiempos, los tepoztecos trabajaban en minas o haciendas distantes, y estaban ausentes del pueblo durante largos periodos de tiempo; antes de la Revolución, grandes cantidades de hombres trabajaban en las haciendas cercanas y volvían a sus casas solo una vez cada dos semanas. En la actualidad, aproximadamente 150 hombres trabajan en las haciendas durante un lapso que va de cuatro a seis meses durante la estación de secas, y visitan sus hogares una vez por semana. Al estar el marido lejos del hogar, la esposa es la jefa de la casa, pero en ocasiones tiene que arreglárselas para sostenerse a sí misma y a sus hijos.

Tal vez todavía más importante que la ausencia del hombre de la casa es su conducta y su actitud cuando está en ella. Evita intimar con los miembros de su familia con el propósito de hacerse respetar de ellos. Se mantiene apartado de los detalles insignificantes de la casa y espera que no se le moleste con quejas, peticiones o ruidos. A menos que se le diga otra cosa, supone que la situación en la casa es como él quiere que sea. Como las esposas son responsables de todo lo que sucede en la casa, procuran mantener oculta la información que puede causarles censura o castigo. Así, el encumbramiento en que se coloca él tiende a separarlo de las personas mismas que trata de controlar y, sin advertirlo, da a su esposa e hijos la libertad que no quiere que disfruten.

En muchos hogares, la sensación de seguridad del marido se la proporciona el grado en que puede controlar a su esposa e hijos, o hacer que lo teman. El golpear a la esposa, que era más común en el pasado que ahora, aunque se practica todavía extensamente, es el socorrido recurso en el caso de ofensas que van desde el hecho de no tener lista una buena comida a tiempo hasta las sospechas de adulterio. Una esposa celosa o que objeta las actividades o el criterio de su cónyuge también puede recibir una golpiza. Se espera que las esposas no presenten resistencia alguna al castigo. El golpear a la esposa está legalmente prohibido en el pueblo, más son pocas las esposas que acusan a sus maridos ante las autoridades locales.

Las tepoztecas manifiestan fácilmente hostilidad hacia el sexo masculino y con frecuencia caracterizan a todos las hombres como «malos». La autocompasión y una sensación de martirio suelen ser comunes entre las mujeres casadas, muchas de las cuales se muestran abatidas y lloran cuando cuentan su vida. A medida que aumenta su edad, se vuelven, con frecuencia, más autoafirmativas o se oponen a los intentos de sus maridos de limitar su libertad y sus actividades mercantiles. Comienzan a mostrar preferencia por el trabajo que se hace fuera en la casa y a sentirse con impedimentos cuando el trabajo doméstico y los hijos las atan al hogar. La tendencia actual en Tepoztlán, en el caso de las mujeres jóvenes y aun de las chicas solteras, es la de asumir las actitudes más independientes, que antes eran propias de las mujeres mayores.

Las mujeres entran más en conflicto con las formas tradicionales que los hombres. Sus normas de conducta en lo referente a sí mismas y a sus mandos están cambiando, dichas normas oscilan entre los antiguos papeles ideales y las nuevas necesidades y experiencias. Admiten prontamente la superioridad de los hombres y tienden a admirar a un varón que es «macho», pero todavía describen al marido bueno como aquel que no es dominante, sino relativamente pasivo. También a la esposa demasiado dócil tienden a considerarla más como una tonta que como un modelo ideal. Aparentemente las mujeres no se sienten frustradas cuando no logran alcanzar el ideal de la conducta femenina; en realidad, parecen sentirse orgullosas más bien que culpables con la autoafirmación.

Los maridos con frecuencia se encuentran en una posición defensiva. Deben conservar el antiguo orden de cosas si desean mantener su control en el hogar, pero los cambios que han tenido lugar dentro del pueblo durante los últimos veinte años o cosa así, hacen que este objetivo sea difícil de conseguir. Los progresos tecnológicos, como el molino para nixtamal, la carretera y el servicio, de autobuses a Cuernavaca, han afectado a las mujeres más que a los hombres.

Un número cada vez mayor de mujeres casadas, entre las más ambiciosas, ahora crían animales o cultivan frutales en mayor escala, o venden, en los mercados de Tepoztlán y de Cuernavaca, los productos elaborados por la familia. Las mujeres más diestras pueden ayudar en forma sustancial a sus maridos; de hecho y sin excepción, todo hombre que ha logrado prosperar a partir de la Revolución lo debe a la ayuda de su esposa. La mayor parte de los hombres impiden que sus mujeres vendan en el mercado de Cuernavaca, a pesar de que verían con buenos ojos el dinero adicional ganado en esa forma. Anteriormente este tipo de trabajo lo desempeñaban exclusivamente viudas o mujeres que «no tenían un hombre que las controlara» y muchas de ellas llevaban una vida sexual promiscua y tenían una baja posición. El temor de dar a la esposa una mayor libertad y la subsecuente amenaza a su papel de proveedor son factores que evitan que la mayor parte de los hombres permitan a sus mujeres ganar todo lo que podrían.

Casi todos los maridos, de uno o dos años de casados, están igualmente impreparados para dar a sus esposas la libertad y autoridad que necesitan para asumir la responsabilidad de administrar hogares independientes. En otros tiempos, cuando las esposas jóvenes vivían con sus suegras frecuentemente por muchos años, sus maridos tenían poca dificultad para controlarlas y sentían, correspondientemente, una seguridad mayor. Los hombres unánimemente piensan que deben mantener a sus mujeres bajo estricta vigilancia, a fin de tener la seguridad de que observan buena conducta. Por lo general se les prohibe a las esposas tener amistades femeninas, pues sus maridos las consideran como intermediarias potenciales entre la esposa y un amante. La mayor parte de las mujeres acaban con sus amistades cuando se casan, y los hombres pueden dejar a sus propios amigos por temor de que pudiera desarrollarse alguna relación íntima entre la esposa y determinado amigo. La mayoría de los maridos se muestran suspicaces acerca de cualesquiera actividades que saquen a la esposa del hogar. Una esposa joven con frecuencia preferirá pedirle a una vecina o a algún familiar que haga las compras por ella antes que arriesgar a enfrentarse a la ira de su marido o a las murmuraciones del lugar por ir sola al mercado. Actualmente, algunas esposas jóvenes salen solas de sus casas, pero se las considera sospechosas.

En las relaciones sexuales, como en las sociales, se espera que sea el marido tepozteco quien tome la iniciativa y que la esposa se someta a sus demandas. Se cree que las mujeres tienen menos «naturaleza», esto es, que sexualmente son más débiles que los hombres. Los maridos esperan que sus mujeres no sean exigentes ni apasionadas desde el punto de vista sexual, y no consideran estos rasgos como convenientes en una esposa. Se alude como «locas» a las mujeres que «necesitan» hombres y se las considera como víctimas de una situación anormal que debe haber sido producida por magia negra. La mujer respetable expresa propiamente actitudes negativas hacia el sexo y así lo manifiesta enérgicamente. Algunos maridos deliberadamente se abstienen de excitar sexualmente a sus esposas, pues se supone que una mujer pasiva o frígida será más fiel. En general, el juego sexual es una técnica que los hombres reservan para seducir a otras mujeres.

La preocupación de los maridos por la fidelidad de sus esposas se suaviza, por lo general, después de varios años de matrimonio. A medida que los hijos crecen y pueden ayudar a la madre, y cuando las necesidades de la familia en crecimiento son más grandes, las mujeres frecuentemente exigen libertad para dedicarse a actividades económicas. Como tales trabajos requieren que la mujer salga de la casa con mayor frecuencia, se despiertan de nuevo en el marido la tensión y la sospecha. Los hombres se sienten más seguros cuando sus esposas están encinta o cuando tienen un pequeño a quien cuidar; así, tener un hijo tras otro es un estado de cosas satisfactorio desde el punto de vista masculino.

La promiscuidad sexual es prerrogativa masculina en Tepoztlán, y los hombres están bajo la presión de demostrar su hombría teniendo muchos «líos amorosos». Por lo regular, sostienen relaciones extramaritales con viudas o con mujeres solteras; menos frecuentemente las tienen con mujeres casadas. Ahora los hombres van a las casas de prostitución de Cuernavaca y las enfermedades venéreas comienzan a ser más comunes en el pueblo. Aunque el adulterio masculino se considera como una conducta inconveniente, se ve, empero, como «natural» y se piensa que una buena esposa no debe molestarse por tal fenómeno. Muchas mujeres, sin embargo, se resienten por ello, especialmente si entra en juego el dinero, y algunas disputan abiertamente con sus maridos y a veces les retienen el dinero. La interferencia de las esposas en tales cuestiones irrita a los hombres y a menudo esta situación termina en una golpiza.

La embriaguez no es tan común en Tepoztlán como en las aldeas circunvecinas o en otras regiones de México, y es objeto de mayor censura. La mayor parte de los hombres toma pequeñas cantidades de alcohol en forma regular, pero el consumo de bebidas embriagantes en gran escala se reserva para los domingos, las fiestas o las ocasiones formales. No obstante, la bebida constituye una importante válvula de escape, de índole emocional, para los tepoztecos; beben para librarse de la «muina» o de la ira después de una disputa en casa, para acumular valor para castigar a la esposa, para seducir a una mujer o para luchar contra un enemigo. En ocasiones, cuando los hombres regresan embriagados a sus casas, se vuelven agresivos y golpean a sus esposas; otras veces, y «porque les falta juicio», se muestran afectuosos y besan y miman a los miembros de su familia. Muchas mujeres resienten los casos de embriaguez de sus maridos, tanto por los posibles accesos de violencia como por el dinero que les cuesta; sin embargo, solamente las más agresivas tratan de apartar a sus cónyuges del hábito.

Los tepoztecos creen que las mujeres que han sido golpeadas o que han sido objeto de otros malos tratos pueden vengarse recurriendo a la brujería, y se mantienen alerta hacia esta posibilidad. El tipo de brujería más temido es un bebedizo hecho con una hierba bien conocida llamada toloache, que secretamente se pone en la taza de café de un hombre o en cualquier otra bebida suya. Se dice que esta hierba contiene una droga que afecta el cerebro si se ingiere en grandes dosis. También se cree en Tepoztlán que convertirá en tonto a un hombre —esto es, que lo convertirá en estúpido o en un ser fácilmente manejable— y que una dosis mayor todavía lo transformará en un idiota. Para los tepoztecos el síntoma más notable de que un hombre ha sido intoxicado es que ya no puede controlar a su esposa, sino que resulta dominado por ésta. La madre o la hermana del hombre pueden intentar su curación, si le ponen en su café un contraveneno. Es interesante advertir que no existe un solo caso en que un hombre haya dado a beber toloache a una mujer.

Padre e hijos

Los niños tepoztecos son educados para obedecer a sus mayores y someterse a la voluntad de su madre y de su padre, mientras vivan con ellos. Desde la infancia se les induce para que sean pasivos y no estorben; de los niños mayores se espera que sean útiles y que sepan controlarse a sí mismos.

Se recalca mucho la «buena» conducta en los niños, pues se teme que un niño mal educado no llegaría a ser un buen trabajador y se metería en dificultades, avergonzando a sus padres ante los ojos de la comunidad.

Se espera que la madre inculque a los niños buenos hábitos y que atienda a su educación religiosa. En lo que toca a los hijos, la vida familiar gira, esencialmente, alrededor de la madre. En temprana edad se les enseña a no atenerse a que el padre los tome en brazos y a no tener mucho contacto físico con él. En muchas casas el padre gobierna a los hijos a través de la madre, quien se convierte en esta forma en intermediaria entre padre e hijo, y transmite peticiones, encargos, advertencias. El padre espera que la madre le ayude a mantener su posición de respeto dentro de la casa, y en este sentido la mayor parte de las mujeres cumplen con su papel. Los familiares y otros adultos repetidamente advierten a los hijos que deben respetar a su padre. La mayor parte de los niños se humillan e inhiben en presencia de su padre y guardan esa misma actitud hasta llegar a ser adultos. Son menos consecuentes en su conducta hacia la madre, con lo cual reflejan las propias actitudes variables en ella, porque la madre es al mismo tiempo punitiva y protectora, autoritaria y sumisa, es ella quien sirve, pero también quien exige.

Las ideas estereotipadas populares pintan al padre como al elemento «duro» por naturaleza y a la madre como la persona «suave». Se considera natural que una madre esté más cerca de sus hijos que el padre; una madre que abandona a sus hijos es calificada de anormal o de «machorra». Cuando un hombre abandona a sus hijos —lo que ocurre con más frecuencia—, su conducta es desaprobada, mas no se estima como signo de anormalidad. Asimismo, la muerte de la madre se reconoce como más perturbadora para la familia que la del padre.

De acuerdo con los patrones culturales del lugar, la madre tiene formas más amplias de mostrar afecto hacia sus hijos que el padre. Puede besar, acariciar o amamantar a su hijo todo el tiempo que lo desee, y con el hijo más pequeño de todos puede continuar con esta conducta hasta la edad de cinco años. También puede expresar su cariño dándole alimentos, cosiéndole sus ropas, cuidándolo durante sus enfermedades e impartiéndole otras atenciones. Con frecuencia protegen a sus niños ocultándole al padre sus travesuras o evitando que su marido castigue al hijo. Tales intervenciones y engaños enfurecen al padre, pero se consideran «naturales» en la madre. En contraste con ella, el padre está limitado en su capacidad de demostrar afecto excesivo a sus hijos. Por tradición, un padre expresa su cariño hacia el hijo comprándole regalitos, dándole centavos, o llevándolo al campo o a una fiesta. Cuando un hijo se enferma, la forma en que el padre muestra su preocupación es principalmente manifestando su anuencia en llamar a un curandero.

Nuestros datos muestran una amplia variación en la forma y severidad de los castigos que se imponen a los niños. Esta situación surge del diferente grado en que se necesita en el hogar la ayuda de los hijos y del tratamiento diferencial que se da a niños y niñas, a los hijos grandes o pequeños, o a alguno que sea el favorito. Siempre se castiga a un niño tepozteco por desafiar la autoridad de sus padres o por su falta de deseo de trabajar. Otros tipos de mala conducta — rezongar o ser pendencieros, por ejemplo— no se castigan en forma igualmente consistente.

La mayor parte de los padres confían en los castigos infligidos a temprana edad y éstos comienzan cuando el niño principia a andar. Se puede dar manotazos a los niños por llorar demasiado, aunque esto es poco frecuente. Algunos niños reciben su primer castigo corporal fuerte a los tres o cuatro años de edad, pero es entre los cinco y los doce años cuando castigan con mayor frecuencia y dureza a los niños. A partir de los doce años los castigos corporales se reservan para las infracciones más serias. El padre inflige los castigos más severos, pero la madre castiga con mayor frecuencia. Las madres tienden a castigar a las niñas más que a los varones; los padres castigan más a los varones que a las niñas.

Los castigos fuertes son tradicionales en Tepoztlán. Algunos adultos de la aldea recuerdan castigos como colgar a un niño en una red encima de una fogata donde se queman semillas de chile y que produce mucho humo; la asfixia parcial y una enfermedad que duraba varios días era el resultado. (Esta práctica recuerda un antiguo castigo azteca en el cual se ponía a los rebeldes en una habitación llena de humo procedente de un fuego donde se quemaban semillas de chile.) En forma parecida, antiguamente, por romper un plato, se castigaba a un niño raspándole los brazos con un trozo de la pieza rota hasta hacerle salir sangre. Significativo de las cambiantes actitudes en el pueblo es el hecho de que algunas de las antiguas prácticas que suponían un fuerte componente mágico y que no se aplicaban necesariamente por espíritu de maldad, en la actualidad se califican de crueles. Sin embargo, entre los castigos que aplican hoy día los padres, no es raro golpear con una vara o con una cuerda. Las madres utilizan con más frecuencia sus manos, o bien pellizcan, dan puntapiés o arrojan pequeños guijarros a los muchachos culpables. En general, los tepoztecos están de acuerdo en que los castigos ahora son menos severos, y en que hay una mayor tolerancia hacia las faltas de los hijos. Esto es particularmente cierto en la generación joven, más tolerante y mejor educada.

El temor es uno de los medios más importantes de que se valen los padres tepoztecos para controlar a sus hijos.

Las madres amenazan a sus hijos con abandonarlos, aprovechando su natural temor de quedar huérfanos o de tener que vivir con una madrastra. En los días en que llegaban al pueblo pocos visitantes o turistas, a los niños se les decía que si eran desobedientes se los llevaría algún extranjero que los convertiría en jabón. En las aldeas más aisladas los niños todavía corren a ocultarse cuando ven a alguna persona desconocida. Muchas madres y abuelas cuentan a los pequeños historias de búhos y de coyotes que en la noche salen de sus madrigueras para devorar a los niños malos, y de murciélagos y zarigüeyas que beben sangre. Los niños mentirosos o desobedientes son advertidos de que se convertirán en diablos y serán quemados en el infierno. A los llorones se les puede referir la historia de Cahuasohuantun, que se come los intestinos de los niños que lloran.

La mentira y el engaño desempeñan una parte importante en las relaciones entre padres e hijos. Los padres y otros adultos utilizan el engaño como un medio de controlar a sus descendientes; en realidad, los tepoztecos carecerían de un recurso para educar a sus hijos si no la usaran. El uso de pequeñas mentiras es tan común que puede darse por descontado, y los niños desde temprana edad se acostumbran a él. Particularmente las madres tienden a hacer y a romper promesas con facilidad y a engañar a sus hijos para que hagan lo que ellas desean. El esfuerzo de los padres por mantener a sus hijos «inocentes» o, como ellos dicen, «para evitar que se les abran los ojos», convierte el engaño en un medio necesario. Los niños, a su vez, mienten para eludir castigos o para realizar sus propios deseos. Además, las muchas restricciones impuestas a los niños los estimulan a mentir; por ejemplo, el acto de cortejar implica mucho de engañoso. Los padres muestran poca indignación moral ante las mentiras de sus hijos. No castigan la mentira tanto como el hecho que se pretendía ocultar; igualmente, un padre o un hijo sorprendido en mentira se avergüenza más de haber sido descubierto que de haber mentido.

El uso frecuente del engaño ocasiona alguna desconfianza mutua entre padres e hijos. Los niños raramente confían en sus padres, y desde temprana edad dejan de acudir a ellos cuando tienen dificultades o cuando necesitan información. Los padres, por su parte, no fomentan que les hagan preguntas, en particular sobre el sexo. Con frecuencia se dan respuesta absurdas o irónicas a las preguntas de los hijos.

El padre asume un papel importante en la vida del hijo cuando ha crecido lo suficiente para ir al campo. La mayor parte de los niños disfrutan del trabajo en el campo en compañía de sus padres y esperan estas ocasiones con gran placer. Los padres, por su lado, se muestran orgullosos de llevar a sus descendientes al campo por vez primera y con frecuencia muestran gran paciencia para enseñarlos. Pero aun cuando el padre y los hijos vayan juntos al campo día tras día, no se presenta una relajación de la relación de respeto. El padre conserva su papel de maestro y cuando habla lo hace para dar un consejo. La conversación entre ellos acerca de cuestiones íntimas, para contarse chistes o para discutir sobre mujeres, es tabú estricto, aún después de que se han casado los hijos.

Independientemente de la edad o la posición que guarde como hombre casado, un hijo está sujeto a la autoridad de su padre mientras viva con él. No recibe más recompensa que su sostenimiento y cuidado, así como el dinero que pueda agenciarse para su gasto. Algunos padres son generosos con los hijos que realizan el trabajo de un hombre otros continúan tratándolos como niños. En el pasado eran relativamente pocos los hijos solteros que abandonaban su casa para buscar trabajo en alguna otra parte; aun los jóvenes

profundamente insatisfechos con la situación que guarda-
ban dentro del hogar se mostraban poco dispuestos a asumir una postura radical por sí mismos. Un cierto temor al
mundo exterior mantiene todavía a los hijos dentro del hogar: temor de caer enfermos entre extraños, de tener que
hacer trabajos serviles, de no contar con la familia que los
sostenga en caso de dificultades y de no ser propiamente
respetados por los demás. Por otra parte, muchos varones
se sienten atados a sus madres. Todavía hay otro factor que
evita que los hijos se vayan del hogar, y es que dependen
económicamente de sus padres; también cuenta el deseo de
compartir la herencia. Por supuesto, la dependencia es mutua. Los padres están ansiosos de tener a sus descendientes
en casa para que les ayuden a sostener a la familia, y en la
mayor parte de los hogares los hijos ya crecidos que trabajan
disfrutan el mismo servicio y atenciones que el padre.

Aunque los padres dicen que prefieren los varones a las
niñas, no es raro que muestren un cierto favoritismo hacia
alguna hija. Las relaciones entre el padre y una hija crecida
son, sin embargo, formales y a distancia, y se evita el contacto físico. Para ambos el besarse y abrazarse tienen fuertes
connotaciones incestuosas. Las jóvenes son extremadamente tímidas en presencia de sus padres y algunas mujeres casadas dicen que les da un poco de vergüenza cuando el padre
las ve encinta. Los padres esperan que sus hijas lleguen vír-
genes al matrimonio. Cualquier violación de esta ley moral
es una mancha para el padre y para el honor de la familia, y
las jóvenes que llegan a incurrir en esta falta se hacen acree-
doras a los más severos castigos.

Las madres, más que los padres, tienden a manifestar favoritos entre sus hijos; por lo regular favorecen a los niños
a expensas de las niñas, y a los pequeños sobre los mayores.
Muchas madres tratan de proteger a sus hijos si piensan que

el padre los hace trabajar demasiado, pero solo ocasionalmente intervendrán a favor del muchacho. Es común que una madre sea indulgente con su hijo menor; lo amamantará y dormirá con él durante un periodo mucho más largo que lo usual. La indulgencia hacia el hijo más pequeño está con frecuencia en agudo contraste con el tratamiento que se da a los hijos mayores; pero, en términos generales, las madres dan un tratamiento especial a todos sus hijos de menos de cinco años. A los pequeños se les ofrece mayor cantidad de alimentos y de juguetes y se les lleva a fiestas y en los viajes. Aunque el tratamiento diferencial de los niños, según su sexo y su edad, se «acepta» como natural por los padres tepoztecos, hay pruebas de que las demostraciones habituales o excesivas de favoritismo son resentidas por los demás hermanos. Este resentimiento encuentra expresión en disputas y peleas subrepticias, en irritabilidad, en la renuencia de compartir sus posesiones y en evitarse mutuamente.

Desde la niñez temprana, a los varones se les permite una mayor libertad de movimiento y de expresión, así como de más tiempo para jugar que a las niñas. El hijo mayor disfruta de una posición particularmente favorecida. Recibe más cuidado y atenciones que los que le siguen, y con frecuencia su cumpleaños es, aparte del padre, el único que se celebra con una fiesta. Mas en ocasiones las madres tienen dificultades para controlar al hijo mayor, porque el muchacho puede imitar a su padre exigiendo servicios de las mujeres de la familia y dando órdenes a los hermanos más jóvenes. Si el padre muere, se espera que el hijo mayor tome su lugar y que sostenga a su madre, a sus hermanos y hermanas. En ocasiones, a esto sigue una prolongada lucha por la autoridad como jefe de la familia entre la madre y el primogénito. También es posible que aparezcan disputas entre madre e hijo acerca de la herencia. Las viudas que heredan las propiedades de sus maridos tienen una ventaja en el aspecto de conservar la autoridad, y por lo regular conservan las propiedades heredadas hasta la muerte, pues de no ser así perderían todo control sobre sus hijos.

Las relaciones entre madres e hijas son por lo regular muy estrechas. Como la madre enseña a su hija las labores domésticas y como, además, trabajan una junto a la otra en la casa, la hija llega a identificarse con la madre y asume su papel. Así, las actitudes de una hija hacia el trabajo, la maternidad, los hombres y el matrimonio resultan fuertemente influidas por su madre. La costumbre de tener a las hijas trabajando en casa está profundamente arraigada, y una chica que permanece en el hogar está a la entera disposición de la madre. Con pocas excepciones, las madres utilizan a sus hijas desde temprana edad para todo tipo de recados y faenas domésticas. Las señoras tienden a resentir el hecho de que la escuela aleje a las amas de la casa durante la mayor parte del día, y la mayoría de los padres hacen que sus hijas la abandonen tan pronto como pueden hacerlo. Resulta, entonces, que la mayor parte de las chicas asisten a la escuela solo hasta el tercer curso, o bien hasta que tienen once años de edad. Muchas madres explotan a sus hijas, particularmente a las mayores, y algunas muchachas se casan para escapar de las rudas tareas del hogar. Sin embargo, alguna que otra madre se identifica con su hija y realiza sus propios deseos de educarse más: para ello le permite a la niña completar la enseñanza elemental.

Una madre es responsable de la castidad y de la reputación de sus hijas crecidas. Para muchas madres esto se traduce en la necesidad de espiarlas, guiarlas y ejercer presión sobre ellas para que se cumpla aquel requisito. Si una madre se entera de que una de sus hijas tiene novio, tal vez golpeará ella misma a la hija antes que informar al padre. Sin embargo, si la hija resulta embarazada antes de casarse, la madre por lo regular será menos dura y estará mejor dispuesta a perdonar que el padre. Las relaciones de respeto entre madre e hija les impiden hablar de temas íntimos, aunque no en el mismo grado en que esto ocurre en las relaciones entre padre e hija. Por lo regular, las madres no proporcionan información a sus hijas acerca de la menstruación ni discuten temas acerca del cuerpo con sus hijas, tampoco ventilan aspecto alguno de las relaciones sexuales. Por su parte, las muchachas no dicen nada a sus madres cuando se presenta la menstruación por primera vez, ni piden información acerca del embarazo, el nacimiento o el matrimonio. No obstante, cuando una madre se da cuenta de que su hija ha comenzado a menstruar o que está embarazada, le brinda su consejo. Las relaciones entre madre e hija se debilitan considerablemente cuando una chica contrae matrimonio, particularmente si la recién casada vive con su suegra. Si ella deja el hogar de la madre del esposo para establecerse aparte, se reanudan estrechamente las relaciones con su madre. Las mujeres no esperan ayuda financiera de sus hijas casadas, pero muchas de ellas la reciben con o sin el conocimiento de sus yernos.

Los *siblings*

La solidaridad de los *siblings* es un ideal que los padres hacen valer ante su prole y a la cual alaban constantemente. Durante la niñez los *siblings* son compañeros constantes, que comparten las mismas amistades, y los mismos juegos. Los niños mayores cuidan de los más pequeños y se les hace responsables de su seguridad y bienestar, pero no pueden disciplinarlos ni ejercer una gran autoridad sobre ellos. Si un niño pequeño llora o se queja con sus padres, el mayor recibe una reprimenda o un castigo. Como resultado de ello, los niños mayores raramente acuden ante sus madres en son de queja o en demanda de justicia; en cambio, los pequeños frecuentemente utilizan este recurso. En la escuela, empero, los niños mayores desahogan de tal modo sus modales agresivos con los pequeños, que los padres no se muestran bien dispuestos a enviar a los niños pequeños al jardín de niños.

La hermana mayor, en particular, tiene el papel de cuidar a los *siblings* más pequeños y con frecuencia muestra por ellos un verdadero afecto maternal; un niño que acaba de terminar su periodo de lactancia puede dormir con ella durante varios años. Algunas de las hijas mayores, sin embargo rechazan ahora este papel: prefieren ir a la escuela y tienden a mostrarse resentidas si no pueden hacerlo. El hermano mayor de la familia tiene una posición de privilegio y puede exigir respeto y obediencia de los *siblings* más jóvenes, aun cuando los padres traten de frustrar sus esfuerzos en este sentido, a menos o hasta que sea un adulto. El modelo general de dominio masculino, que los muchachos han aprendido de sus padres, se pone en práctica por primera vez en sus relaciones con sus hermanas. Tan pronto como una chica tiene la edad suficiente para hacer las labores domésticas, el hermano comienza a exigirle que le sirva, exactamente como hace su padre con su esposa. Se espera que una hermana lave, planche y remiende la ropa de su hermano, que le prepare y le sirva la comida, etc. Como su padre, los chicos tienen un vivo interés en el «honor» de cada hermana y la golpearán si se dan cuenta de que tiene novio.

Los *siblings* del mismo sexo tienden a asociarse entre sí. Los hermanos trabajan juntos en los campos, comparten confidencias, y, si no hay una gran diferencia de edades, tienen las mismas amistades. Este patrón es todavía más fuerte entre las hermanas. Sin embargo, los hermanos y las hermanas ya mayores no asisten a fiestas o a otras reuniones públicas juntos, no tienen amistades mutuas, y unos y otras se muestran reservados en público.

Muchos hermanos y hermanas, por supuesto, conservan relaciones cordiales durante toda su vida, pero en muchas familias las relaciones entre los *siblings* son muy débiles. Entre los niños de la primera infancia y los ya más crecidos son tan comunes la rivalidad y los celos que los padres las aceptan como cosa natural. Los niños no están preparados para la llegada de un nuevo *sibling* y por ello conservan en secreto el embarazo, y les ocultan el nacimiento. Una enfermedad llamada «chipilez» que aparece en la infancia se atribuye a los celos que sienten los niños por un nuevo hermano. Aun antes de que nazca el nuevo miembro de la familia, una enfermedad en un niño de pecho o en proceso de destete se atribuye a los celos. Se cree que los niños «sienten» cuando se espera otro niño y que la enfermedad es causada por el hecho de que ahora «llevan el peso de la criatura». Aunque no es rara la muerte por chipilez, la mayor parte de los niños se recuperan de ella pocos meses después de que ha nacido el nuevo niño, y entonces se dice que «se ha quitado el peso de encima». Si un niño continúa llorando por su madre y muestra hostilidad hacia el nuevo hermano, puede enviársele a vivir con su abuela por una breve temporada o por varios años. En esta forma se evitan los berrinches tan comunes en el hijo que antecede al menor. En ocasiones es el niño más pequeño el blanco de los demás *siblings* y a fin de protegerlo puede enviársele a vivir con su abuela. La importancia de la abuela como sustituta de la madre es reconocida generalmente en el pueblo; se considera un infortunio el que un niño no tenga abuela.

Después del matrimonio, hay diversos factores que debilitan los vínculos entre los *siblings*. Cada uno de los hermanos o de las hermanas establece su hogar independiente, con frecuencia a gran distancia: en Tepoztlán no existen, prácticamente, formas institucionalizadas de cooperación entre los hermanos y hermanas que se han casado. Como vimos antes, solo se advirtieron catorce casos de *siblings* casados que vivían juntos en un solo sitio habitacional. Las hermanas casadas se identifican pronto con los intereses de sus maridos. Además, como una mujer casada está bajo la autoridad de su esposo, ya no tiene libertad de visitar a sus hermanos cada vez que quiera hacerlo. Los hermanos tienen mayor libertad para hacer visitas, pero con frecuencia las relaciones entre los familiares políticos son tensas.

También el favoritismo por parte de los padres hacia uno o dos de los hijos casados puede ocasionar fricciones entre los *siblings*. Por ejemplo, los padres pueden mostrar una marcada preferencia por la prole de una hija o de un hijo, o ayudar a una hija favorita casada o a un hijo preferido en detrimento de los demás niños. La división de la herencia, por su parte, también produce disputas entre los *siblings*; los padres tienden a dejar una parte mayor de sus propiedades a los hijos que a las hijas, o a un hijo de más edad, o a su favorito.

La familia extensa

Durante el tiempo en que la pareja casada vive con los padres del esposo, hay poco contacto con la familia de la esposa. Cuando viven solos, los vínculos con la familia de la esposa se estrechan y con frecuencia hacen pasar a un segundo término los que existen con la familia del marido. Pero en cualquier caso, el vínculo de parentesco más estrecho es el que los relaciona con la abuela, ya sea del lado paterno o del materno. Ya hemos señalado la importancia de la abuela, particularmente como una especie de segunda madre.

Las tías, en particular las maternas, frecuentemente tienen una relación afectuosa con los sobrinos y sobrinas, y en casos de emergencia pueden actuar también como sustitutas de la madre. Un joven, por ejemplo, que se ha fugado con una muchacha, es frecuente que la lleve a vivir con su tía favorita. Los tíos, por su parte, guardan una relación de respeto con sus sobrinas y sobrinos, relación que también puede ser bastante afectuosa. Muchos niños tienen un tío favorito, que los distingue para hacerles un obsequio o algún favor ocasional. El intercambio de servicio de trabajo ocurre con mayor frecuencia entre tíos y sobrinos que entre los *siblings* casados, pero es también probable que se presenten disputas, particularmente en lo relativo a herencias. Después de la muerte de un hombre, se da el caso de que uno de sus hermanos reclame a la viuda una parte de la propiedad, especialmente si los huérfanos son todavía pequeños.

Los primos a menudo tienen relaciones que se parecen a las que privan entre hermano y hermana. Los padres estimulan a sus hijos para que jueguen con sus primos, en especial si son vecinos; con frecuencia los mejores y únicos amigos de una persona resultan ser uno o dos primos favoritos. El matrimonio entre primos está prohibido, aunque se han dado algunos casos.

La familia política

Debido a la residencia patrilocal, las relaciones entre suegra y nuera son las más importantes de todas las que vinculan a los familiares políticos. Cuando una joven recién casada va a vivir con la familia de su marido, se espera que tome el papel de una hija crecida y que dé a sus padres políticos el mismo respeto y obediencia que debe a sus propios padres. La suegra le asigna sus tareas, que generalmente incluyen algunas de las faenas más pesadas: moler maíz, hacer tortillas y lavar y planchar la ropa de toda la familia. En el pasado, cuando las muchachas se casaban a la edad de doce o trece años, no sabían hacer el trabajo, y las suegras les enseñaban cómo hacer las labores de la casa. La suegra, por su parte, debe cuidar de su nuera cuando da a luz, y debe guiarla y ver que sea una esposa fiel. Hay muchos chistes que representan a la suegra como «policía».

Aunque muchas suegras y nueras se las arreglan para convivir bastante bien, las relaciones son un tanto tensas y los tepoztecos las reconocen como tales. Ambas mujeres las emprenden con cierta aprensión. Las chicas han oído decir a sus madres y a otras mujeres casadas que la nuera es la «esclava» de la suegra. Así, pues, llegado el momento temen no agradar a su suegra y piensan que se sentirán extrañas en una casa ajena. La suegra, a su vez, teme que la joven que su hijo lleva a la casa sea perezosa, que constituya solo otra boca más que alimentar, o que critique la forma en que vive la familia.

A menudo los temores se justifican y el resultado son las disputas. Tal vez esto se dé más ahora que en el pasado por las diferentes normas de vestir, de limpieza y de libertad personal que tienen las mujeres jóvenes y las maduras. Cada vez más, la forma de solucionar una situación desagradable para ambas es separar los hogares. Si la esposa no puede convencer a su marido de que deben cambiar de casa y la situación se convierte en intolerable, ella se regresa al hogar de sus padres. En Tepoztlán se cree que muchos matrimonios se han roto porque la suegra y la nuera no podían vivir juntas. Las relaciones entre el suegro y la nuera son similares a las que privan entre la hija y el padre, pero todavía más reservadas.

Las relaciones sociales entre los padres de la esposa y el yerno dependen más de factores personales que de obligaciones formales, con excepción de las habituales obligaciones de respeto. Anteriormente se pedía al yerno que abasteciera a su suegro de leña y agua durante dos años, como parte del precio que debía pagar por su esposa. Ahora, cualquier trabajo que desempeñe el yerno para su suegro es voluntario y, por lo regular, se limita a las ocasiones en que el suegro está enfermo o necesitado. Si la suegra es viuda y tiene propiedades, el yerno puede ayudarle en las labores del campo; si ella no cuenta con medios para sostenerse, un buen yerno puede ayudarla, o quizá la invite a vivir en su casa.

Los tepoztecos se muestran cautos respecto a sus suegras. Las consideran como figuras entrometidas y que originan problemas, y prefieren mantener las relaciones a distancia. En realidad, la mayor parte de las madres aconsejan a sus hijas casadas que traten de complacer a sus maridos y toleren las dificultades domésticas. Los padres tienden a sentirse más prontamente afrentados que las madres cuando su hija recibe malos tratos a manos de un yerno.

Entre cuñadas y cuñados las relaciones no están formalizadas y dependen principalmente de factores personales. Las cuñadas, ya sean las esposas de dos hermanos o la esposa y la hermana del marido, con más frecuencia conviven mejor que los cuñados. En algunas familias las esposas de los hermanos compiten por la estimación de la suegra y no es nada raro que cada una le llegue con informes acerca de la otra. Las disputas sobre herencias afectan tanto a las cuñadas como a los *siblings*.

Padrinos, ahijados y compadres

El sistema de compadrazgo establece dos grupos de relaciones formales entre personas que no son familiares: uno de ellos entre padrinos «espirituales» y sus ahijados; y el otro la relación de compadrazgo, o sea la que hay entre padres y compadres. La finalidad general de los padrinos es proporcionar seguridad al ahijado. Los padrinos son, en efecto, algo así como una pareja adicional de padres que actuarán como guardianes y patrocinadores del ahijado, lo cuidarán en casos de emergencia y lo adoptarán si queda huérfano. Sin embargo, en Tepoztlán, la relación entre compadres es mucho más funcional e importante que la que existe entre el padrino y el ahijado.

Los padrinos se dirigen a sus ahijados con el término familiar «tú»; en cambio, los ahijados les hablan con el respetuoso «usted». Tradicionalmente el ahijado besaba la mano del padrino cada vez que lo encontraba, pero esto ya no es común actualmente. El padrino, por lo regular, le da al ahijado unos cuantos centavos cuando lo encuentra; muchos niños, sin embargo, en realidad nunca reciben nada de sus padrinos. Los compadres se hablan entre sí utilizando el respetuoso término de «usted»; la relación recíproca entre ellos es de respeto y en esto reside su fuerza, porque tal relación es altamente deseable entre los tepoztecos. Por respeto los tepoztecos entienden un reconocimiento de posición alta e igual y una relación en la que se evita la intimidad o la familiaridad excesivas. Esta última incluye contarse chistes y discutir sobre temas sexuales o cualesquiera otros de índole personal. Los compadres tampoco deben beber alcohol juntos. Con frecuencia se intercambian favores, y el hacerse préstamos entre ellos es probablemente más frecuente que entre los miembros de la familia. A la muerte de un compadre se supone que el otro contribuye a los gastos de los funerales. Los compadres se invitan mutuamente a las fiestas del barrio y se tratan entre sí con deferencia especial. Los tepoztecos prefieren a los compadres que no son vecinos ni familiares; la mayor parte de los compadres provienen de otros barrios.

Los tres tipos más importantes de padrinos en Tepoztlán son los de bautismo, los de confirmación y los de matrimonio. Se buscan personas de confianza para padrinos de bautismo. Los padres del marido seleccionan, por lo regular, a los compadres de bautismo del primer hijo, pero a medida que la pareja madura, el marido puede hacer la selección; y con frecuencia la amistad, más bien que una alta posición económica, es lo que determina su elección. Los padrinos de bautismo están obligados a asistir a la ceremonia, a comprar las vestiduras que el niño usará en tal ocasión, y a pagar lo que se le da al sacerdote. También acompañan a la madre y al niño a la «sacamisa», o primera misa, cuarenta días después del nacimiento. Si el niño muere, los padrinos disponen lo necesario para el velorio, visten al cuerpo para enterrarlo y contribuyen a los gastos generales. Una obligación importante de los padrinos, cuando llega el momento, es apremiar a sus compadres para que envíen al niño a la escuela. Si el niño necesita un correctivo, los padres pueden pedir a los padrinos que lo reconvengan. Generalmente los padrinos de confirmación son escogidos por los padrinos de bautismo; ocasionalmente estos últimos aceptan llenar ambas funciones. Los padrinos de matrimonio asisten a la boda y actúan como intermediarios si la pareja posteriormente pelea o se separa.

Uno de los aspectos distintivos del sistema de compadrazgo en este pueblo y en general en todo México, es el grado al cual se ha extendido mucho más allá de las formas católicas originales. En la mayor parte de España, solo se conocen dos o tres tipos de padrinos, popularmente los de bautismo, comunión y confirmación. En Tepoztlán, además de estos tres, existen los siguientes: los padrinos de miscotón (término náhuatl que se refiere a un pequeño suéter que el padrino pone al niño para protegerlo de la enfermedad); «de medida» o «de listón» (estos términos aluden a un pequeño trozo de cinta, bendecido por el sacerdote, que se coloca sobre un niño enfermo a manera de talismán); «de evangelio» (se le pide a una mujer de «mala» reputación que sea madrina de un niño enfermo y que rece por él en la iglesia para obtener su recuperación); «de escapulario»; «del Niño Jesús», y así sucesivamente... El sistema del compadrazgo ha alcanzado asimismo ciertas actividades seculares. En los juegos de futbol y de basquetbol, por ejemplo, cada equipo tiene su madrina, que viste de blanco, lleva flores, actúa como patrocinadora y entrega los premios a los vencedores. En los bailes sociales las madrinas actúan como una especie de guías.

En la operación del sistema de compadrazgo pueden participar factores sociales, económicos y políticos. Las familias pobres buscan padrinos acomodados para sus hijos. De manera similar, se piensa que es conveniente tener un compadre en la ciudad, porque se supone que una familia citadina puede ser más útil en tiempos de emergencia. Mientras más ahijados tiene un hombre, mayor es el número de compadres y más amplio el círculo de personas en las que se puede confiar para obtener favores. Por esta razón, todo aquel que aspire a ascender a una posición directiva en Tepoztlán debe tener muchos ahijados. Sin embargo, existe una tendencia en contra de utilizar el sistema del compadrazgo en esta forma, y algunos tepoztecos consideran que el tener muchos compadres constituye una carga. En este caso procuran limitar sus relaciones de compadrazgo pidiendo a una o dos familias que sean los padrinos de varios de sus niños.

7. El ciclo de vida

El embarazo

En Tepoztlán se considera como un pecado para una persona casada el no desear tener hijos o no estar agradecida por los que Dios le ha enviado. Se subraya que los niños son útiles desde el punto de vista económico y se prefiere a los varones porque, económicamente, son más productivos que las niñas. Sin embargo, las mujeres tienden a considerar que el tener hijos es una carga que debe soportarse y que el tener muchos es un castigo de Dios. No es raro que ellas se provoquen el aborto e ingieran medicinas para producirse esterilidad. El único medio aprobado para evitar la concepción en el pueblo es la continencia. Los tepoztecos, sin embargo, prefieren las familias grandes y ven con malos ojos los esfuerzos de sus esposas para reducir el número de embarazos.

La maternidad no se glorifica. Las niñas crecen en una atmósfera social que indirectamente estimula las actitudes negativas hacia el embarazo, la crianza de los niños y aun hacia el matrimonio. Hay mucho remilgo acerca del embarazo, y las mujeres tratan de ocultarlo, especialmente ante la vista de sus hijos o de cualquier persona con la cual tengan una actitud de respeto. La frase que se utiliza para describir el embarazo es «enfermarse de niño». Cuando las jóvenes tepoztecas se casaban a una edad más temprana de la que ahora es habitual, con frecuencia ignoraban los síntomas de la preñez, porque un sentimiento de vergüenza impedía que una madre informara a su hija al respecto. Aún ahora, la joven esposa embarazada depende de su suegra y de una comadrona en lo que toca a consejos y atención.

La esterilidad en las mujeres —que puede ser causa suficiente para que el marido abandone a su esposa— se cree que es originada por un «frío» en el vientre y se trata por medio de masajes con aceites calientes de romero y violetas. También se cree que si la concepción tiene lugar durante el plenilunio, el niño será fuerte: los matrimonios frecuentemente acentúan sus relaciones sexuales en esa temporada por esta razón.

La atención durante el embarazo consiste principalmente en masajes abdominales dados por una partera. La paciente se acuesta sobre la espalda con las piernas ligeramente flexionadas, y la partera da masaje suavemente en el vientre de derecha a izquierda. No se utiliza ningún aceite ni ungüento. Se considera que el masaje hará más fácil el alumbramiento; también permite —dicen— a la partera determinar y hasta cambiar la posición del feto. La mayor parte de las mujeres tienen gran confianza en la eficacia de dicho masaje y tratan de que les sea dado de dos a cuatro veces por mes. La comadrona también aconseja a la mujer embarazada: no debe cargar objetos pesados, pero debe continuar trabajando, porque el dormir demasiado o el descanso excesivo harán que sea más difícil el parto. No debe orinar donde un animal acaba de hacerlo, porque el vaho que sube de la tierra puede ocasionar una inflamación en el vientre. No debe bañarse ni lavar ropas en el río, porque «los aires» podrían poner al niño en peligro. Los eclipses, los arcoiris y los terremotos son todos peligrosos para un niño que aún no ha nacido. En ningún tiempo existen restricciones para la relación sexual durante el embarazo. Los abortos generalmente se atribuyen a descuidos de la mujer.

El nacimiento

Cuando se espera el alumbramiento, se cuelga una cortina o un petate frente a la cama de la madre. La mujer yace en otro petate sobre el suelo, y la partera da masaje con varios aceites calientes, aplicados al abdomen, a la espalda y a las caderas. Se supone que este tratamiento da calor al niño, contribuye a aflojarlo y a permitirle salir del vientre con mayor facilidad. La dificultad para dar a luz se atribuye al «frío» y se contrarresta por medio de calor. Se le da a beber a la mujer una mezcla de hierbas hervidas, chocolate, jerez y huevo, con el propósito de apresurar el parto; o bien se la envuelve en una cobija para hacerla sudar. En ocasiones se queman, en una vasija vieja de barro, pericón, romero o laurel; y el humo, fuertemente aromático, se dirige por debajo de la cobija a fin de calentar la parte inferior del cuerpo. Se persuade a la madre para que no grite porque, según se cree, ello hace ascender al niño en lugar de hacerlo bajar. Se le da algo para que lo muerda, por lo regular su propia trenza, y se le aconseja mantenga la boca cerrada. Tal vez fueron esas prácticas las que han llevado a los observadores a describir a las indias mexicanas como «estoicas» durante el parto. Pero las mujeres tepoztecas con frecuencia rezan y gritan cuando son presa de dolores muy fuertes.

Una vez que el niño ha nacido, se ata alrededor de la parte superior del abdomen de la madre un ceñidor para evitar que la sangre y la placenta asciendan. La partera puede presionar una tortilla caliente contra el costado derecho de la madre o bien puede darle sal y cebolla para que aspire estos olores, y menta para que la mastique. Cuando las secundinas han sido expulsadas se entierran bajo el hogar. Si se deshacen de ellas descuidadamente o si las devora un perro, la madre puede morir y la cara del niño quizá se hinche. El cordón umbilical se corta con tijeras, se ata con un hilo y se sella con unas cuantas gotas de sebo derretido de una vela. Se cree que el cordón seco de un primer hijo recién nacido es un medicamento efectivo contra ciertas enfermedades de los ojos. El niño que nace con redaño está destinado a ser rico y el redaño se conserva como talismán de buena suerte.

Después del nacimiento, a la parturienta se la sube del piso y se la deposita en una cama. La comadrona le faja el abdomen y, haciendo un rollo («muñeca») con un pedazo de trapo, lo mete enseguida debajo del ceñidor, a fin de aumentar la presión y, así, «fijar la matriz». Se le quita a la madre la ropa sucia y se le pone un huipil (que es una prenda india formada por un cuadro grande de tela); dicho huipil le es introducido por la cabeza. Con una falda, hecha también de una tela cuadrada, se le envuelven bien las caderas y las piernas. Al día siguiente la bañan y le ponen sus ropas ordinarias.

La madre mantiene una dieta estricta, a base de atole de maíz, té de canela y pan o tortilla, hasta que se detiene toda efusión de sangre. La partera da masajes y rehace el fajado diariamente, durante ocho días, para estimular el flujo de sangre y así «limpiar» a la madre por dentro. La comadrona, durante sus visitas, también baña al niño. Si la madre aún no tiene leche el segundo día, pueden dársele varios remedios: el pene de un buey cortado y hervido, atole de semilla de ajonjolí, garbanzos, chocolate y canela, o bien flor de pascua hervida. Se considera que la primera leche es perjudicial para el niño: se extrae de los pechos a mano y se derrama en el piso o sobre el techo, para evitar que se seque la leche de la madre.

Es notable el cuidado que se imparte a una nueva madre. Consiste en un prolongado reposo en cama (cuarenta días es el lapso ideal), libertad para no hacer los trabajos domésticos, baños de vapor y abstención de relaciones sexuales (durante un año aproximadamente). El motivo fundamental es retardar otro embarazo durante el mayor tiempo posible. Gran parte de las mujeres evitan de buena gana la relación sexual, que con frecuencia denominan «abuso de hombre», y se quejan de que sus maridos no esperan un tiempo razonable. El que es buen marido y buen padre debe guardar esta abstención, tanto por su mujer como por su hijo. También se supone que el marido debe contratar a una sirvienta para que ayude a su esposa durante dos o tres meses. Aun entre las familias pobres, si el matrimonio se ha celebrado en la iglesia y ha sido aprobado por ambas familias, las mujeres reciben grandes atenciones después de dar a luz. Esto no se aplica a las madres abandonadas, a las mujeres que no tienen parientes cercanos, ni a las madres de familias muy numerosas.

El día posterior al nacimiento, los familiares más cercanos llegan a la casa con vasijas llenas de alimentos propios para la nueva madre. Una semana o dos después, los parientes más distantes hacen su visita con alimentos o, tal vez, con un regalo consistente en jabón. Todo el que recientemente ha asistido a un velorio o a un funeral debe abstenerse de hacer esas visitas, porque puede exponer a la madre a un «mal humor», el cual ocasiona «cáncer» a las mujeres que menstrúan. Los familiares que no aprobaron el matrimonio, se mantienen alejados por lo regular en estas ocasiones.

Durante los primeros ocho días, la madre permanece detrás de la cortina. Al octavo día, si ha dejado de sangrar, su marido, o bien un hombre expresamente contratado para ello, la lleva al temascal para que tome un baño de vapor; después la devuelven a su cama. Cuando ya ha pasado quince días por lo menos en cama, tiempo durante el cual se la apremia para que yazga quieta, sin sentarse ni voltearse de un lado a otro, la llevan a tomar otro baño de vapor. Antes de cada baño toma una comida especial de *clemole* (carne de pollo o de res, cocida en salsa de chile), en compañía de la partera y de alguna otra mujer de la familia. El recién nacido también es llevado durante breve tiempo al temascal. Casi todas las mujeres toman dos baños de vapor; algunas toman los cuatro tradicionales. Después del último baño, puede dársele a la madre una mezcla hervida de diecisiete hierbas diferentes, y lo mismo ingieren las mujeres que no han dejado de sangrar durante un tiempo razonable. Después de abandonar la cama, se supone que la madre debe tomar precauciones durante dos o tres meses: sentarse con cuidado y caminar lentamente con los muslos bastante juntos, y no salir de la casa por lo menos en cuarenta días. Solo las mujeres más desvalidas hacen trabajos tales como lavar y planchar ropa antes de que hayan transcurrido tres meses.

Muchas de las prácticas y creencias relativas al embarazo y al nacimiento que se encuentran en Tepoztlán están sumamente diseminadas por el territorio rural de México; existen estudios que atestiguan su existencia entre tarascos, mayas y zapotecos. Estas semejanzas se deben a contactos entre estos grupos anteriores a la Conquista y al hecho de haber estado todos ellos expuestos a las influencias españolas coloniales.

La infancia y la niñez temprana

El nacimiento de un niño no es un motivo para una celebración formal, pues se cree que durante las primeras semanas de vida el pequeño es particularmente susceptible al «mal de ojo», a los «malos humores» y a «los aires». Así es que para protegerlo de estos peligros el niño duerme detrás de una cortina, y en la cuna se le ponen ruda, chile y unas cuantas gotas de yodo. Algunas familias cuelgan un cálculo biliar tomado de la vesícula de un toro alrededor de la muñeca del niño, a fin de defenderlo contra el «mal de ojo». Transcurrido un mes, puede colgársele un centavo en una cuerda alrededor del cuello para protegerlo contra la tos ferina. Los niños de todas las familias usan gorras durante siete meses para que no los dañen «los aires» o, como dicen las madres más modernas las corrientes de aire frío; y, por lo general, no salen de la casa los primeros cuatro meses.

Todo el que entre a la casa proveniente de la calle debe «enfriarse» durante algún tiempo antes de ver al recién nacido, porque puede estar «caliente» y enfermarlo. Si el padre ha cometido adulterio y llega «caliente» a su casa al niño pueden infectársele los ojos. Las esposas celosas en ocasiones acusan a sus maridos de adulterio si el bebé padece cualquier enfermedad. También se atribuye la enfermedad al hecho de que el niño tiene un «tonal» o «sombra» débiles; esto es algo así como un espíritu guardián que lo protege de las enfermedades. Los niños muy enfermos son puestos en manos de los curanderos para aliviarlos de la pérdida del espíritu.

El bautismo tiene lugar usualmente durante la primera semana después del nacimiento. Aproximadamente cuarenta días después del bautismo, los padrinos regalan a su ahijado una charola o bandeja en la cual han colocado las ropas que usó en la ceremonia, y que ahora usará para la «sacamisa», o sea la primera misa a que asistirán la madre y el pequeño. Después de dicha misa, los padres visitan a los padrinos llevándoles como obsequio vino, cigarrillos, mole de guajolote y otros alimentos que se consumen durante las fiestas. Posteriormente en el transcurso del día, los padrinos pueden pagar la visita, llevando músicos y amigos con ellos, para hacer un baile en casa del recién nacido. Los compadres están obligados a servir comida y bebida a todos los que asistan. El proceso de poner un nombre al niño sigue la costumbre católica de escoger un nombre entre la lista de los santos que correspondan al día del nacimiento, y otro más, si se desea, tomándolo de la misma lista, pero esta vez entre los correspondientes al día del bautismo.

Los niños reciben muchas atenciones y cuidados y por lo general se les conserva razonablemente limpios. La mayor parte de los bebes que no han cumplido un año de edad son bañados en agua tibia cada tres días, y casi todas las madres los tratan con cuidado y les protegen los ojos contra el jabón. Después del baño se les frota con alcohol, se les pone talco y ropas limpias. Durante los primeros tres meses, las camisitas y los pañales se calientan en el fogón. Algunas madres les cambian los pañales sucios con bastante frecuencia, otras lo hacen una vez al día o solo después de un movimiento intestinal. Por tradición se faja a los niños, especialmente cuando se los amamanta o para dormirlos, con una sábana o cobija de algodón que mantiene firmemente los brazos junto a sus costados. Se dice que esto se hace para evitar que el niño despierte súbitamente con un movimiento brusco de las manos, el cual podría causar «espanto» o la enfermedad del miedo. También se evita que el niño toque sus órganos genitales y el seno de la madre durante la lactancia. El fajar a los niños se considera como una parte importante del adiestramiento del niño, y su finalidad es hacerlo más pasivo y quieto. Se cree que los niños que han sido fajados en la infancia crecerán sin ocasionar muchos problemas a sus padres, y que no «resultarán malos».

Se lleva a los niños en brazos casi todo el tiempo que están despiertos; esto solo cambia cuando comienzan a andar; el que los niños gateen solo lo permiten las madres «descuidadas». Así, un niño bien educado tiene pocas ocasiones para curiosear. El niño se lleva en el brazo izquierdo, con su cuerpo firmemente envuelto en uno de los extremos del rebozo: el otro extremo va alrededor de los hombros de la madre y también envuelve al niño por su parte inferior. Esto conserva al bebé abrigado al mismo tiempo que aligera algo el peso de su cuerpo que soporta el brazo de la madre. Los niños no se llevan colgando a la espalda de la madre, envueltos en el rebozo, como se hace en algunas otras partes de México, porque los tepoztecos consideran esta forma primitiva y como señal de pobreza: una mujer pobre necesita tener libres ambas manos para trabajar. La mayor parte de las tepoztecas tienen a alguien que les ayude: ya sea un niño crecido, la abuela, algún otro familiar o una jovencita contratada para esa finalidad. La costumbre de confiar un niño, desde la edad de cuatro meses, a una niña que hace las veces de nana, es general en Tepoztlán.

Durante el día el niño duerme en una cuna poco profunda hecha de madera y que cuelga del techo por medio de una cuerda. La cara se le cubre con una tela a fin de protegerlo contra «los aires» y para librarlo también de la luz y de las moscas. Las cunas se pueden levantar para salvaguardar a la criatura de los animales o se pueden bajar para evitar una caída desde lo alto. Se puede mecer a los niños en la cuna para que se duerman, pero la mayor parte del tiempo se quedan dormidos en brazos de la madre, mientras ésta les da el pecho; después son colocados en la cuna. Por la noche los bebés duermen con sus madres en un petate sobre el piso, o bien sobre una cama nativa a la que se llama *tepexco*. Si la madre duerme en una cama moderna, la criatura será envuelta en varios lienzos para evitar que moje el colchón.

Se amamanta al bebé cada vez que llora. El pecho se usa como un apaciguador y a la mayor parte de los niños los duermen echando mano de este recurso. Debido a que darle el pecho al niño se considera bueno para él, y como por otra parte se piensa que esto retarda la concepción, las señoras prolongan el periodo de lactancia lo más que pueden; casi siempre hasta que están embarazadas nuevamente. Sin embargo, las tepoztecas opinan que amamantar al hijo no es una costumbre agradable, y lo califican más bien como una parte del sacrificio que realiza la madre por el bien de sus hijos. Se considera que los niños amamantados durante menos de dieciocho meses han sido privados de algo necesario.

No se permite llorar a los niños, porque se opina que un niño que llora tiene hambre, ha sido descuidado o está enfermo. Si un niño que llora no se consuela al darle el pecho, la madre coloca una hoja de zapote blanco o de adormidera (flor que se cierra al tocarla) debajo de la almohada. Si el llanto no cesa, el niño puede ser objeto de un tratamiento contra el mal del «espanto».

Por lo regular, no se apresura el desarrollo del bebé. Si tarda demasiado en caminar, se le frotan las piernas con tierra calentada por el Sol, a fin de sacarle el «frío» de los huesos. Si un niño no puede hablar cuando ha cumplido tres o cuatro años, se le introduce en la boca, dándole vuelta, una llave de la iglesia, lo que tiene por objeto «abrirle» la boca. Se cree que las uñas de los niños no se deben cortar antes de que comiencen a hablar, porque de no tener esta precaución el paladar se les caerá y serán mudos. También se cree que no hay que cortarles el cabello antes de que cumplan un año; de lo contrario, se enfermarían. Cuando la aparición de los dientes se retrasa, algunos ancianos aconsejan hacer sangrar las encías del niño frotándolas con la pata de un grillo, pero ahora son pocos los jóvenes que siguen esta práctica. Algunas madres ponen guantes a sus niños para evitar que se rasquen.

Casi no se preocupan por adiestrar a la criatura en cuanto a la defecación. Tan pronto como el niño camina, su madre lo lleva al «corral» y le enseña cuál es el lugar adecuado para hacerlo. Se le puede reprender y hasta golpear —aun antes de cumplir dos años—, por no hacer sus «necesidades» en el lugar que se le ha enseñado, pero la mayor parte de las madres no lo hacen con regularidad. Cuando el niño puede ponerse y quitarse los pantalones, generalmente a los cuatro o cinco años de edad, está en condiciones de ir por su cuenta.

La infancia termina con la suspensión de la lactancia. Esto se hace poniendo una sustancia amarga (sábila) en el pezón, y diciéndole al niño que ya no puede mamar. Algunas mujeres se ligan los senos para evitar que fluya la leche; no permiten, por otra parte, que el niño vea el pecho. Otras lo hacen en una forma más gradual, pues dejan que el niño mame si llora demasiado. El llanto, aun cuando se prolongue hasta ocho días, se considera como parte normal del destete; son pocas las mujeres que consideran la operación de destetar como un problema difícil. El bebé, no obstante, recibe mayores atenciones durante este periodo, y a veces se le manda con su abuela para que viva con ella durante unos cuantos días. Ocasionalmente, si el niño se muestra inconsolable, se le puede dar palmadas o bien hacerlo callar asustándolo al decirle que un coyote vendrá para comérselo.

Las enfermedades y aun la muerte son frecuentes en los niños precisamente después de destetarlos. El cambio que tiene lugar en la alimentación puede ocasionar indigestiones, diarreas o desnutrición. Después del destete o de que ha nacido otro niño, se quebrantan los estrechos lazos que han unido a la madre y al pequeño. Éste no duerme más con su madre, ya no se le trata con las mismas indulgencias y ternura, ni se le mantiene tan limpio, y se le abandona al cuidado de sus hermanas o hermanos mayores.

A los niños entre las edades de dos y cinco años por lo regular se los tiene en su casa. Juegan con sus hermanos y hermanas, primos o vecinos inmediatos en el patio y en el corral y no se les permite ir a la calle sin la compañía de alguna persona mayor. Pueden unirse a los juegos de los niños más grandes y aprender muchas costumbres sociales; juegan a la escuela, a la casa, a los compadres, a la fiesta, al bautismo, a los músicos, a los funerales y otros juegos que imitan la conducta de los adultos. Los niños pequeños pueden recibir algún tratamiento rudo durante el juego, en forma intencional o sin intención, y los mayores pueden amedrentarlos o usar del soborno para que guarden silencio. Cuando los muchachos pequeños son llevados por su madre a la plaza o a hacer una visita, generalmente dan muestras de gran timidez. Los hábitos nerviosos, tales como masticar la ropa, comienzan precisamente en esta época. La enuresis es muy frecuente hasta la edad de cinco años y no es rara en niños y niñas de siete. Pero no se considera como un gran problema, aunque a los niños se les reprende y avergüenza por ese motivo. La masturbación no se tolera y se castiga sin tardanza. No se estimula la curiosidad acerca del cuerpo y sus funciones. Las preguntas que hicimos acerca del juego sexual entre los niños recibieron por contestación una rotunda negativa de los padres, quienes afirmaron que sus hijos eran inocentes y que no sabían nada de la vida. Pero por las historias que recogimos se pudo ver claramente que el juego sexual se desarrolla en secreto y en los juegos corrientes.

A medida que los niños crecen se les presiona con más fuerza para que sean obedientes, lo que constituye una preparación para el futuro trabajo. Aproximadamente a los cinco años ya se les encargan pequeñas tareas, como llevar maíz en un pequeño bote cuando van con la madre o con la hermana mayor al molino, pedir cosas prestadas a algún vecino o familiar, dar de comer a las gallinas o cuidar de un *sibling* de menos edad. Los niños de cinco años con frecuencia se encargan de acarrear unos cuantos botes pequeños de agua desde la fuente y de llevar a la casa leña o carbón del patio. Se espera que las niñas se dediquen a trabajar en forma regular antes que los muchachos, y es mayor la posibilidad de que se les castigue por descuido o pereza.

Los niños de edad escolar

Entrar a la escuela es el siguiente paso importante en la vida de un muchacho tepozteco. En el jardín de niños se aceptan a los que están entre los cuatro y los seis años, pero muchos padres se muestran renuentes a enviar a sus hijos a la escuela a esa edad porque temen por su seguridad física y porque piensan que el aprendizaje temprano les «calentará la cabeza». Por lo tanto, la mayor parte de los niños comienzan su estudio de primer grado entre las edades de siete y nueve años. En cualquier año dado, la inscripción es máxima en los cursos primero y segundo, más baja en jardín de niños, y cada vez más baja, sucesivamente, en los grados tercero, cuarto, quinto y sexto. En 1941, aproximadamente el 49 % de los niños que estaban entre los seis y los quince años fueron inscritos en la escuela; en los seis grados la inscripción de las hembras fue inferior que la de los varones.

De acuerdo con el personal docente de la escuela central, el problema escolar más serio es la falta de asistencia. El ausentismo es sumamente alto durante todas las fiestas importantes y cuando hay mucho trabajo en los campos. Los retardos también constituyen un caso difícil, ya que la mayor parte de los padres no son muy cuidadosos a este respecto y suelen retener a sus hijos en la casa hasta que han hecho las labores que les han asignado. Solo una minoría de padres de familia otorga a la asistencia escolar prioridad sobre el trabajo doméstico. El que aprendan no más a leer y escribir satisface los intereses de la mayor parte de las madres y de los padres.

El temor y el llanto de los niños son problemas del jardín de niños y del primer año escolar. En ocasiones estos chicos son demasiado tímidos para pedir que se les lleve al excusado, y los resultados casi siempre son poco afortunados. Un maestro de primer año informó que los niños que habían asistido al jardín de niños se mostraban mucho menos tímidos que los que ingresaban al primer curso directamente. Parece ser que el papel socializador de la escuela en este pueblo es importante. Los niños que asisten al segundo año confían más en sí mismos y son más perspicaces; los de tercero y cuarto grados tienden a ser menos respetuosos y más desobedientes. Los alumnos que están en estos cursos con frecuencia se escapan. Los de quinto y sexto año son los más serios y estudiosos.

La influencia de la escuela en Tepoztlán ha sido profunda no solo en los niños, sino en todo el pueblo. Aunque en Tepoztlán existen escuelas desde hace aproximadamente un siglo, antiguamente solo asistían a ellas los hijos de las familias acomodadas. Ahora pasan por la escuela la mayor parte de los niños tepoztecos, y en ella aprenden nuevas formas de vida, así como las enseñanzas académicas usuales. Se les inculcan nuevas normas de higiene personal, de alimentación, de vestido, de participación social, de salubridad pública y de relaciones familiares. Se estimula la celebración del Día de la Madre, del Día del Niño y de los aniversarios seculares y patrióticos. Los nuevos juegos que aprenden en la escuela estimulan el trabajo en equipo, la competencia, la puntuación, las metas definidas, la lealtad, la dirección, los deportes y los ejercicios físicos. En contraste, los juegos tradicionales se caracterizaban por la poca actividad, por la rara o ninguna destreza física y por un escaso espíritu de competencia.

El asistir a la escuela no tiene la misma significación para las niñas que para los niños. Para ellas, que por tradición estaban encerradas en su casa, abrumadas por labores domésticas y con poco tiempo de descanso, la escuela representa la libertad y una actividad agradable. Verse relevadas del trabajo y de una estrecha vigilancia durante seis horas diarias, poder jugar con niños de la misma edad y hacer amistades tanto con hombres como con mujeres son las ventajas más estimables que la escuela ofrece a las niñas. Cuando tienen que abandonar la escuela se sienten despojadas. Pero los muchachos, que por tradición han tenido mayores libertades que sus hermanas, asocian la escuela con el confinamiento. La mayor parte de los chicos prefieren cuidar a los animales, trabajar en los campos o haraganear.

La escuela no solo ayudó a reducir el volumen del trabajo que hacen los niños, sino que para muchos significa también la diferenciación de la edad en que contribuyen a su propio sostenimiento. De hecho, ha trastornado la tradicional división del trabajo y ha colocado una carga de trabajo más pesada sobre los padres. El asistir a la escuela, además, ha despertado nuevos deseos en los niños al sacarlos de la esfera limitada de la influencia de sus padres. Ya no se contentan con permanecer dentro de las paredes del patio atentos a los gestos y los llamados de la madre; ahora les urge más estar con sus amigos y jugar después de las horas de clase. Los padres siempre han considerado, y consideran aún, los juegos como una posible fuente de peligro y como tiempo desperdiciado. Existe, pues, entre padres e hijos un continuo estira y afloja sobre la cuestión de cuánto tiempo debe consagrarse al juego.

Las pruebas de Rorschach aplicadas en 1943 a treinta y nueve niños en edad escolar revelaron que las influencias formativas más fuertes eran todavía las tradicionales y familiares. En catorce niños más pequeños (de cinco a ocho años de edad) se encontraron pocas diferencias entre sexos. Unos cuantos de los niños mostraron ser de reacción muy activa y manifestaron interés y espontaneidad en el mundo que los rodea. Aparentemente se les permitía divertirse. Además, parecían haber sido aceptados por los adultos en una manera informal, como cosa de hecho. Las pruebas correspondientes a veinticinco niños de mayor edad (de nueve a doce años) mostraron diferencias tajantes en cuanto al sexo. Se esperaba que las niñas actuaran como adultos y se les hacía superar la etapa que les correspondía, pero no mostraron signos de rebeldía ni de preocupación, y controlaban sus impulsos. Los muchachos tenían un interés algo más amplio en los acontecimientos cotidianos, mostraban mayor espontaneidad y no parecían obligados a tener intereses correspondientes a una edad superior a la suya. Tanto los jovencitos como las niñas del grupo de mayor edad parecían vivir en un medio ambiente menos cordial y menos acogedor que los más pequeños. También mostraron poca fantasía creadora y no se permitían mucha libertad para las diversiones.

Adolescencia y noviazgo

El periodo que media entre la niñez y la edad madura no está bien definido en Tepoztlán: tampoco lo señala ocasión alguna o ceremonia especiales. En años recientes, dicho periodo se ha ampliado en varios años y ha comenzado a tener las características de la adolescencia tal como la conocemos nosotros. No hace mucho tiempo a las chicas se las llamaba «niñas» hasta los doce años y «señoritas» hasta los catorce. Con frecuencia pasaban directamente de niñas a señoras debido a los matrimonios contraídos a corta edad. Ahora se les llama «niñas» hasta los quince años y «señoritas» hasta que contraen matrimonio. La mayor parte de los padres, sin embargo, todavía colocan en los doce años el punto de transición, retiran a sus hijas de la escuela y esperan que se comporten no ya como niñas, sino como señoritas.

No se apresura a los jóvenes para que entren a la madurez mediante el matrimonio; pero se espera que asuman plenamente el trabajo propio de los adultos, más o menos al cumplir los quince años. En otros tiempos, este momento llegaba cuando se tenían diez años de edad. En comparación con las muchachas, los cambios en el status de edad de los niños ocurren posteriormente, en forma más gradual, y con menos esfuerzo. A los niños se les denomina «muchachos» desde aproximadamente los siete hasta los dieciocho años, o hasta que se casan. A los mayores de dieciocho se les llama «jóvenes» y esto se prolonga hasta el momento en que contraen matrimonio. No se ha establecido, en el caso de los varones, ninguna edad fija o recomendada para que se casen. Los jóvenes solteros, empero, no disfrutan posiciones de responsabilidad en el barrio, como tampoco pueden desempeñar puestos públicos.

En su mayoría los adolescentes no asisten a la escuela: más bien trabajan para sus padres. Así, se han convertido en un activo económico para la familia, que no en una carga. La dependencia de los padres con respecto de los hijos se hace más clara en esta época, y los jóvenes tienden a disfrutar de una posición más segura dentro de la familia. En contraste con nuestra propia sociedad, existe una notable ausencia de «rebeldía» abierta contra la autoridad y el ejemplo de los padres o contra la tradición local; las excepciones ocurren en conexión con el noviazgo y el rapto. La familia autoritaria y la falta de alternativas han tendido a producir jóvenes pasivos y dependientes. Un porcentaje muy pequeño está dispuesto o puede lanzarse a la vida independiente, pero no existen antecedentes formales en Tepoztlán que establezcan el fenómeno de escapatoria de la casa para «buscar fortuna» por su cuenta y riesgo. Las únicas pruebas de ruptura con la tradición las constituye un grupo muy reducido de jóvenes y muchachas que han estudiado fuera del pueblo. Como veremos posteriormente, estos modelos están cambiando con rapidez.

En términos de comportamiento y experiencia, el periodo de la adolescencia, sin embargo tiene una significación diferente —y a menudo opuesta— para los muchachos y para las señoritas. Para éstas significa nuevas restricciones personales, vigilancia por parte de su familia, una carga más pesada de trabajo que no es del todo deseable, y escasas recompensas. Entre los doce y quince años de edad, se espera que las chicas renuncien a sus amistades y a sus hábitos de juego y se dediquen a las labores domésticas. Se les deja casi enteramente a su cuidado a los *siblings* menores, aunque tienen poca autoridad sobre ellos. En su decimoquinto cumpleaños sus padres las preparan para el matrimonio dándoles un par de zapatos que lucirán en los días de fiesta, un vestido de colores brillantes y un delantal, y en ocasiones aretes de plata o de oro. A partir de entonces ellas ponen gran cuidado en su aspecto personal y, por lo regular, están mejor peinadas y vestidas que las «niñas» y que las mujeres casadas. Ahora deben hacer casi todo lo que es propio de una mujer casada: lavar y planchar las piezas grandes de ropa, coser, moler maíz y café, hacer diferentes tipos de tortillas, cocinar toda la comida que consume la familia y aprender a preparar complicados alimentos propios de las fiestas.

La aparición del primer menstruo es una experiencia traumática para la mayor parte de las muchachas, puesto que se les ha mantenido en la ignorancia al respecto. Lo asocian con algo vergonzoso, sucio y hasta punible, y lo mantienen en secreto. Las chicas que van más tiempo a la escuela, generalmente aprenden estas cosas más pronto y sienten menos temor y culpabilidad; pero muchas de ellas expresan, de todas maneras, algo de vergüenza y disgusto. En tiempos pasados, cuando las chicas se casaban antes de llegar a la pubertad, estaba ampliamente difundida la creencia de que la menstruación era causada por la relación sexual: esta creencia aún no se ha extirpado del todo. En algunas ocasiones, la abuela o la madre asesoran debidamente a la muchacha acerca de lo que deben hacer durante la menstruación. Les hacen saber que bañarse o lavarse los pies, o bien ingerir alimentos «fríos», como carne de cerdo, aguacate, frijoles y limón podría detener el flujo. Se espera que el menstruo dure tres días y lo común es que el líquido sea de poca densidad.

El ajuste de una adolescente a su situación hogareña varía considerablemente. En gran parte depende de sus relaciones con su madre. La relación estrecha entre una chica adolescente y su mamá es reciente en Tepoztlán, debido a que el matrimonio a muy temprana edad y la residencia patrilocal debilitaban en gran medida el vínculo que entre ellas había en el pasado. La joven nuera era considerada como fuente considerable de ayuda para la suegra, y muchas de las actitudes en la relación entre suegra y nuera posteriormente vinieron a proyectarse sobre el modelo de la relación entre madre e hija. Las madres que tienen hijas ya crecidas tienden a «retirarse» de la mayor parte de las fuertes obligaciones caseras y a asumir el papel de directoras más bien que de socias. Las historias personales que recogimos muestran que, por lo menos retrospectivamente, las mujeres están resentidas hacia sus madres por haberlas hecho trabajar demasiado. Pero en general, las adolescentes parecen satisfechas con los aspectos más remuneradores de su vida: mejor ropa, pequeños lujos que los padres consideran adecuados para ellas, idas a la plaza o al molino y asistencia a la iglesia y a las fiestas. El noviazgo es fuente de gran excitación, si bien provoca también preocupaciones y temores.

En lo que hace a los muchachos, la adolescencia implica mayor libertad que antes y un trato más respetuoso en el hogar. Comienzan a trabajar seriamente en el campo, que es la actividad más importante y mejor remunerada en el pueblo. La mayor parte de los niños y de los jóvenes disfrutan con las labores de campo y les agrada la perspectiva de llegar a convertirse en agricultores. Cuando un chico puede hacer el trabajo de un hombre, su posición mejora perceptiblemente; se le da una mayor cantidad de alimentos, de ropa y de dinero para sus gastos, se le sirve igual que a su padre y tiene más autoridad sobre los *siblings* más jóvenes. Las relaciones de trabajo entre padre e hijo por lo regular son más afectuosas que las que existen entre madre e hija. La figura autoritaria y reservada del padre casi siempre inspira plena obediencia en el hijo. Además, los padres tienden a ser pacientes en la enseñanza que imparten a sus hijos, y el trabajo se hace conjuntamente, reservándose el padre, por lo general, la faena más pesada.

El interés de los adolescentes en los deportes modernos tiende a ser cada vez más una fuente de conflictos. Los padres objetan que se juegue futbol, volibol y billar —los deportes o diversiones más populares entre los muchachos—, pues los califican de infantiles, inútiles y hasta peligrosos. Creen que los deportes consumen la preciosa energía que se necesita en las milpas; dicen que el hacha, el machete y la yunta de bueyes son todo el ejercicio que puede soportar un agricultor. Las madres se quejan de que los chicos se excitan demasiado y que en esta forma son particularmente susceptibles a «los aires». A las personas mayores les disgustan los deportes nuevos, pues ven que comienzan a sustituir a las diversiones antiguas como los jaripeos y las peleas de gallos.

La diversión más importante para los jóvenes y que al mismo tiempo les proporciona el sentido de lograr realmente algo es el noviazgo, fenómeno relativamente nuevo en Tepoztlán. Antes de la Revolución, la mayor parte de los matrimonios eran arreglados por los padres con o sin el consentimiento de los jóvenes. A la pareja de comprometidos no se les permitía estar solos y, en ocasiones, ni siquiera se conocían antes del matrimonio. Solo los novios que eran miembros de las pocas familias acomodadas que sabían leer y escribir se cortejaban secretamente mandándose cartas amorosas. En la actualidad, el noviazgo y el envío de cartas de amor son comunes en el pueblo y pocas son las muchachas de más de trece años o los muchachos de más de quince que no tienen novio. El sacerdote local ha reconocido esta situación y afirmó públicamente que tener novio no es pecado y que no se necesita mencionar este hecho en la confesión. El noviazgo, empero, se rodea aún de gran secreto, y las jovencitas temen ser castigadas por ello.

Como primer paso en el cortejo, el pretendiente envía a la chica una carta en la cual le declara su amor. Algunos jóvenes a veces mandan varias cartas anónimas antes de atreverse a estampar su firma. Los muchachos que tienen una educación más amplia y una mayor confianza en sí mismos pueden iniciar el cortejo tratando de abordar a su elegida cuando camina por la calle. Si la chica acepta dejarlo caminar a su lado, él le propondrá enseguida que sean novios.

Ahora es un espectáculo común ver a algún joven vagando alrededor de una esquina de una calle durante horas, esperando dar una ojeada a su novia o decirle unas cuantas palabras. Esta es una forma de hacer la corte común en Tepoztlán. Por la noche, con frecuencia se reúnen los jóvenes en una esquina para tocar guitarra y así llevarle serenata a alguna chica que vive en las cercanías y que es novia de alguno de ellos.

Debido a la dificultad de encontrarse, remitir cartas es una necesidad tan pronto como un muchacho y una chica llegan a ser novios. Las cartas se pueden depositar en un lugar secreto o bien se entregan por medio de un amigo de confianza o de algún niño. Puede contratarse, para que entreguen cartas, a las viudas y a algunas muchachas, bien para que zanjen dificultades o bien para que convenzan a una chica de que sea novia de alguien. Tales intermediarias son conocidas con las denominaciones insultantes de alcahuetas o correveidiles y son objeto de una fuerte desaprobación; también se sospecha que saben utilizar embrujos especialmente apropiados para los novios. Puede recurrirse a la magia amorosa si el enamoramiento se dificulta. Hueso en polvo, proveniente de una calavera humana y colocado en la mano de la chica, en su cabello o en una bebida dulce, la harán enamorarse. La pata de un escarabajo que ha sido colocada en el vaso donde una chica bebe la hará desear la relación sexual. El uso de embrujos por venganza, en manos de una mujer despechada, es mucho más temido por los jóvenes. Se cree que la novia puede hacer enfermar a su antiguo novio si clava alfileres en una fotografía o imagen suya. Con frecuencia las enfermedades crónicas que padecen los hombres jóvenes se atribuyen a la magia negra de alguna señorita.

Los novios no necesariamente se casan y pueden tener o no relaciones sexuales. Generalmente se acarician y abrazan, pero raramente se besan. El besarse es una innovación moderna del noviazgo que solamente los más refinados han adoptado. Es común en la actualidad tener varios novios antes de casarse, pero una chica que tiene muchos novios, o la que los tiene al mismo tiempo, es llamada «loca» y se le critica severamente. Un joven que tiene muchas novias goza del crédito de ser «macho», pero no se considera como un partido conveniente.

Las respuestas de Rorschach de veinticinco muchachas y muchachos, comprendidos en el grupo de edades entre trece y diecinueve años, reflejan claramente el diferente adiestramiento y experiencia de los dos sexos. Las chicas parecen tener un control mayor; es evidente que de ellas se espera que se abstengan de la actividad sexual y que cumplan con sus deberes. Sus impulsos tienen poca energía, responden más pasivamente que los chicos y reprimen sus fantasías y deseos. Siguen el modelo de las mujeres mayores; están separadas de los intereses infantiles y les impresionan más los aspectos concretos y cotidianos de su vida. A semejanza de las niñas que tienen de nueve a doce años, parecen haber sido impulsadas a seguir el modelo de la mujer adulta, pero no es probable que disfruten de este fenómeno.

Por contraste, los varones son más expansivos en sus contactos con el mundo que los rodea, tienen experiencias e intereses más variados y muestran un menor control sobre sus fantasías y sensaciones. Les interesa el sexo opuesto y se esfuerzan mucho por actuar como hombres: al mismo tiempo, dejan ver alguna ansiedad con respecto a sus fantasías y actividades sexuales.

Matrimonio

El matrimonio es importante para establecer la posición social del individuo adulto. Los hombres casados y jefes de familia ocupan posiciones directivas y son responsables para ocupar puestos en el gobierno y en la política locales. Las mujeres ascienden a una posición más alta cuando son madres. En Tepoztlán hay tres tipos de matrimonio: el civil, el religioso y la unión libre. En 1940, la mitad de todos los matrimonios del pueblo eran tanto uniones civiles como religiosas; una cuarta parte estaba formada por matrimonios religiosos solamente, el 15 % correspondía a las uniones libres y el 10 % eran solamente matrimonios por lo civil. Desde 1928 el matrimonio civil es una exigencia legal; antes de ese año, la mayor parte de los matrimonios formales eran solamente por la Iglesia. El matrimonio religioso todavía entraña el prestigio máximo, pero el número de uniones civiles aumenta constantemente, aunque su status es casi tan bajo como el de las uniones libres.

La mayor parte de las chicas se casan entre los quince y los diecisiete años y la mayor parte de los muchachos entre los diecinueve y los veinte. Si una joven no se ha casado para cuando llega a los veinte años de edad, se le considera vieja y se dice que se ha quedado para «vestir santos» por el resto de su vida. Sin embargo, cada vez es mayor el número de mujeres que difieren el matrimonio para asistir a la escuela secundaria y para llegar a ser maestras de escuela. Como se hizo notar antes, la gran mayoría de los tepoztecos se casan con personas de su propio pueblo. En 1944, solo el 10 % de los matrimonios incluyó elementos de fuera, y aun entonces el cónyuge foráneo tenía su origen en otros lugares del mismo municipio o en regiones cercanas. Casi la mitad de las bodas ocurren entre miembros del mismo barrio. La residencia patrilocal constituye la regla general, aunque también se da un buen número de casos en donde el principio aplicado es el matrilocal.

Razones de tipo romántico —la belleza o la personalidad de una señorita— sustentan casi siempre la selección de la esposa por parte del interesado. Las muchachas se preocupan más por encontrar un marido que no beba, no sea mujeriego ni tenga reputación de agresivo. Los factores de status son importantes para ambos sexos. Los muchachos prefieren a las chicas que sean más pobres y menos educadas que ellos, a fin de que «el hombre pueda ser el jefe». Tienden a respetar y a evitar relaciones con las hijas de las familias más prósperas, por temor de provocar represalias. Las muchachas, por otra parte, tratan de mejorar su posición económica mediante el matrimonio, y es raro que una chica se case con un hombre que tenga menos educación que ella. Como resultado de todo esto, las hijas de las familias más acomodadas tienen dificultades para encontrar marido, y tienden a casarse más tarde o con hombres de fuera de Tepoztlán.

Al aprobar el matrimonio, los padres se preocupan principalmente por la consideración práctica de la salud del futuro cónyuge y toman en cuenta la reputación de su familia. Les interesan más las cualidades personales de una nuera que las de un yerno, aunque la pereza, la embriaguez, la desobediencia o la rebeldía en ellos provocaría la oposición al matrimonio. La forma tradicional y más respetable de arreglar una boda es mediante la «petición de mano». Esto lo hacen el padre y el padrino de bautismo del muchacho. La madre puede actuar como un sustituto o, si el joven es huérfano, desempeña ese papel un tío, o solamente su padrino. Anteriormente, los padres escogían a la esposa para su hijo y solicitaban su aprobación. Ahora el procedimiento funciona a la inversa; por lo regular el muchacho y la jovencita secretamente se han hecho novios y previamente se han puesto de acuerdo para casarse. Cuando tiene lugar la petición de mano, los padres de la muchacha piden un plazo de unas semanas como mera cuestión de forma. Indicar que el plazo sea de un año equivale a una negativa. Cuando la decisión es favorable, los padres de la muchacha interrogan al joven acerca de su buena disposición para hacerse cargo de la obligación de sostener a una esposa. Le hacen conocer los defectos de su hija para que después de las nupcias no se muestre descontento con ella y los culpe. Al mismo tiempo dan consejos a su hija: debe tratar de agradar al marido y a los padres de éste, trabajar duro, ser obediente, evitar los celos y no salir de su casa sin permiso del esposo. Si estas conversaciones son satisfactorias, se fija una fecha para la ceremonia.

Antiguamente, una de las ideas que sustentaban los arreglos matrimoniales era la de compensar a la familia de la futura esposa por la pérdida de un miembro trabajador. El precio formal de una novia, conocido como *chichitomin*, que significa pago por la leche de la madre con la cual se crió la chica, lo pagaba la familia del novio. Se hacía efectivo en pesos de plata y su importe variaba desde unos cuantos pesos hasta 25 o 30. Además, se entendía que el muchacho llevaría leña y agua a sus futuros suegros durante un periodo de uno o dos años; y la madre del joven llevaría flores y velas en nombre del santo de la chica cada ocho días, durante un mes antes del matrimonio. Los padres del muchacho también llevaban obsequios de chocolate, pan y vino todos los domingos desde que pedían la mano hasta el día de la boda. Estas prácticas ya no se observan; sin embargo, todavía se espera que la madre del muchacho lleve obsequios durante las negociaciones matrimoniales.

Si existe oposición a la boda de parte de los padres del novio o de ella, la pareja por lo regular se fuga. Las fugas amorosas en Tepoztlán no tienen las mismas connotaciones románticas que en los Estados Unidos. Más bien son resultado de la actitud negativa de los padres, del temor y la rebelión de la hija, de la actitud afirmativa del muchacho ante su novia, del deseo de escapar a los gastos de la boda o, en el peor de los casos, de la falta de un sentido de responsabilidad por parte de los jóvenes. Cuando se consuma un rapto, la pareja se va a vivir como marido y mujer en la casa de una tía, o de un tío o de un amigo bien dispuestos a ayudarlos. Si el muchacho intenta casarse, sus padres le piden formalmente a los padres de la joven la mano de su hija. Si los padres de ella o los del novio siguen intransigentes, puede ser que la pareja nunca se case o, por lo menos, nunca se casará por la Iglesia. La mayor parte de los padres aceptan un rapto como un *fait accompli*, al cual, sin embargo, sigue el matrimonio. La práctica de la fuga amorosa es antigua en Tepoztlán, pero ha aumentado considerablemente desde la Revolución. En 1942-1943, aproximadamente el 50 % de los matrimonios se iniciaron como raptos.

En Tepoztlán, el estar bien casado significa estar casado por la Iglesia. A fin de proporcionar un buen traje de bodas, los padres del novio pueden vender sus animales o empeñar la casa o, si no están dispuestos a tales extremos, el muchacho puede trabajar fuera de la casa y ahorrar dinero para la ceremonia. Las bodas eclesiásticas han llegado a ser cada vez más costosas, pues su importe varía de 300 a 1.000 pesos. Una boda religiosa sigue la tradición católica con variantes locales: la noche anterior a la del casamiento, los padres del muchacho envían una canasta de pan, chocolate, vino y pavo a la casa de la novia, así como el vestido nupcial blanco con sus aderezos de cola y velo, zapatos, medias y flores. La señorita y su indumentaria son llevadas a la casa de los padrinos de matrimonio, en donde la novia pasa la noche. Los padrinos le prestan asesoramiento marital, y en él subrayan el hecho de que debe obedecer a su marido. Por la mañana, temprano, la madrina la ayuda a asearse y a vestirse, y el padrino entrega la novia a su prometido en la puerta de la iglesia. Las solemnes promesas matrimoniales, la colocación del anillo y la entrega de las trece monedas (las arras) tienen lugar en la puerta del templo, después de lo cual la pareja entra para la celebración de la misa.

Terminadas las ceremonias, todo el grupo que ha asistido regresa a casa de los padrinos, en donde se sirven refrescos y la pareja, una vez más, recibe las advertencias propias de la ocasión. Al mediodía, la pareja y sus invitados van a casa del nuevo esposo. Algunas parejas todavía ponen incienso encendido sobre el umbral, pero esta costumbre comienza a desaparecer. A todo esto sigue una comida de fiesta, a base de mole poblano. Desde ese momento y durante un año o dos, la pareja vivirá en casa del marido, en muchos casos ocupando la misma recámara que el resto de la familia.

El matrimonio civil es mucho más sencillo y menos costoso, y en parte por esta razón es cada vez más utilizado. Si una pareja decide vivir bajo el régimen de unión libre, no tienen lugar celebración ni invitaciones de ninguna especie. Los tepoztecos más aculturados ya no califican la unión libre como una forma de matrimonio, no importa cuántos años lleve viviendo la pareja en esa forma ni cuántos hijos tengan. Sin embargo, la mayor parte de ellos consideran a la pareja bajo este régimen como marido y mujer, y a sus hijos como acreedores a los mismos derechos que poseen los demás niños. Aproximadamente la mitad de las uniones libres son de personas jóvenes, aunque para la mayoría de ellos se trata de un segundo matrimonio.

Las pruebas de Rorschach hechas a veintiún adultos, comprendidos entre veinte y treinta y nueve años, muestran que la joven casada tepozteca ha aprendido a conformarse y a aceptar su papel en la vida sin pedir simpatía ni comprensión. Ella es ahora un miembro controlado y eficiente que cuida de las necesidades materiales de la rutina diaria con menos tensiones que la joven adolescente. Pero también muestra pocas señales de viveza o de cordialidad, no expresa sus necesidades emocionales ni ofrece amor y afecto. Parece recibir pocas satisfacciones de la relación sexual, es pasiva y tiene mucho sentido de adaptación, es tímida y cautelosa, y acepta el dominio masculino. Sobre la base de los informes de la prueba, creemos que el adulto joven parece estar bastante seguro en su papel como jefe de la casa, y es capaz de tomar decisiones y de conservar la autoridad. Sin embargo, hay evidencias de un traspaso de la angustia que, en lo referente al sexo, tenía el joven adolescente. Es probable que el hombre adulto solo puede funcionar bien cuando se siente seguro de su papel sexual. También pueden verse indicios de impulsabilidad, de depresión y de preocupación corporal, pero todo ello bajo control.

Ancianidad y muerte

Por tradición, la ancianidad es la época en la vida de los tepoztecos en la que son objeto del respeto y la consideración máximos; no obstante, se acepta generalmente que cada vez existe menos respeto hacia los viejos. Los niños han comenzado a dirigirse a sus abuelos utilizando el pronombre familiar tú, y algunas de las antiguas costumbres de respeto —por ejemplo, besar la mano de las personas viejas— están cayendo en desuso. Los ancianos ya no toman parte en la política y, por lo general, ya no ocupan posiciones de dirección. Debido a que la cultura cambia rápidamente, los hombres ya muy viejos se sienten fuera de tono en esta época. Sus valores entran en conflicto con los de la generación más joven y, además, algunos de ellos hablan mal el español. Se les trata, sin embargo, con una relativa distancia; las relaciones entre abuelos y nietos, por otra parte, son con frecuencia sumamente afectuosas.

Los tepoztecos no temen a la ancianidad como tal, sino a tener que depender de otros, a la incapacidad de sostenerse por sí mismos. La mayor parte de los ancianos trabajan hasta que físicamente les es imposible seguir. Por supuesto, la situación varía considerablemente entre una y otra familia. El hecho de poseer propiedades, particularmente del tipo de las que producen un ingreso en efectivo a título de renta, es la mejor seguridad para una vejez tranquila, y por esta razón, los padres, por lo regular, no dividen sus propiedades entre los hijos antes de morir. Pero la mayor parte de los habitantes del pueblo son pobres, y en el mejor de los casos poseen solamente su casa, un solar y quizá unos cuantos frutales y un cerdo; pueden sostenerse a sí mismos, pues, únicamente mediante el trabajo. Muchas ancianas, especialmente viudas, se ocupan de lavar y planchar ropa, de criar cerdos y aves, de vender tortillas y frutas o bien se ganan la vida haciendo de comadronas y curanderas. Son escasas las actividades poco agotadoras para los ancianos que están incapacitados para dedicarse al cultivo de la tierra. La falta de artes manuales o bien de otros medios de sostenimiento constituye un obstáculo real para estas personas.

Los resultados de las pruebas de Rorschach aplicadas a veintiún hombres y mujeres que tenían entre cuarenta y siete y setenta y cuatro años de edad muestran un marcado contraste con los correspondientes a las que se aplicaron a adultos jóvenes. El control y la disciplina adquiridos por las mujeres en sus años de juventud se convierten en su fuerza durante la ancianidad. Como no son presa de sueños imposibles, ni les afectan las urgencias del sexo ni las necesidades emocionales, las mujeres ya viejas se hacen cargo de la casa y se convierten en su miembro dominante. Todavía actúan en una forma concreta y realista, pero son rígidas, pedantes y exigentes. También son eficientes y decididas. No muestran, empero, cordialidad hacia la gente, ni deseo de cooperar en una forma amistosa. Los ancianos varones, por el contrario, han cambiado su cotidiano y convencional modo de vida por otro más incontrolado, explosivo desde el punto de vista de las emociones. Parecen ser irreflexivos, dados a rachas inesperadas de pensamientos e ideas impulsivos. Muestran alguna preocupación respecto al funcionamiento sexual y tienen la sensación de ser impotentes. Es como si, al estar agobiados por las circunstancias, no pudieran dominar la situación, y reaccionan impulsivamente, con ansiedad, depresión y sin ayuda alguna. Aparentemente han perdido el dominio de su mundo y esto los traumatiza y les ocasiona conflictos.

La muerte, parece ser, no inspira ningún temor o preocupación indebidos. Los ancianos hablan tranquilamente de la muerte y utilizan sin miedo expresiones como «cuando me muera» o «cuando yo esté bajo tierra», etc. Tal vez porque desde la infancia los tepoztecos no han sido protegidos contra los hechos de la muerte, la ven como un hecho natural. Las expresiones de pena se contienen ante la muerte, aunque varían de acuerdo con la edad y la posición del fallecido. El suicidio es poco común, y en ningún caso se ha matado nadie debido a la muerte de un ser querido. Sin embargo, cuando un tepozteco muere poco después de que ha fallecido alguien que le era muy querido, se dice comúnmente que murió de pena o de sentimiento. El deceso de un anciano o de un niño ocasiona una perturbación emocional relativamente pequeña.

Los tepoztecos le conceden importancia a la liberación del alma del cuerpo al presentarse la muerte, así como su viaje al cielo. Dicen que los que han llevado una vida perversa tienen dificultades para entregar su espíritu y que su agonía se prolonga demasiado. También dicen que con frecuencia los niños «no pueden morir si no han recibido la bendición de sus padres o de sus padrinos», y que «un padre o una madre tampoco puede morir si sus hijos lloran mucho». En estos casos los niños son llevados lejos, a fin de apresurar el deceso. Cuando sobreviene la muerte, el alma deja al cuerpo y puede verse como una figura blanca, como de espuma, que se parece a la persona que ha fallecido y que camina sin tocar el suelo, pero que desaparece una vez que sale de la casa.

Si una persona está a punto de morir, se le saca de la cama y se le coloca encima de un petate sobre el piso. Una vez que ha fallecido, se le ponen al cadáver ropas limpias, se cubre con una sábana y se coloca en una mesa. Sobre el petate se extiende un periódico y se forma una cruz de arena y cal sobre el papel. Las flores se colocan encima de la cruz, y una vela, que se conserva encendida día y noche durante nueve días, se coloca a la cabeza del petate. Si la persona que ha muerto es un hombre, su sombrero y sus huaraches son colocados junto a la vela; si se trata de una mujer, el lugar lo ocupa su rebozo. Se lavan y planchan todas las ropas de la persona que acaba de morir y se depositan también sobre el petate. La acongojada familia contrata a un rezandero para que llegue a la casa a rezar dos veces al día durante nueve días. Se exige que las mujeres de la casa estén presentes en estas ocasiones y que se arrodillen a lo largo de todas las oraciones. El velorio se prolonga durante el día y la noche, y se distribuye café, bebidas alcohólicas, pan y cigarrillos entre los que llegan a velar. Los familiares cercanos pueden ayudar con los gastos. A la muerte de un ahijado joven, la mayor parte de los padrinos cumplen con sus obligaciones de proporcionar la caja, las ropas funerarias y tal vez un poco de música.

Al día siguiente, unos cuantos hombres se encaminan al cementerio para cavar la fosa. Al fallecido se le coloca dentro de su ataúd y, acompañado por los dolientes, es transportado al cementerio. Si la persona que ha muerto era prominente, o bien si pertenecía a la Acción Católica, la procesión funeral puede entrar al templo para recibir la bendición antes de encaminarse hasta el lugar del entierro. Las campanas de la iglesia doblarán si se paga una cuota especial. Al noveno día, o «novena», tiene lugar la ceremonia de levantar la cruz de cal y arena, en un velorio nocturno similar al que tuvo lugar el día del deceso. En esta ocasión, sin embargo, se deja sobre el altar una ofrenda de tamales, mole verde, naranjas, chocolate y pan durante doce horas, a fin de proporcionar a la persona muerta alimentos para cada uno de los meses del año.

Para levantar la cruz, se escogen como «padrinos» a un niño y a una niña que no sean familiares. Acompañados por el rezandero y llevando flores, los niños caminan hacia el petate sobre el que aún se conserva la cruz de cal y arena. Se dicen primero oraciones y se da a los niños escobas nuevas con las cuales barren la arena y la cal hasta un depósito que posteriormente se lleva a la tumba. Las ropas del muerto también se levantan: a medida que se quita de allí cada una de las prendas, los padrinos rezan una oración. La ceremonia finaliza con el canto de himnos en honor de la persona fallecida. Un año después de la muerte, puede tener lugar otro velorio; además, se dispone una misa especial y se visita la tumba.

Los funerales de los niños son algo diferentes. Como el alma del infante se va directamente al cielo, se supone que constituye una ocasión de regocijo, y se interpreta una música alegre. Al niño se le viste como San José si es varón, y como la Virgen de Guadalupe si se trata de una mujercita. Sobre la cabeza se le coloca una corona de flores de papel, el rostro se le cubre con un velo, y se le ponen en los pies calcetines y sandalias fileteadas con papel dorado. Cuando se saca el cuerpo, las manos y los pies se atan con listones, que se desatan al llegar a la fosa funeraria. Una pequeña calabaza pintada, que se coloca a un lado del cuerpo, se cree que le proporcionará al alma el agua suficiente para su viaje al cielo. La litera la transportan niños del mismo sexo del muerto y, cuando el cuerpo es sacado de la casa, hacen doblar la campana de la capilla del barrio.

8. Idiosincrasia

La tradicional visión del mundo que tienen los naturales de Tepoztlán ha sido condicionada por las limitaciones de su medio físico, por la tecnología y la economía, por su turbulenta historia, por sus trescientos años de dominio colonial, por su pobreza, por el alto índice de mortalidad y, finalmente, por la naturaleza azarosa de los cambios sociales originados por influencias urbanas. Para los tepoztecos, el mundo y la naturaleza son una constante amenaza de calamidades y peligros. Un fuerte temor hacia las fuerzas naturales y una gran angustia por la inminencia de la mala suerte, del desastre y de la muerte quedaron revelados en los casos de las pruebas que hicimos de apercepción temática, así como en los sueños registrados en una muestra que estudiamos de este pueblo. Dicha muestra incluía algunos miembros de la generación más joven que habían recibido la influencia de la escuela.

El mundo en que vive esta gente está lleno de fuerzas hostiles y de figuras punitivas que deben ser propiciadas a fin de obtener su buena voluntad y protección. El Tepozteco deja de enviar lluvia si se le descuida en su culto; «los aires», los espíritus que viven en el agua, envían enfermedades a quienes los ofenden; y los «naguales», humanos que tienen pacto con el diablo, pueden convertirse en cerdos o en perros para hacer daños durante la noche. Las deidades católicas también se consideran amenazadoras. Dios es una figura punitiva, más que llena de amor, y la mayor parte de las desgracias se atribuyen a Él: ocasiona la buena fortuna solo en muy raras ocasiones.

Los santos se consideran intermediarios entre Dios y el hombre, y los tepoztecos se dedican a cultivar sus favores. Los santos que tienen el más fuerte poder punitivo —por ejemplo, San Pedro, del barrio del mismo nombre— son los que reciben la adoración más asidua. Si el día de su fiesta no hay suficientes danzantes a su alrededor, envía enfermedades y mala suerte a aquellos que no participen en ella. También se dice que utiliza al león, cuya imagen acompaña a la del santo, para asustar a los niños e inducirlos a que bailen para él. También enviará al león para que asuste al tepozteco que no acepte el puesto de mayordomo del barrio de San Pedro.

La mayor parte de estos habitantes no distinguen claramente entre los castigos de Dios y las obras del «pingo» (el demonio). Los poderes del diablo, sin embargo, son relativamente pocos, y pueden eludirse si se dice una oración a San Miguel o a San Gabriel. (Para que no se enoje el demonio, se le enciende una vela al mismo tiempo.) Tampoco tienen los tepoztecos una concepción clara del cielo y del infierno católicos. La religión azteca representaba el cielo como un lugar agradable, reservado para los guerreros muertos en batalla y para las mujeres que fallecían al dar a luz. El equivalente del infierno era solamente la región de los muertos, el Mictlán, en donde las almas continuaban llevando la misma vida que habían tenido sobre la Tierra. El infierno como lugar donde se expiaban los pecados cometidos en la vida era totalmente desconocido, y muchos tepoztecos todavía no conciben la noción del castigo eterno. El infierno se considera, más bien, como un purgatorio que castiga solamente a los grandes pecadores. La gente ordinaria no teme al infierno y por lo regular no se preocupa por el pecado, por la confesión o por la vida posterior a la muerte.

La naturaleza profundamente práctica de los tepoztecos excluye la fantasía religiosa, el misticismo o cualquier preocupación de índole metafísica. En la religión buscan soluciones concretas a los problemas de la vida diaria. Pueden comprender el castigo por cosas hechas y por las que se dejaron de hacer y la necesidad de protección. Se inclinan ante los poderes superiores haciendo lo que se espera que hagan, o dando o llevando a cabo algo que se supone agrada a un ser particular: encender una vela, ofrecer unas cuantas monedas o flores, quemar incienso, recitar una oración especial o realizar una danza determinada. Creen que estas ofrendas obligan a quien las reciba a favorecer o proteger al donador o sometido.

Estas personas atribuyen poderes mágicos a los símbolos católicos tradicionales de los cuales esperan protección adicional. Aceptan la ceremonia del Miércoles de Ceniza, pues creen que la cruz, el símbolo católico formal de penitencia y de dolor, los va a proteger contra la brujería y los enemigos. Las imágenes viejas son quemadas para hacer más eficaces las cenizas. La palma bendita el Domingo de Ramos se utiliza con fines de protección contra el rayo; sus cenizas se emplean para curar dolores de cabeza. Los campesinos podan sus plantas el Sábado de Gloria, a fin de que produzcan más; y las madres cortan el pelo de sus hijas para hacerlo crecer más; del mismo modo, se golpea a los niños en las piernas para hacerlos más altos. El 29 de septiembre, cruces de pericón, previamente prensadas, se colocan sobre las puertas y en las milpas para desterrar a los demonios y a los vientos malignos.

Los tepoztecos consideran también a la gente como potencialmente hostil y peligrosa, y su reacción típica ante ella es ponerse a la defensiva. Primero se busca la seguridad en el mundo amenazador mediante la independencia económica de la familia biológica. Para el hombre, el estar en condiciones de proporcionar a su mujer y a sus hijos alimento, ropa y abrigo es la única seguridad real en contra de la necesidad y de las interferencias. El trabajo, la diligencia y la sobriedad con el objeto de acumular propiedades en tierras y animales, constituyen los valores máximos y más duraderos en Tepoztlán. Mientras un hombre trabaja, se siente seguro y sin culpa, independientemente de lo que produzca. El éxito material no se admite abiertamente como una meta personal importante y no se admira cuando lo alcanzan los demás. Con fe en sus propias facultades y con la ayuda de Dios, los tepoztecos viven como individualistas, retirados, confiados en sí mismos, renuentes a buscar o a prestar ayuda económica, o bien a pedir o a dar dinero prestado. A pesar de la tradición del trabajo colectivo, generalmente hay poca disposición para trabajar con los demás en actividades públicas o privadas.

El individualismo y la independencia del tepozteco se atemperan, sin embargo, por la lealtad hacia su familia inmediata y por su cooperación con ella. La dependencia de las familias en las tierras comunales y la necesidad ocasional de algún esfuerzo en grupo para defender dichas tierras y para mantener la propiedad pública, modifican también el individualismo en esta gente. Sin embargo, dicho individualismo no es competitivo como en los Estados Unidos. En Tepoztlán, el individuo no trata de obtener seguridad y reconocimiento mediante el desarrollo de su talento personal o ensalzándose a sí mismo, sino más bien por medio de la conformidad y de la sumisión ante las necesidades de su familia. Es un individualismo cerrado y vuelto hacia la propia persona, que permite a las familias vivir una junto a las otras, sin que ninguna de ellas tenga poder alguno sobre las demás. Esto es lo que presta al pueblo su carácter segmentado.

Los tepoztecos también buscan la seguridad mediante el respeto y la extensión de la relación de respeto, que estiman en mucho, pues la califican de segura. En tal relación, a cada parte se le garantiza una conducta respetuosa y llena de amistad, así como el cumplimiento de las obligaciones formales. La posición de respeto parece derivar de una posición social superior (económica o política), de la ancianidad, de la educación o de una relación formal y específica establecida entre dos individuos o familias, por ejemplo, parientes políticos o compadres. Entre los jóvenes que han estudiado fuera del pueblo existe ahora una tendencia hacia el uso urbano del tú y el usted; en la práctica el tú se utiliza solamente para los familiares y amigos íntimos y el usted para todos los demás. Esto da por resultado un número menor de relaciones de «tú» y un número mayor de relaciones de «usted».

Los tepoztecos no son gente fácil de conocer, porque no son de tipo extrovertido, ni expresivos. Las relaciones más impersonales se caracterizan por una conducta reservada, que se mantiene cuidadosamente. El hombre que habla poco, que se ocupa de sus asuntos y que mantiene cierta distancia con los demás, se considera como prudente y sabio. La gente es circunspecta y tranquila, especialmente en la calle. El estrépito y el ruido que provienen de alguna casa pronto le ocasionan a la familia que la ocupa una reputación dudosa. Se da por hecho que las mujeres y las niñas caminen por la calle con la vista modestamente orientada hacia el suelo; las que sonríen con mucha liberalidad corren el riesgo de que se les considere livianas o frívolas. El sonreír mucho a los hijos pequeños de otras personas abre la sospecha al mal de ojo. La mayor parte de los niños no aprenden a sonreír ante los extraños y visitantes hasta que asisten a la escuela. Los hombres, en particular, tienden a ser poco demostrativos y limitados en su capacidad de expresar calor y afecto y las emociones más tiernas. Uno de los informantes sucintamente se describió a sí mismo y a sus coterráneos, diciendo: «Somos muy secos».

La creatividad y la expresión artística se limitan hasta el punto de una especie de constricción. Como se hizo notar antes, prácticamente no existen artesanías, no se fabrica cerámica, no se talla madera, no se teje ni existe el arte de la cestería. La música y la danza no están bien desarrolladas. La expresión artística religiosa consiste solo en decorar la iglesia para las fiestas y en fabricar trajes y máscaras para unas cuantas danzas religiosas que se celebran anualmente. Los utensilios de barro y los artículos domésticos carecen de decoración en su mayor parte. Las ropas que utilizan las mujeres de este pueblo, por tradición, son monótonas y carentes de colores brillantes, si bien ahora las jóvenes comienzan a usar ropas con tonalidades más vistosas. Los colores chillones, particularmente en el vestir, no han estado de acuerdo con las ideas vigentes en Tepoztlán acerca de lo apropiado. En otros tiempos se creía realmente que eran peligrosas porque podían atraer el arcoiris. La mayor parte de lo que tiene colorido en Tepoztlán proviene de las hermosas flores que crecen en los jardines.

La constricción también se evidencia en los actos de los tepoztecos y en el hecho de evitar el contacto corporal con otros. Tal vez la principal excepción tiene lugar en las relaciones entre madre e hijo durante el periodo de lactancia; después de que un niño ha cumplido los cinco años de edad, tiene poco contacto físico de índole tierna. El besar, salvo en el caso de los niños, no es habitual ni siquiera entre novios, como ya hemos visto. Los tepoztecos aprendieron de los españoles a besar la mano de los sacerdotes, los padres, los abuelos y los padrinos, pero esta costumbre está desapareciendo en la actualidad. El estrecharse las manos y el típico abrazo mexicano con ambos brazos por lo general no se practican en Tepoztlán. Bajo los efectos de la bebida, sin embargo, los tepoztecos dan rienda suelta a todas estas restricciones; los compañeros del sexo masculino pueden, en tales ocasiones, caminar del brazo, y, como ya lo dijimos en otro lugar, los que se han embriagado pueden a veces tratar de abrazar y hasta de besar a sus hijos y esposas.

Normalmente, los tepoztecos muestran su afecto hacia otras personas desempeñando obligaciones recíprocas: el padre expresa su amor por su esposa e hijos dándoles lo necesario para la vida; el niño demuestra su afecto con la obediencia, el respeto y la diligencia; los compadres y los miembros de la familia extensa demuestran su amistad y buena voluntad cumpliendo con sus deberes formales. Cuando estas obligaciones se cumplen, los tepoztecos consideran que guardan una relación satisfactoria entre sí, y es poco más lo que exigen. Es cierto que algunos jóvenes ya no se satisfacen con la reciprocidad formal y buscan sus amistades sobre la base de interés personal. Los padres jóvenes comienzan a expresar afecto por sus niños mediante obsequios, y además dan muestras de mayor indulgencia y preocupación por las aspiraciones de sus hijos.

Los tepoztecos conceden valor a la restricción sexual no por consideraciones puritanas ni de culpa, sino por motivos prácticos de seguridad y de autoconservación. Creen que deben conservarse para el trabajo. También temen a los vínculos demasiado fuertes, a los hijos no deseados, a los celos y a la brujería. Desde la infancia se reprime el tema de la sexualidad, y el discutir cosas relativas al sexo es tabú en el hogar; la sexualidad infantil, la masturbación y el juego sexual entre los niños están estrictamente prohibidos. En el caso de las mujeres, hay alguna incongruencia entre el adiestramiento que han tenido en la niñez y la conducta aceptable cuando son adultas. Las muchachas crecen con actitudes negativas y gazmoñas respecto al sexo, al matrimonio y al tener niños; se espera que sean sexualmente parcas, tanto antes como después del matrimonio. En el caso de los varones, no obstante, existe una falta de continuidad en conexión con el sexo. Aunque la sexualidad se inhibe totalmente durante la niñez, los jóvenes se ven sometidos a presiones por parte de los demás miembros de su grupo de edad para que sean activos sexualmente; es una especie de obligación demostrar su hombría por medio de conquistas sexuales, lo mismo antes que después del matrimonio. Sin embargo, en la práctica, las actitudes hacia el sexo y el lento desarrollo de los muchachos crean un aire de angustia acerca de la actividad sexual, y los chicos son con frecuencia tímidos al hacer el amor. Con todo, la actitud prevaleciente es la de que la actividad sexual en los hombres es una expresión de machismo, en tanto que en las mujeres es una forma de delincuencia.

Los tepoztecos forman un pueblo indirecto que confía en la formalidad y en los intermediarios para facilitar las relaciones entre las personas. Cualquier expresión directa de agresión tiende a ser reprimida y la competencia entre individuos es rara. No obstante, por debajo de la tranquila superficie bulle una sensación de opresión, particularmente para aquellos individuos que tratan de mejorar o que, por una u otra razón, se apartan de la estricta conformidad. Gran parte de la hostilidad reprimida encuentra salida indirecta en la murmuración maliciosa, en el robo, la destrucción en secreto de la propiedad ajena, la envidia, la imprecación y la brujería. La «indirecta», o sea la crítica sobreentendida, es una forma común y aceptada de agresión. El asalto en la forma de ataque y asesinato por sorpresa ocurre de vez en cuando. Los hombres que ocupan posiciones de riqueza, poder o autoridad, con frecuencia portan pistola a fin de protegerse, y prefieren no aventurarse a salir por la noche. La forma de agresión indirecta más temida, aunque tal vez la menos común, es la brujería.

Las sanciones contra cualquier expresión abierta de agresión dan origen, a veces, a un tipo interesante de enfermedad conocida como «muina» o ira, en la cual la agresión aparentemente se vuelve hacia el yo. Los síntomas de la muina son: pérdida del apetito, incapacidad para digerir los alimentos, pérdida de peso y, con frecuencia, la muerte. La muina es un padecimiento muy conocido y se presenta tanto en las mujeres como en los hombres; es principalmente una enfermedad de adultos, pero en ocasiones también la padecen los niños. Pueden originarla los insultos, la humillación, la mala suerte o cualquier frustración que suscite ira.

En Tepoztlán, los motivos de cualquier persona están sujetos a recelos: desde los más altos funcionarios públicos de la nación hasta el sacerdote local y aun los familiares cercanos. Se supone que todo el que disponga de algún poder no dejará de utilizarlo para su propio beneficio. El gobernar honradamente o el tener un liderato con honestidad se consideran como fenómenos imposibles; no se comprende que pueda existir el altruismo. La persona franca y directa, en caso de que exista en algún rincón del pueblo, se califica como ingenua o como el bribón más grande de todos, tan poderoso o tan desvergonzado que no tiene necesidad alguna de ocultar sus acciones o sus pensamientos. Las relaciones de amistad son contadas. Tener amistades fuera de la familia extensa no constituye un ideal entre los tepoztecos, ni tampoco existe una tradición respecto del «mejor amigo». Los adultos consideran a los amigos como una fuente de dificultades y como un desperdicio de tiempo. Tradicionalmente se piensa que las mujeres y las muchachas no deben tener amistades. Si bien los hombres pueden ser amistosos con muchos individuos, estas relaciones tienden a basarse en un propósito definido y limitado: esto es, para intercambiar trabajos, pedir dinero prestado o beber juntos.

Existe una relativa falta de interés en el futuro, y no hay preocupación alguna por ahorrar para los tiempos difíciles. Solo una minoría, que reconoce la educación como fuente importante de seguridad, ahorra para dar educación superior a un hijo o hija. Y solamente entre estas familias se encuentra el patrón familiar urbano de la clase media de privarse de algo hoy para obtener una recompensa mañana. El resto de los habitantes practican una cierta economía en términos generales, pero gastan cuando tienen dinero y se aprietan el cinturón cuando no lo tienen. Los jóvenes que planean casarse no ahorran anticipadamente con relación a las necesidades futuras, sino que se casan en cuanto les es posible. Como hemos advertido ya, los padres del joven aportan el dinero para la boda, para lo cual venden un animal o piden prestado; el joven en ocasiones trabaja durante dos o tres meses para reunir el dinero.

A la mayoría de los tepoztecos parece faltarles impulsividad o una ambición poderosa para mejorar. Tienden a sentirse satisfechos si cuentan con alimentos y ropa suficientes de una cosecha a otra. Entre los jóvenes también se observa la aceptación general de esa forma de vivir. Los muchachos desean ser campesinos como sus padres, y la mayor parte de las chicas continúan trabajando en su casa y sirviendo a sus mayores. Las recompensas que esperan no son imposibles de alcanzar: ropa nueva de vez en cuando, zapatos, un novio, permiso para asistir a las fiestas y, por fin, con alguna ayuda de los padres, el matrimonio.

Reviste interés particular para entender la ausencia relativa de frustración, angustia, sentimientos de culpa y vergüenza, la tendencia a echar la responsabilidad personal a los demás o bien a fuerzas impersonales, y a explicar la inconformidad en términos de fuerzas mágicas o de otra índole sobrenatural. El individuo no puede dejar de hacer lo que siempre se ha hecho, porque aquellas fuerzas lo controlan. Rasgos como el fatalismo, el estoicismo frente a la mala suerte, la pasividad, la aceptación de las cosas tal como son, y una buena disposición general a esperar lo peor tienden a liberar al individuo de la carga de controlar su destino personal. Aun frente a grandes injusticias, en las cuales el tepozteco podría ser protegido por la ley, puede que haga poco o ningún esfuerzo para su propia defensa.

Las formas de adiestramiento infantil, que hemos analizado anteriormente, reflejan muchas de las actitudes y de los sistemas de valores de los adultos. Uno de los principios que sustentan la crianza de los niños es educarlos de modo tal que sean fáciles de controlar. La gran atención que se le imparte a un niño pequeño tiene primariamente la finalidad de limitarlo y protegerlo más que de estimularlo. La actividad, la agresión, la propia satisfacción, la curiosidad y la independencia se refrenan desde la infancia hasta los principios de la madurez. Aunque los niños pequeños, en especial los varones, disfrutan de cierta libertad y se les permite un desarrollo parcial del yo, en tanto que un hijo o una hija vivan bajo el techo de sus padres, dependen de éstos y están sujetos a su autoridad; y esta situación puede prolongarse a través del matrimonio.

Aunque por todos conceptos las enseñanzas que recibe un niño lo preparan adecuadamente para la vida de adulto en el pueblo, existen, sin embargo, algunos puntos de conflicto y de incongruencia entre la teoría y la práctica. Tal vez la primera zona de conflicto se encuentra en los papeles que desempeñan hombres y mujeres y en las relaciones entre los sexos. En general, los hombres están sujetos a presiones más fuertes que las mujeres, padecen una mayor falta de continuidad en la transición entre la niñez a la edad adulta, y se enfrentan a mayores contradicciones entre su papel social ideal y el efectivo. Por otra parte, aunque los niños son más favorecidos que las niñas, su temprano adiestramiento no está orientado a desarrollar la independencia ni hacia una capacidad real para dominar, cualidades que requieren los ideales de una sociedad patriarcal. Hemos visto que los maridos frecuentemente recurren al temor para conservar la autoridad. A medida que los hombres maduran y cuando declinan sus poderes sexuales y su capacidad de trabajo, encuentran más difícil mantener su posición dominante; los ancianos en la comunidad reciben escaso reconocimiento social y tienen poco poder. Es interesante advertir que los ciclos de vida de hombres y mujeres siguen un curso opuesto: en los primeros años de la existencia, los hombres tienen una posición relativamente más favorecida; pero a medida que el tiempo va pasando llegan a abatirlos las situaciones vitales. Las mujeres, en cambio, comienzan por tener menos libertad, niveles más bajos de aspiración y más tempranas responsabilidades, pero cuando maduran después del matrimonio, poco a poco obtienen más libertad y, con frecuencia, llegan a ocupar una posición dominante en el hogar.

La discrepancia entre la teoría y la práctica en la sociedad tepozteca también se encuentra en el diferente grado de socialización de ambos sexos. Los hombres tienen mayores libertades y un puesto más alto dentro de la sociedad, pero las mujeres parecen estar más socializadas. Esta socialización comienza en los primeros años de la vida. En tanto que las muchachas deben cuidar de sus hermanos y hermanas menores, bajo el ojo vigilante de la madre, los hermanos están fuera de la casa, en el campo, con frecuencia solos, cuidando los animales. Las mujeres raras veces están solas: cuando están en su casa, se encuentran rodeadas por los miembros de la familia y tienen oportunidades para conversar con vecinos y familiares; sus viajes diarios a la plaza les dan ocasión para conversar sobre chismes y noticias; asisten a la iglesia con mayor frecuencia y preparan las comidas de las fiestas con ayuda de otras mujeres. Los hombres continúan empleando la mayor parte de su tiempo solos, mientras trabajan las milpas. Las ocasiones de desempeñar trabajos comunales son pocas y aun en estos casos parece que deben ser acompañados por las bebidas. En realidad, parece que los hombres no se encuentran a gusto cuando están en grupos, a menos que se vean estimulados por el alcohol.

9. Un pueblo que cambia

La descripción de Tepoztlán que he ofrecido en las páginas anteriores se basa principalmente en el estudio que hice del pueblo en el año 1943. Desde entonces han tenido lugar muchos cambios, lo mismo en el pueblo propiamente dicho que en México considerado en su conjunto. En este capítulo presentaré un breve esquema de algunos de los cambios más importantes que se llevaron a cabo al nivel nacional, y después examinaré los que se operaron en Tepoztlán, tal como se desprenden del nuevo estudio que realicé en 1956. En esta forma el lector podrá apreciar hasta qué grado Tepoztlán ha participado de las tendencias nacionales.

La nación

México experimentó grandes cambios desde 1940. La población aumentó en más de 10 millones para alcanzar la cifra de aproximadamente 30 millones de habitantes en 1956. Este crecimiento se vio acompañado por el aumento violento de la urbanización, durante el curso de la cual millones de campesinos y aldeanos se trasladaron a las ciudades. El desarrollo de la Ciudad de México, en lo que toca a población, fue fenomenal: de un millón y medio de habitantes en 1940 a cuatro millones en 1956. La economía creció y el país tomó conciencia de la necesidad de producir, creándose un espíritu de auge que recuerda la gran expansión de los Estados Unidos que tuvo lugar a fines de siglo. Muchos mexicanos creen que su país ha encontrado una fórmula que pronto lo sacará de la categoría de la cual forman parte las naciones subdesarrolladas, y que servirá de modelo a otros países.

Las realizaciones obtenidas, tanto en la agricultura como en la industria, superaron todas las marcas; dada la naturaleza árida del país, los logros en la agricultura fueron todavía más impresionantes que los de la industria. Entre 1940 y 1956, se irrigaron aproximadamente un millón y medio de hectáreas; la superficie total de cosechas se incrementó aproximadamente en un 70 %, y el aumento de tractores fue de 4.600 a 55.000.

La mayor riqueza nacional ha originado algún mejoramiento en el nivel de vida de la población. Es cada vez más alto el número de campesinos que duermen en camas en lugar de hacerlo en el suelo, que usan zapatos en vez de huaraches o de ir descalzos, que utilizan pantalones hechos en fábrica a cambio de los calzones hechos en casa, que consumen pan además de tortillas, que muelen su maíz en el molino en lugar de molerlo a mano, que beben cerveza en vez de pulque, que buscan los servicios de los médicos en lugar de recurrir a los curanderos y que viajan en autobús en vez de hacerlo a pie o en burro. En los pueblos y ciudades, la tendencia a usar el adobe ha cambiado para servirse del cemento, a las ollas de barro las sustituyen las de aluminio, del uso de carbón se ha pasado al del gas, de las tortillas como «implementos» para comer a los cubiertos, del metate a la licuadora, de los fonógrafos a la radio y a la televisión, del algodón al nylon y del coñac al whisky.

Otra tendencia significativa desde 1940 ha sido la influencia cada vez mayor de la cultura norteamericana. Los principales programas de televisión son patrocinados por compañías controladas por extranjeros y solo la lengua española y los actores mexicanos distinguen algunos de los comerciales de los que se presentan en los Estados Unidos. Las prácticas de venta al menudeo propias de los norteamericanos, como el autoservicio, la exhibición abierta y atractiva de los productos, los artículos estandarizados y con garantía y los precios fijos se han hecho más populares en los últimos diez años por tiendas como las de Woolworth y Sears Roebuck. Los supermercados —donde el cliente se sirve a sí mismo, con todo tipo de alimentos empacados y muchos de ellos con productos norteamericanos— comienzan a abrirse en las mejores colonias de la Ciudad de México y en algunas de las poblaciones pequeñas. La ropa y calzado hechos en los Estados Unidos se encuentran en las tiendas que venden a precios más altos.

La mayor ocupación en las fábricas y en los edificios de oficinas ha extendido la costumbre del lunch que se consume en poco tiempo y elimina la comida del mediodía en casa y la siesta tradicional. El desayuno tipo norteamericano —jugo de frutas, cereales, huevos con jamón, café— se ha popularizado, y está desplazando los tradicionales frijoles, la salsa de chile y las tortillas. La práctica de comer pavo asado en Navidad ha sido adoptada por algunas familias de la clase media. La misma tendencia puede observarse con la sustitución de la habitual escena del nacimiento del Señor por el árbol de Navidad, y en el hecho de hacer obsequios el 25 de diciembre en lugar de hacerlo el 6 de enero, Día de Reyes. La diseminación de la lengua inglesa también es notable. El inglés ha sustituido al francés como segundo idioma en las escuelas.

Sin embargo, a pesar de la mayor producción y de la evidente prosperidad, México se enfrenta todavía a muchos problemas. Aunque la riqueza nacional ha aumentado grandemente, su desigual distribución ha hecho que la disparidad de ingresos entre los pobres y los ricos sea más notable aún que antes. Y a pesar de que ha tenido lugar un aumento en el nivel general de vida, más del 60 % de la población todavía aparecía mal alimentada, habitaba en malas viviendas y estaba mal vestida en 1956; el 40 % de la población era analfabeta y el 46 % de los niños del país no asistían a la escuela. Una inflación crónica ha disminuido el ingreso real de los pobladores desde 1940, y el costo de la vida para los trabajadores de la Ciudad de México subió cinco veces entre 1939 y 1956. De acuerdo con el censo de 1950 (sus resultados se publicaron en 1955), el 89 % de las familias mexicanas informaron que ganaban menos de 600 pesos al mes o sea 69 dólares según el tipo de cambio vigente en 1950.

El gran aumento registrado en la producción agrícola en los últimos veinte años se ha concentrado solamente en dos regiones del país, el norte y el noroeste, en donde se ha desarrollado una nueva agricultura comercial basada en las extensas propiedades privadas, el riego y el desarrollo de la mecanización. La gran masa de los campesinos, incluyendo a los de Tepoztlán, continúan trabajando sus pequeñas heredades con métodos tradicionales y retrasados. Y el contraste entre la agricultura nueva y la vieja en México se vuelve más agudo: menos del 1 % de la tierra cultivable se trabaja con la ayuda de los 55.000 tractores que tiene el país: aproximadamente el 20 % de la tierra todavía se trabaja de acuerdo con el método prehispánico de cortar y quemar la vegetación, sin la ayuda del arado y los bueyes. La producción de los dos cultivos alimenticios básicos de México, el maíz y el frijol, se ha mantenido al ritmo del aumento rápido de la población en los últimos veinte años, pero el margen de seguridad ha sido pequeño. En los años de sequía, México se ha visto obligado a gastar sus preciosos dólares para importar grandes cantidades de maíz para alimentar a su pueblo.

Que la economía mexicana no puede proporcionar ocupación a todos sus habitantes lo indica, el hecho de que, de 1942 a 1955, aproximadamente un millón y medio de mexicanos fueron a los Estados Unidos como braceros, o sea trabajadores agrícolas temporales, y esta cifra no incluye a los «espaldas mojadas» ni a otros tipos de inmigrantes ilegales. México cada vez depende más del comercio turístico procedente de los Estados Unidos para estabilizar su economía. En 1957, más de 700.000 turistas norteamericanos gastaron en México casi 600 millones de dólares, con lo cual el turismo viene a ser la industria aislada más grande del país. El ingreso derivado del turismo ha llegado casi a igualar el presupuesto federal de México.

Un aspecto del nivel de vida que ha mejorado muy poco desde 1940 es la vivienda. Con una población que crece rápidamente y con la urbanización, las condiciones de amontonamiento y de los barrios bajos en las ciudades más grandes en la actualidad se hacen cada vez peores. De los 5,2 millones de viviendas que arrojó el censo mexicano de 1950, el 60 % tenían solo una habitación, el 25 % tenía dos; el 70 % de las casas eran de adobe, madera, postes y cañas o piedra tosca, y solo el 18 % estaban hechas de ladrillo y mampostería. Apenas el 17 % contaban con agua entubada con instalación particular.

El pueblo

¿Cómo ha cambiado Tepoztlán bajo la influencia de estas «tendencias nacionales»? En 1956 el pueblo no tenía un aspecto muy distinto del que mostraba en 1943. La plaza y el mercado todavía parecían desolados y poco prósperos. En el centro no había edificios nuevos. No había calles nuevas ni caminos pavimentados, salvo las dos vías con cemento que conducen a una calle empinada hasta la Posada del Tepozteco, la nueva instalación para turistas administrada por una familia norteamericana. Había mayor tráfico de automóviles y de autobuses, y llegaban camiones con artículos nuevos, como botellones de agua purificada y tanques de gas doméstico para la colonia extranjera.

Los habitantes todavía llevaban a sus casas el agua extraída de la fuente más cercana; las mujeres aún hacían cola para entregar su maíz al molino. Los ancianos tenían un aspecto muy parecido al de antes, pero la indumentaria de los jóvenes era más variada, tenía una mayor vivacidad de colores y seguía más de cerca la moda citadina. Era mayor el número de muchachas que tenían ondulado permanente y cabello corto, y una de ellas llevaba pantalones vaqueros. Los muchachos usaban ahora pantalones, camisas y chaquetas modernos, y era mayor el número de niños que usaban zapatos, suéteres y ropa comprada en tiendas. Los pequeños comercios vendían un mayor número de productos alimenticios enlatados y empacados, principalmente para la gente trabajadora que vivía en el centro. Las ancianas todavía vendían tortillas en la plaza. No había restaurante aún, pero sí era mayor el número de cantinas. Un ruido procedente de los radios emanaba de las casas y dentro de algunas de ellas pudimos ver una nueva estufa Coleman de petróleo, vasijas de aluminio, lámparas de petróleo o de gasolina, tenedores y prensas de mano para hacer tortillas; por lo menos una casa tenía muebles tapizados.

Pero han tenido lugar muchos más cambios de los que percibe el ojo. Como resultado del aumento de la población —de 3.500 en 1940 a aproximadamente 4.800 en 1957— hay escasez de sitios urbanos y de viviendas, y los tepoztecos pidieron al gobierno local que habilitara algunas de las tierras comunales de las cercanías para erigir casas en ellas. En los suburbios del pueblo, así como en los cerros circunvecinos, ya se han levantado varias construcciones. En tiempos anteriores no se acostumbraba rentar una casa; si algún tepozteco tenía otra casa podía permitir a algún otro habitante del lugar que la utilizara simplemente a cambio del cuidado de ella. Ahora la renta se ha convertido en algo muy usual.

Desde fines de la década de los cuarenta, Tepoztlán contaba con un médico residente, y desde 1952 un doctor de Cuernavaca, que hizo sus prácticas en el pueblo, lo visita una vez por semana para atender a sus pacientes. La clientela de ambos facultativos ha ido en aumento. En 1950, el doctor residente tenía un promedio de 75 pacientes por mes; para 1956 el promedio era de 160. Los tepoztecos se quejan ahora del gasto que se hace en medicinas y de la demora con que preparan sus recetas en Cuernavaca; el «farmacéutico» local no puede surtir las prescripciones y tiene pocas medicinas de patente. Tepoztlán cuenta con una clínica federal gratuita que atiende a los niños y a las mujeres encinta; además, aplica inyecciones. Aproximadamente diez pacientes, la mayor parte en trance de ser madres, asistían diariamente a ella. En 1955 se hicieron aproximadamente dos mil vacunaciones y revacunaciones.

La clínica y el doctor no han sustituido de ninguna manera, sin embargo, a los curanderos. Los tepoztecos creen que los doctores pueden curar solo determinadas enfermedades, y todavía frecuentan a los curanderos para que se hagan cargo de los males que ellos atribuyen a los aires, a la ira, a los alimentos fríos o calientes, al mal de ojo y a la brujería. Casi todos los partos son todavía atendidos por parteras nativas. Si el doctor cura una enfermedad que se considera originada por «los aires», se toma como prueba de que los aires no la ocasionaron verdaderamente. Aunque los tepoztecos han sustituido con nuevos términos los antiguos conceptos —por ejemplo, los aires se describen ahora, en ocasiones, como pequeños animalitos o microbios, y a las inyecciones se les llama «limpias»— es discutible el que esto represente una desviación notable del primitivo pensamiento mágico acerca de las causas de las enfermedades.

Como muchos pueblos en la zona densamente poblada de la altiplanicie central, Tepoztlán no ha tenido los beneficios de los nuevos y grandes programas hidroeléctricos y de riego. Su base agrícola en gran parte sigue siendo la misma; no hay mecanización ni se han introducido cultivos nuevos que produzcan rendimientos en dinero. Los campesinos trabajan su tierra como antes, aunque ahora unos cuantos comienzan a emplear algún fertilizante comercial. Como no se han producido cambios en la agricultura y ha habido un aumento rápido de la población, los tepoztecos se han visto obligados a buscar trabajo en ocupaciones no agrícolas: una proporción mucho menor de la gente económicamente activa es campesina. La campaña federal para conservar los recursos forestales ha reducido agudamente la producción de carbón en la aldea y muchas familias han perdido con ello una tradicional fuente de ingresos. Algunos encuentran trabajo como jornaleros agrícolas en las dos o tres plantaciones de gladiolos que se han establecido en Tepoztlán; otros han sido empleados por la cercana Y. M. C. A. Otros muchos han encontrado trabajo en Cuernavaca o como jornaleros en la construcción de caminos.

Los cambios en la estructura ocupacional del pueblo han acentuado las tendencias anteriores. El número de actividades no agrícolas aumentó de 26 en 1944 a 33 en 1956, y el numero de las personas ocupadas en estas actividades subió de 273 a 565. Este aumento estuvo acompañado por una mayor especialización y por un descenso en el papel que desempeña la agricultura en la economía total. En 1944, aproximadamente el 70 % de los que trabajaban en ocupaciones no agrícolas también cultivaba la tierra; en 1956, la cifra correspondiente era solo de ... ¡el 25 %! En la actualidad existe una participación mucho mayor de las mujeres en las ocupaciones no agrícolas que en otros tiempos. Las mujeres todavía predominan como maestras, curanderas y comerciantes en maíz, pero ahora también las hay que dedican todo su tiempo a la elaboración de tortillas, a la fabricación de vestidos y al trabajo de hacer peinados. Otras ocupaciones nuevas en el pueblo son las de sastre, comerciante en ciruelas y comerciante en leche. El aumento en el número de maestros ha sido notable: de 21 en 1944 a 101 en 1956, índice del desarrollo de una clase media en Tepoztlán. En tanto que en épocas pasadas había escasez de maestros en el pueblo, ahora hay escasez de puestos para los maestros, y 70 tepoztecos enseñan en escuelas rurales ubicadas fuera de Tepoztlán. Otras actividades que han mostrado un gran incremento a juzgar por las cifras son: empleados de líneas de autobuses, de 22 a 35; peluqueros, de 15 a 22; carniceros, de 15 a 32; y tenderos, de 20 a 64.

La distribución de la gente dedicada a ocupaciones no agrícolas, por barrios, muestra una intensificación del antiguo modelo de concentración de los barrios centrales más grandes: La Santísima, 27 %; Santo Domingo, 25 %; San Miguel, 23 %; Santa Cruz, 11 %; San Sebastián, 8 %; Los Reyes, 5 %, y San Pedro, 1 %. De manera semejante el 85 % de las personas dedicadas a los nuevos trabajos provienen de los tres barrios centrales, pero se ha visto contrapesada por una diseminación de los servicios desde la plaza central hacia dichos barrios. Ahora cada una de estas entidades tiene su propio molino para maíz, y, por lo menos, una tienda. Otro cambio interesante y sintomático es el aumento en el número de prestamistas de dinero: de aproximadamente 6 en 1944 a 18 en 1956; tal hecho refleja una necesidad mucho mayor de dinero en efectivo, así como una nueva afluencia de riqueza.

Las únicas ocupaciones que desde 1944 han mostrado un descenso en el número de los que se dedican a ellas son las de carpintero, curandero, chirimitero (tocador de flauta), colector de fibra de maguey y carbonero. Los *huehuechiques* (funcionarios ceremoniales de barrio) han desaparecido completamente, tal como lo predije en mi estudio anterior. Los chirimiteros están siendo sustituidos por músicos modernos. Como se hizo notar antes, el descenso en la fabricación de carbón fue resultado de la presión que ejercieron sobre el pueblo las autoridades federales.

El más espectacular cambio ocupacional, sin embargo, y que, al mismo tiempo, se ha convertido en una nueva fuente de ingresos para Tepoztlán, es el movimiento de braceros; esto es, trabajadores agrícolas temporales en los Estados Unidos. En 1948, menos de treinta tepoztecos fueron braceros; para 1957, más de seiscientos hombres habían sido braceros durante periodos que oscilaban entre cuarenta y cinco días y más de un año. Este cambio de ocupación ha originado otros grandes cambios en el pueblo. En 1943, Tepoztlán sufrió de una aguda escasez de tierras. Ahora, debido a que en muchos casos los braceros regresaban al pueblo solamente para descansar unos cuantos meses antes de irse a trabajar durante un nuevo periodo al país del norte, Tepoztlán padece escasez de mano de obra, y muchas milpas no se cultivan. Los braceros ganan más dinero en unos meses de trabajo en los Estados Unidos de lo que podrían ganar en casi dos años trabajando en el pueblo, y muchos han invertido sus ahorros en mejorar sus casas y en comprar tierras y ganado. Muchos también han traído de regreso radios portátiles, juguetes mecánicos, ropas y telas: la aldea tiene ahora cuatro sastres que dedican todo su tiempo a esa actividad y que se ocupan de hacer pantalones para sus paisanos. Aunque el movimiento de braceros ha ampliado la perspectiva de algunos tepoztecos (quienes ahora saludan a los visitantes norteamericanos con unas cuantas palabras en inglés), cuando desempeñan sus labores la mayor parte de los braceros permanecen aislados en campamentos de trabajo o en las fincas, no hablan inglés, viven de acuerdo con la dieta mexicana y, en general, aprenden poco acerca de los Estados Unidos y de su sistema de vivir. Muy pocos aprenden técnicas agrícolas que puedan ser aplicadas en Tepoztlán.

La mayor parte de los braceros de este pueblo son jóvenes entre veinte y treinta años de edad. Provienen predominantemente de los segmentos superiores del grupo económico más bajo (grupo I), pero también del grupo intermedio II (véase página 127). Unos pocos pertenecen a las familias más pobres y, en menor cantidad aún, a las familias más ricas del grupo III. Esto constituye un cambio interesante del modelo observado a principios de la década de los cuarenta, cuando solamente hombres que tuvieran conexiones políticas y experiencia adquirida fuera del pueblo se convertían en braceros. En esa época, la mayor parte de los tepoztecos temían salir de su lugar para ir a vivir a un país distante o aun para acudir ante las estaciones reclutadoras del gobierno en la Ciudad de México. Al contar con mayor educación, la generación joven desarrolló una mayor presteza para explorar el mundo exterior y para atreverse a enfrentar los azares de un viaje largo. Sin embargo, el brote súbito en el bracerismo solo se presentó cuando un profesor de escuela en uno de los sitios cercanos se convirtió en enganchador de braceros (localmente se le denominaba «coyote»). El mismo había sido bracero y sabía la forma de hacer los arreglos legales necesarios. Los tepoztecos le pagaron una cuota con la esperanza de que él podría conseguirles contratos más largos y también ocupación en California en lugar de Texas o Arkansas. Las cuotas, que el coyote es de suponerse compartió con determinadas autoridades, variaban entre 200 y 400 pesos, según el lapso de tiempo de trabajo especificado en el contrato. La mayor parte de los tepoztecos que firmaron tuvieron que obtener el dinero de los prestamistas locales, a la tasa de interés usualmente alta; pero evitaron tener que tratar directamente con las autoridades y, en esa forma, tuvieron el valor necesario para dar el primer paso.

El movimiento de braceros ha servido como una solución parcial, si bien temporal, del problema agrario en el pueblo. Tepoztlán ha venido a depender de la economía norteamericana. Si los Estados Unidos cerraran de pronto sus fronteras a los braceros mexicanos, probablemente se presentaría una crisis.

Otro cambio importante en los tepoztecos es la mayor facilidad con que se muestran dispuestos a vender sus tierras. En 1943, era difícil encontrar a alguien en el pueblo que considerara vender un pedazo de terreno para una casa, o una parcela agrícola. Por ejemplo, en 1942 un prominente banquero mexicano que quería construir en Tepoztlán negoció durante un año antes de poder lograr comprar un lote baldío de tamaño modesto, cuyo propietario vivía en la Ciudad de México. En 1956, los tepoztecos habían vendido casi cuarenta lotes a otros tantos foráneos para que construyeran sus casas en el pueblo y en el hermoso valle que se extiende más abajo. Los intermediarios tepoztecos ahora especulan con la tierra, debido a que los precios suben constantemente. Un lote valuado aproximadamente a 50 centavos el metro cuadrado en 1943 se vendía en 1957 hasta a 12 pesos el metro.

Tepoztlán se ha convertido en una colonia de turismo internacional. Los propietarios de casas que no son tepoztecos incluyen ahora a nativos de México, así como a ciudadanos de España, Francia, Alemania, Holanda, Japón e Italia que se han naturalizado mexicanos; también quedan incluidos unos cuantos norteamericanos. Pocas de estas personas viven en el pueblo todo el año, pero pasan allí sus vacaciones y los días de fiesta. La construcción de treinta y cinco casas nuevas para la colonia extranjera ha proporcionado ocupación a algunos albañiles y jornaleros tepoztecos. Parte de los materiales de construcción utilizados —piedra, arena y tejas— se compraron también en la localidad. Varias familias han tomado a jóvenes tepoztecas como sirvientas domésticas, tanto en Tepoztlán mismo como en sus casas de la Ciudad de México o de los Estados Unidos; y aproximadamente una docena de tepoztecos tienen empleos como encargados de aquellas casas. La colonia también proporciona algún ingreso adicional para los comerciantes locales de carne y de leche, y para algunos otros mercaderes. En general, los «extranjeros» hacen pocas amistades en el pueblo y, salvo en el carnaval, participan muy poco en los asuntos del lugar. Se dice que la mayor parte de estas personas se opusieron a la campaña para llevar la luz eléctrica a Tepoztlán, por temor de que ello pudiera arruinar la cualidad rústica y primitiva del sitio. Debe notarse que entre los que no son tepoztecos que han vivido allí figuran algunos intelectuales y artistas prominentes de México, así como unos cuantos médicos. Algunos de ellos han tomado gran interés por los lugareños y les han ayudado en sus esfuerzos por construir una nueva escuela secundaria, para conseguir instalaciones de agua en el pueblo y, más recientemente (junio de 1958), para obtener energía eléctrica.

Otras formas de turismo también se han desarrollado rápidamente, y han aumentado las facilidades para este ramo. La más importante ha sido la conversión de la casa privada del banquero en uno de los más encantadores lugares de México: La Posada del Tepozteco. Desde fines de la década de los cuarenta, productores de películas mexicanos y de Hollywood han utilizado a Tepoztlán como escenario para diversas películas.

Desde 1943, las instalaciones educativas se han ampliado. Dos nuevas escuelas construidas en los barrios más populosos dan a Tepoztlán un total de cuatro centros elementales. La asistencia subió de aproximadamente 750 en 1950 a más de 900 en 1956. En 1950 se terminó una escuela secundaria, y la asistencia subió de 54 el primer año a 110 en 1956. Los niños todavía predominan sobre las niñas, tanto en la escuela elemental como en la secundaria. Los lugares vecinos han comenzado a interesarse en la educación superior, y envían a sus niños a la escuela secundaria central en Tepoztlán. Cada año, un determinado número de jóvenes que finaliza sus estudios de secundaria en Tepoztlán se traslada a la Ciudad de México para hacer estudios universitarios.

En los últimos diez años, los viajes de los autobuses a Cuernavaca casi se duplicaron; los viajes a la Ciudad de México también han aumentado. En un día promedio entre semana, aproximadamente 500 tepoztecos toman el autobús para dirigirse a Cuernavaca a trabajar, hacer compras, vender sus productos, o en busca de entretenimiento. Algunos campesinos piensan ahora que bien vale la pena tomar un autobús para dirigirse a sus milpas, ubicadas a una distancia de 2 o 3 kilómetros, en lugar de gastar tiempo y energías en hacer el viaje a pie. Un recuento hecho un miércoles, en julio de 1956, mostró que al pueblo entraron 84 vehículos, y que salieron 94, entre las 5 a.m. y las 9 p.m. El 36 % de ellos eran autobuses que salieron aproximadamente dos veces por hora en ambas direcciones (hacia Cuernavaca y de Cuernavaca), el 41 % eran coches de pasajeros, y el 23 % camiones de carga, que transportaban diversos productos: maíz, cerdos, plantas, cerveza, grava, abarrotes, refrescos y petróleo.

Un recuento similar se hizo un domingo, y arrojó un total de 373 vehículos que entraron o salieron. Los autobuses transportaron unos 800 pasajeros durante el día.

En 1943, el número de aparatos de radio en Tepoztlán era solamente de 3 o 4; en 1956 esta cifra se había elevado a 80, operados por baterías, porque la electricidad todavía no llegaba al pueblo. Los propietarios de ellos eran, sobre todo, gente de menos de cuarenta años; las personas de más edad mostraban poco interés en estos aparatos. La mayor parte de ellos habían sido comprados en Cuernavaca desde 1950, a precios que variaban entre 400 y 3.500 pesos. Su destino era principalmente el uso familiar, pero su presencia ha aumentado las visitas y la sociabilidad entre los habitantes más jóvenes. Quienes los escuchan por lo regular no oyen sistemáticamente programas determinados. Cada vez que quieren escuchar algo, cambian el sintonizador para localizar cualquier cosa que suene bien. La música ranchera es la atracción más popular, y las noticias ocupan un lugar secundario. Los principales obstáculos para el uso de los aparatos de radio han sido la falta de dinero y la ausencia de energía eléctrica, lo cual se ha traducido en dificultades y en gastos a fin de mantener cargadas las baterías. Más o menos el 15 % de los aparatos no trabajaban en julio de 1956 debido a que las pilas se habían agotado. Los tepoztecos que tenían familiares o compadres entre los choferes de autobuses podían hacer instalar sus baterías en uno de esos vehículos durante un día, y en esa forma las recuperaban cargadas sin costo alguno.

En 1956, como parte de un proyecto del gobierno federal para mejorar las comunicaciones, se instaló una estación telefónica en una pequeña tienda de abarrotes en Tepoztlán. En el directorio de Cuernavaca fueron enlistados seis teléfonos para Tepoztlán, casi todos ellos para los negocios locales. Los tenderos ahora pueden hacer pedidos, los políticos arreglar reuniones y, en casos de emergencia, es posible comunicarse con doctores y ambulancias por medio del teléfono. Durante el día, las llamadas se envían y se reciben por medio de la oficina central; por la noche, cuando la oficina central está cerrada, las llamadas van a la Posada. El tendero cobra 50 centavos por llamar a alguien al teléfono, siempre que viva cerca del centro del pueblo. Durante mi estancia en Tepoztlán en 1956, el gobierno local recibió unas cuantas llamadas de Hollywood: ¡Se hacían arreglos para filmar otra película en Tepoztlán!

Tepoztlán tiene ahora un cinematógrafo operado por una persona que fue bracero. Se ofrecen funciones los fines de semana, de octubre a mayo, en una de las grandes salas del edificio municipal, con asientos aproximadamente para 300 personas. El negocio del cine, sin embargo, no es seguro; no siempre puede competir con éxito contra las fiestas. La mayor parte de las películas son historias de rancheros o de guerra, temas que atraen mucho a los jóvenes. Los adultos de más de cuarenta años no frecuentan la sala de cine y la mayor parte de los campesinos no dejan asistir a sus hijas.

A pesar del más alto nivel educativo, del más intenso tráfico y del aumento que ha habido en los aparatos de radio, nuestros datos sugieren que no ha aumentado el número de las personas que leen periódicos. Por el contrario, parece que ha tenido lugar una disminución desde 1943. En 1956 solo aproximadamente veinticinco personas leían algún periódico con cierta regularidad, y ninguna de ellas era campesino. La lectura de revistas, sin embargo, ha aumentado. En 1956, más o menos cincuenta habitantes tenían suscripciones a determinadas revistas. Aproximadamente la mitad de dichas suscripciones correspondían a *Selecciones*, la edición en español del *Readers Digest*; otras eran para publicaciones tales como *Life*, *La Granja*, *La Tierra*, *La Semilla*. Más de la tercera parte de las suscripciones las habían tomado maestros y la mayor parte de las demás correspondían a personas que no desempeñaban labores agrícolas. Casi todos los suscriptores tenían menos de cincuenta años, y la lectura la hacían predominantemente los hombres. Salvo los maestros de escuela y algunos funcionarios, poca gente tenía libros, pero muchos niños leían cuadernos de tiras cómicas.

Guardan relación con los datos que acabamos de mencionar los cambios que han ocurrido en todas las etapas del ciclo de vida, particularmente en la crianza de los niños. Nuevamente, la mayor parte de los cambios aquí se encuentran en el grupo económico intermedio, y el análisis que se hace a continuación del curso que ha seguido el cambio se aplica principalmente a este grupo. También se presentan cambios entre los miembros de los grupos inferiores, más orientados hacia lo tradicional, pero a un ritmo mucho más lento.

Las mujeres todavía prefieren dar a luz sobre un petate, con ayuda de una comadrona; pero con frecuencia se llama a un médico para que atienda los casos difíciles. Muchas jóvenes rechazan algunas de las costumbres indias, así como los tratamientos de las curanderas; por ejemplo, la prohibición de ciertos alimentos, el uso de humo para ayudar al proceso de parto y el ponerse el huipil. Las prácticas mágicas, como enterrar la primera leche de la madre o arrojarla por encima del techo, ya se están descartando. Como es mayor el número de niños alimentados con biberón, el boticario tiene ahora una existencia de botellas y mamilas, así como de fórmulas de mezclas especiales. Las jóvenes sienten menos necesidad de seguir costumbres tales como el baño de vapor o la reclusión durante cuarenta días después del parto, antes de la sacamisa.

Es evidente una tendencia definida hacia una mayor orientación de los niños por parte de ambos padres. Éstos son ahora más tolerantes y se muestran mejor dispuestos a mostrar afecto por sus hijos pequeños. Es mayor el número de padres que actualmente pueden verse por las calles llevando a sus hijos pequeños, y unos cuantos incluso ayudan al cuidado de los hijos en la casa. La costumbre de fajar a los niños ha sido abandonada completamente porque algunas madres la consideran «cruel». Igualmente los padres son más consecuentes ahora en el cuidado de sus niños, especialmente el primogénito, y abiertamente muestran su orgullo por los hijos comprándoles juguetes, zapatos y ropa atractiva. Esto establece un agudo contraste con la antigua actitud de procurar que los niños no llamaran la atención, por temor al «mal de ojo». Los padres jóvenes y mejor educados castigan más levemente a sus hijos, les permiten más juegos y los envían a la escuela durante el periodo más prolongado posible. El lapso de la adolescencia comienza a ser más largo también y más claramente definido, y el momento en que los jóvenes deben contribuir al sostenimiento de la familia con frecuencia es diferido por los años de estudio.

Los matrimonios previamente arreglados por los padres han desaparecido por completo, y es mayor el número de parejas que se casan por amor. Las bodas eclesiásticas han llegado a ser más complicadas y costosas y siguen el modelo de las de la clase media urbana. Los recién casados tratan de instalar sus hogares independientes inmediatamente después de casarse, o tan pronto como les es económicamente viable evitar los problemas que entraña el vivir con las suegras. Algunas esposas jóvenes trabajan como maestras de escuela o como encargadas de las tiendas, pero esto todavía es raro. Es mayor el número de parejas que recurren al divorcio legal, más bien que a la mera separación o al abandono.

Un cambio perceptible ha ocurrido en las actitudes y valores del grupo, así como en la calidad de las relaciones interpersonales. Es demasiado pronto para decir cuán profundamente estos cambios han afectado el *ethos* y el carácter de los nativos, pero todo apunta en la dirección de que seguirán cambios más profundos aún. En 1956, los tepoztecos parecían en general más orientados hacia el exterior y más amistosos, al mismo tiempo que menos molestos por la presencia de la gente de fuera. Los niños eran ruidosos y parecían más sonrientes, aunque corrían como antes a apartarse de un extraño. De hecho, pedían centavos a los turistas. Era común ver grupitos de muchachas sin personas que las acompañaran para cuidarlas, riendo y conversando juntas; y ocasionalmente podía verse también a una jovencita caminar acompañada por un muchacho a plena luz del día. En general, los tepoztecos se mostraban más dispuestos a aceptar a sus miembros sofisticados, y el provincialismo parecía ir en disminución. Había una mayor competencia para obtener empleos y becas y el exhibicionismo era más general.

El hecho de que los tepoztecos tienen más impulso y ambición por su mejoramiento es obvio. Los jóvenes son inquietos y han encontrado el valor necesario para salir del pueblo en busca de mejores oportunidades. Ahora son más exigentes con sus padres en lo que respecta a la educación, y tienen más, confianza en la colaboración con la gente, así como son más capaces de cooperar con los extraños a su familia durante periodos más largos de tiempo. La amistad que no se basa únicamente en relaciones formales recíprocas ha llegado a ser cada vez más importante; el compadrazgo ha asumido una nueva significación, al proporcionar contactos y ventajas sociales. El éxito material y un nivel más alto de vida son admirados conscientemente y buscados, y la motivación para ocultar la riqueza es más débil ahora. El respeto ha venido a fundamentarse cada vez más en la riqueza y en la posición social. La educación da una posición más alta: así, un joven o una señorita que tiene un certificado que le acredita educación escolar espera que sus mayores lo traten con más respeto. La clase media especialmente, cree que también se llega a una posición mejor eliminando las creencias y las prácticas populares y haciéndose más católica.

Es evidente, entonces que Tepoztlán ha realizado grandes esfuerzos en los últimos quince años. Los cambios sin embargo, han sido desiguales, y no todos los sectores de la población se han beneficiado por igual. Frente a recursos agrícolas limitados, y a bajos rendimientos frente a la falta de riego y con pocas perspectivas de resolver el problema agrícola mediante la mecanización, los tepoztecos han llegado a depender cada vez más de nuevas ocupaciones y de trabajos fuera del pueblo.

La mayor parte de los cambios en este lugar los disfruta el grupo económico intermedio que, aun en 1943, había mostrado la mayor iniciativa y el mayor interés en elevar su nivel de vida. Este grupo ha duplicado su tamaño y ahora constituye aproximadamente el 25 % de la población total. Además, ahora ya no es meramente un grupo económico: surge más bien como una verdadera clase media, formada por profesionales, empleados de oficina y artesanos y tenderos independientes cuyos valores y metas han llegado a diferenciarse sustancialmente de los del campesinado. La brecha creciente entre el grupo intermedio y el inferior, entre campesinos y no campesinos, es tal vez el cambio de alcance más grande y el de mayor significado en Tepoztlán.

Aunque el grupo económico inferior es proporcionalmente más pequeño que en 1943, todavía constituye la gran mayoría de los tepoztecos: aproximadamente el 65 %. Nuestros datos indican que este grupo ha llegado a empobrecerse más aún, tanto debido a la inflación como porque se ha privado a sus miembros de una fuente tradicional de ingresos, al prohibirse la producción de carbón. Los miembros de los segmentos inferiores de este grupo han sido los que menos se han beneficiado de los procesos que puso en marcha la Revolución mexicana. No han podido o no han querido salir del pueblo en busca de trabajo a las ciudades o a trabajar como braceros. Tampoco han aprovechado la ventaja de las mayores oportunidades educativas. Continúan con su agricultura de subsistencia y se aferran a los antiguos sistemas de vida, principalmente porque son más baratos.

A medida que Tepoztlán se mueve cada vez más en la dirección del mundo moderno, va dejando atrás la lengua indígena, muchas de sus costumbres nativas, su autonomía local y las formas colectivas de los tiempos prehistóricos. Aun las tierras comunales —baluarte del orden tradicional y antiguamente una de las bases más importantes del cuerpo de la comunidad— parecen destinadas a ser divididas en parcelas ejidales y, tal vez, posteriormente, en propiedades privadas. Con mejores medios de comunicación, con una mayor fe en la tecnología, con una mayor dependencia de una economía monetaria y los empleos fuera del pueblo, con una más grande especialización ocupacional y con el deseo de disfrutar de un nivel de vida más alto, se ha producido también un cambio en el carácter de la gente. Como hemos visto, los tepoztecos son ahora menos suspicaces, menos retraídos y se preocupan más por el desarrollo personal.

Tepoztlán, en la actualidad, suscita muchas interrogantes que solo el tiempo podrá responder. ¿Traerá consigo el mayor individualismo, mayores angustias y frustraciones? ¿Ocasionará una mayor participación y más confianza en el gobierno? ¿Los patrones tradicionales de vida en el pueblo lograrán incorporar y reinterpretar los nuevos elementos presentes —como con frecuencia ha sucedido con los elementos nuevos en el pasado— o bien la antigua y estable cultura de Tepoztlán será pronto irreconocible? ¿Continuarán los tepoztecos vendiendo sus tierras antiguas y con ello convertirán a Tepoztlán en una Cuernavaca en miniatura? ¿A la reciente llegada de la electricidad seguirá el establecimiento de fábricas y el desarrollo de un proletariado sin tierra? ¿O bien la cultura de Tepoztlán absorberá el industrialismo que parece comenzar a instalarse, como ha sucedido en otros pueblos parecidos de México?

Apéndice

Dos réplicas de Redfield y refutación del autor

Robert Redfield. La pequeña comunidad, puntos de
vista para el estudio de un todo humano[35]
Cuando yo era un joven que principiaba a hacer estudios de
antropología, escribí un libro acerca de un pueblo de México. Diecisiete años después, el doctor Oscar Lewis, que
ahora trabaja para la Universidad de Illinois, escribió otro libro sobre el mismo pueblo. Viendo retrospectivamente aquel
primer trabajo mío —que, por cierto, es mucho menos volu-
minoso—, el doctor Lewis, en su libro, sintetiza el contraste
entre las impresiones que se dan de aquel poblado en los dos
trabajos. Se expresa así:

> La impresión que causa el trabajo de Redfield en Tepoztlán es
> la de que aquí vive una sociedad relativamente homogénea,
> aislada, que funciona sin tropiezos y que, además, está bien
> integrada, pues la forman personas contentas y bien ajustadas
> socialmente hablando. El cuadro que nos ofrece de este pobla-
> do tiene un cierto sabor rousseauniano que dentro de algunos
> límites, recubre los hechos de violencia, desorganización, cruel-
> dad, mala salud, enfriamiento y desajustes. Poco se nos dice de
> la pobreza, de los problemas económicos, de los cismas políti-
> cos. A través de todo ese estudio encontramos que se subrayan
> en la sociedad tepozteca la cooperación y la unidad.

---

35 Síntesis del trabajo del doctor Robert Redfield *The Little Community, View-
points for the Study of A Human Whole*. University of Chicago Press, Chicago, 1955, págs. 133-136.

Y luego resume, con las siguientes palabras, la impresión
que él considera ofrece al lector en su propio estudio:

> Nuestros descubrimientos revelan, por otra parte, que el én-
> fasis estaría más bien en un individualismo subyacente, tanto
> de las instituciones como del carácter tepoztecos, e igualmente
> en la falta de cooperación, en las tensiones que hay entre los
> poblados del municipio, en las escisiones dentro del propio Te-
> poztlán, así como en el carácter penetrante del temor, la envi-
> dia y la desconfianza...

Me parece que, en su conjunto, estas sucintas caracterizacio-
nes de los efectos que producen los dos estudios son justas.
Los dos informes de la misma comunidad dan, realmente,
estas impresiones en contraste: la una es de armonía y de la
dicha de vivir; la otra está oscurecida por el sufrimiento y
perturbada por la discordia y la pasión, que es corrosiva.

Lewis, por otra parte, estableció claramente la verdad ob-
jetiva de ciertos rasgos desagradables de la vida en Tepoztlán.
Él nos ha demostrado que más de la mitad de los habitantes
de este lugar no tenían tierras en la época en que él estudió
la comunidad; que muchas de esas personas vivían en verdadera necesidad; que el robo, las disputas y la violencia física
no son raros en Tepoztlán; que la política, tal como se ejerce
en este pueblo, conduce al empleo de la fuerza bruta; que las
diferencias entre el rico y el pobre llevan a disgustos serios
y a la desconfianza; y, especialmente, que dentro de muchas
familias hay varias clases de frustraciones, suspicacias y su-
frimientos. Es, pues, cierto, que nuestros estudios describen
los que casi podrían parecernos dos pueblos diferentes que
vivieran en un mismo lugar.

¿Cómo explicar esta gran diferencia? ¿Podría ser que el lapso de los diecisiete años que pasaron entre mi estudio y el del doctor Lewis hubiera cambiado tanto el carácter de la gente? Lewis no cree que éste sea el caso; tampoco lo creo yo. Las condiciones sociales y económicas formales sí cambiaron de modo significativo, y creo bastante probable que algunas de las diferencias representadas en estos dos informes indiquen una verdadera decadencia en lo que toca a la seguridad de los tepoztecos, producida por el aumento de contacto y comunicación con los medios y modos de poblaciones más grandes y de ciudades. Yo creo que, ciertamente, la mayor parte de la explicación de las diferencias entre los dos trabajos sobre este tema de la vida y el carácter de los tepoztecos debe buscarse en las diferencias entre los dos investigadores.

Lewis piensa también del mismo modo. Reconoce lo que él llama «el factor personal» y se da cuenta de la verdadera diferencia en la clase y en el grado de preparación para hacer ese estudio de Tepoztlán que ambos realizamos, y en el cual cada uno llevó a cabo la tarea con puntos de vista notablemente diferentes en cuanto al desarrollo del método antropológico y en cuanto al interés.

En este punto Lewis subraya —como explicación principal de lo que supongo él debe haber pensado que fue el infortunado énfasis que le di a mi descripción— el interés que yo tenía en el cambio de una sociedad de sus características folk a sus rasgos más urbanos. La crítica del concepto folk-urbano, sin embargo, que Lewis trae aquí a colación no viene a ser oportunamente relevante para explicar la diferencia entre los dos puntos de vista publicados sobre el hombre de Tepoztlán; y afirmo esto porque yo ni siquiera tenía en mente aquel concepto cuando hice el estudio de dicho pueblo: lo desarrollé después. Lo más que yo pensaba por esa época es el simple hecho de que Tepoztlán era una especie de comunidad intermedia entre el grupo tribal primitivo y la población o ciudad, y que los cambios que estaban ocurriendo en Tepoztlán mantenían a este poblado en un punto móvil en el camino de transición de uno al otro de aquellos extremos.

La verdad es que observé determinados aspectos de la vida de los tepoztecos porque me interesaban y me gustaban y no tenía en mente ningún esquema bien elaborado de ideas teóricas. Así observé la significación casi ritual que para los tepoztecos tenía el trabajo de cada día: vi el encanto que encontraban en preparar sus varios festivales, así como el placer, solemne pero profundo, en su realización; aprecié, en fin, el orgullo que esta gente tenía de su tierra cercada por las montañas, habitada desde tiempos remotos, tan profundamente arraigada en su modo de pensar y en sus sentimientos. Así, entonces, al escribir mi libro puse énfasis en estas cosas simplemente porque encajaban en mi interés y en mi gusto particulares. En este sentido, el libro mío fue escrito desde un punto de vista personal.

Me daba cuenta, por supuesto, de lo incompleto del informe que publiqué. Creo que yo sabía que era como gritar: «Miren: éste es un aspecto de la vida del campesino en el que ustedes pueden no haber pensado jamás». Yo no había investigado las enfermedades, las peleas ni el sufrimiento; y supongo que nunca pensé que mi libro fuese un estudio definitivo. En realidad, expresamente dije que el libro no lo era; o sea que siempre consideré mi estudio como la manifestación de un aspecto de una verdad mucho más compleja.

Ahora bien, si a una pequeña comunidad la hemos de conocer por las diversas facetas que integran la compleja verdad que en realidad es, debemos entonces tener a nuestra disposición informes que nos hablen de otras facetas, o aspectos complementarios. Esta es una razón por la cual, dada la existencia de mi libro, el de Lewis tiene tanta importancia. Y tiene tanta importancia no solo debido a que hace un uso juicioso de los recursos y procedimientos que se han venido desarrollando para la investigación desde 1926, sino también por la razón de que Lewis se interesó particularmente en los problemas de la necesidad económica, de la falta de armonía personal y de la desdicha, tópicos que yo no investigué.

La principal conclusión que derivo de esta experiencia es que es mejor para todos tener a la mano dos descripciones de Tepoztlán que solamente una. Resulta una mayor comprensión de la complementariedad y contraste que ambos trabajos proporcionan. En los casos de la mayoría de las comunidades primitivas y exóticas tenemos únicamente el cuadro pintado por un solo investigador. Ahora podemos observar o Tepoztlán con una visión más amplia y profunda.

Me parece, asimismo, que hay una segunda lección que se puede obtener de esta experiencia: creo que debemos reconocer que los intereses personales y los valores particulares y culturales del investigador repercuten en el contenido de la descripción de una comunidad. Cualquiera que sea la forma intelectual que se selecciona para la descripción, o aun si no se emplea ningún concepto-guía establecido de antemano, el pueblo o el grupo que se escoja en cierto modo resultará descrito con algún grado de importancia determinado por las elecciones hechas, tal vez de un modo completamente inconsciente, por el investigador de esa comunidad.

Hay preguntas tras bastidores en estos dos libros escritos acerca de Tepoztlán. La pregunta subyacente en mi libro es: «¿De qué disfruta esa gente?». La pregunta escondida detrás del estudio del doctor Lewis es: «¿De qué sufre esta gente?».

Robert Redfield. El mundo primitivo y sus
transformaciones[36]

Si el conceder cierto tipo de valores a lo que él observa es
parte de la tarea de un etnólogo, y si, como todos sabemos,
los etnólogos (lo mismo que cualquier clase de personas) difieren entre sí en cuanto a los valores que dan a las cosas,
es obvio que los trabajos que estos estudiosos nos ofrezcan
acerca de las culturas que estudian diferirán en parte a causa de los diferentes valores de cada uno de ellos. ¿O acaso es
cierto que no importa cuáles son los valores de los etnólogos; que cualquier sistema de valores que tenga un especialista es igual a cualquiera otro que pueda tener? Parece ser
que el doctor Lewis está de acuerdo conmigo en cuanto a
que el etnólogo no puede dejar de usar algunos de sus valores en su trabajo de campo, porque cuando él me hizo volver
o trabajar en relación con mi vieja descripción de Tepoztlán,
no puso objeción alguna al hecho de que yo empleara mis
propios valores cuando estudié esa comunidad. Su crítica
(entre otras) fue hacia el particular sistema de valores que
creyó ver en mi trabajo. Aparentemente, mi sistema fue el
incorrecto. Yo creo que el doctor Lewis se sobrepasa al decir
que mis valores allí «incluyen la vieja idea rousseauniana de
considerar a los pueblos primitivos como nobles salvajes»;
también creo que aunque él relea de nuevo lo que escribí,
no va a encontrar en ello una expresión como la de que «el
corolario es que con la civilización nos ha llegado la caída
del hombre». Es posible que el doctor Lewis pudiera quedar
satisfecho si aceptara mi confesión acerca de que yo vi en Tepoztlán y sugerí al lector de mi libro determinadas cosas que

36 Síntesis del artículo *The Primitive World and Its Transformations*. Ithaca,
Nueva York, Cornell University Press, 1953, págs. 155-157.

me parecieron buenas: un sentido de convicción en la gente con respecto a todo lo que la vida significa, y una riqueza por lo que respecta a la vida expresiva de la comunidad. La cuestión general aquí, y de la cual yo no soy más que un caso ilustrativo, es si esta clase de valores positivos en ciertos aspectos de la vida nativa es infortunada para el trabajo final.

Es muy difícil, pienso yo, poder estar seguros de que las fallas al escribir un informe sobre ciertos aspectos de la vida de los nativos de un lugar se deban a la selección particular que el autor haga de los valores. Mis propias fallas de esa clase con respecto a Tepoztlán pueden haberse debido a la inexperiencia, o a la falta de más eficientes avances en la ciencia antropológica, o a mis propias limitaciones. Si los valores positivos que tuve en mente influyeron en mi trabajo de tal manera que me hicieron ignorar la desdicha y la angustia con relación a los problemas prácticos que supongo existían en Tepoztlán, es posible que, por otra parte, la presencia en mí de esos valores haya contribuido a hacer ver aspectos de su vida que están en concordancia con ellos. El doctor Lewis, al ir a hacer su trabajo, realizado mucho tiempo después en la misma comunidad, llevó consigo sus propios valores al campo, porque él estaba predispuesto, al menos en su libro, a imaginarse a sí mismo como el especialista que daría información y sugerencias a «los administradores, científicos sociales y otras personas conectadas con el problema de mejorar el nivel de vida en comunidades como Tepoztlán». La mejoría consistiría en tratar de hacer que la agricultura produjera más, y en sustituir «la superstición y las creencias primitivas» por el entendimiento científico de los fenómenos. Yo pienso que un etnólogo que lleva consigo al campo un criterio de valores en el sentido de que la ciencia y la tecnología modernas son superiores a la magia y a la manera primitiva de hacer las cosas, es un experto que está interesado en los problemas de la producción. Y si está interesado en los ajustes personales entre la gente —y coloca sus valores en este tema— creo que entonces nos hablará de aquello que nos ayude a comprender los ajustes o los desajustes de la gente que nos describa. Quizá deberíamos pedirle al etnólogo de campo, no que se despojara de sus propios valores, porque esto es imposible; tampoco que en cada caso ponga el énfasis en los valores predominantes en su tiempo con relación a la ciencia aplicada, al aumento de la producción y al ajuste de la personalidad de sus sujetos de estudio; sino pedirle que nos aclare lo que él encuentre que es bueno y lo que encuentre que es malo acerca de la gente sobre la cual escriba. ¡Y así, entonces, quizá el propio etnólogo pueda ayudar a que sus investigaciones sean seguidas, en la misma comunidad, por otro etnólogo que subraye los valores en contraste con los del primero! Fue el *New Yorker* quien sugirió que no queremos libros de texto balanceados: deseamos bibliotecas balanceadas. No deseamos etnólogos tan balanceados que no tengan humanismo. Queremos una profesión balanceada, un conjunto variado de antropólogos,

Oscar Lewis, Algunos de mis mejores amigos son campesinos[37]
Le estoy muy agradecido al editor de la revista *Human Organization* por haberme invitado a comentar un excelente

---

37 Este artículo apareció en la revista *Human Organization*, Vol. 19, número 4, invierno, 1960-1961, págs. 179-180. Dicha revista la publica The Society for Applied Anthropology, Rand Hall, Cornell University, Ithaca, Nueva York. (*N. del T.*)

artículo de George Foster,[38] quien en su escrito reúne muchos ejemplos de las débiles condiciones en que se desenvuelven las relaciones interpersonales en las comunidades campesinas y que ofrece a nuestra consideración algunas hipótesis que resultan estimulantes. Foster bien pudo haberle dado todavía más fuerza a su artículo si hubiera echado mano de citas sobre los campesinos que aparecen en obras de grandes novelistas como Balzac, Zola, Gógol, Reymont, Turgenev y Sholokov.

En vista del énfasis que Robert Redfield da al elemento artístico en las ciencias sociales, a menudo me he preguntado por qué no le concedió más atención al contraste entre su versión idealizada del campesinado y las sórdidas descripciones que hacen los novelistas. Si bien Redfield llegó a reconocer que hay un aspecto aparente en la vida del campesino, un estudio cuidadoso de su último trabajo, *Peasant Society and Culture* [La sociedad campesina y la cultura] (1956) mostraría que más o menos el 90 % del texto lo dedica a lo que podría llamarse los aspectos positivos, y solamente el 10 % restante a los aspectos de tipo negativo.

Me gustaría decir algo en relación con el intento de Redfield por conciliar las diferencias que hay en nuestros trabajos ya publicados acerca de Tepoztlán y los tepoztecos. Por supuesto, aprecio en lo que vale su ingeniosidad con respecto de lo que él llama las «preguntas tras bastidores», o sea que su estudio llevaba implícita la cuestión: «¿De qué disfruta esta gente?», y el mío la pregunta: «¿De qué sufre esta gente?». Concuerdo con Foster en rechazar esta manera de ver las cosas como algo que explique las diferencias en nues-

---

38 Alude el doctor Lewis al trabajo «Interpersonal Relations in Peasant Society» (Relaciones interpersonales en la sociedad campesina), escrito por el doctor George M. Foster y publicado en las págs. 174-178 del mismo número de *Human Organization*. (*N. del T.*)

tras conclusiones. Me inclino a interpretar la declaración de Redfield como un animoso esfuerzo por defender el trabajo que hizo en Tepoztlán. Y ahora que Foster ha demostrado que un gran número de monografías sobre comunidades campesinas de todas partes del mundo nos dan un panorama que, acerca de la calidad de las relaciones interpersonales, es bastante congruente con lo que yo he descrito acerca de Tepoztlán, se podría concluir que, entre los estudiosos de los campesinos, solo Redfield se preocupó por el aspecto alegre de la vida, en tanto que los demás (Foster, Simmons, Banfield, Carslairs, Dube y otros) hemos sido unos pesimista sin remedio en busca del lado malo y de lo trágico en la vida humana. No creo que sea así.

Desde luego, todo estudio de una comunidad debe presentar tanto aquello de lo cual la gente en cuestión goza como aquello por lo cual sufre. Ahora bien, a causa de que el primer estudio de Tepoztlán —el hecho por Redfield— fue esencialmente un estudio de las festividades, y ya que las fiestas son, decididamente, una ocasión de gran alegría en la vida del pueblo, no me pareció necesario repetir su investigación, la cual comprobé, por otra parte, que se ajustaba bastante a la verdad. Yo también estudié el gozo de esta gente; pero bien puede haber ocurrido que, en mi celo por corregir el énfasis unilateral en el cuadro pintado por Redfield, yo le haya dado más importancia a la investigación de los aspectos negativos y desintegradores de la vida en el pueblo.

Sin embargo, la preocupación de Redfield por lo que hace gozar a la gente no puede explicar algunos de los errores, tanto en lo que señala como en lo que omite su informe acerca de Tepoztlán. Por ejemplo, su descripción de este pueblo como un lugar de terratenientes, cuando la verdad es que las dos terceras partes de sus habitantes carecían de tierras cuando estuvo allí, y a Tepoztlán aún no se le habían concedido los ejidos; su falla en no mencionar el alto índice de crímenes, así como la sangrienta masacre que tuvo lugar en la plaza en 1927 y que fue en parte responsable de que el propio Redfield tuviera que dejar el pueblo.

Pero aún hay un punto de más peso y de naturaleza filosófica en nuestras diferencias. Me parece que el conceder más atención a aquello por lo cual un pueblo sufre es mucho más importante que el fijarse en lo que le produce alegría, debido a que el primer punto de vista es más constructivo como parte del panorama interno de la condición humana y como parte de la dinámica de conflicto y de las fuerzas del cambio. El enfocar nuestra mirada en el goce conduce, por lo general, a un punto de vista estático de la sociedad. El subrayar el aspecto alegre en un estudio de la vida campesina es hablar en bien de su conservación como está, y de paso, hacerle propaganda turística inadvertidamente. El ver todavía al campesinado con ojos de romanticismo, como lo hacen aun muchos antropólogos, es, en el mejor de los casos, una forma de escapismo de los problemas de la vida urbana y, en el peor de los casos, significa una especie de esnobismo invertido. Poner el acento en los problemas y el sufrimiento del campesinado es prever la posibilidad de cambios fundamentales en la tecnología, los medios de comunicación y nuestro fondo general de conocimiento, lo que puede conducir a la modificación del significado de la vida del campesino como creemos conocerla en la actualidad.

En mi opinión, una de las diferencias básicas «tras bastidores» en nuestro enfoque, se relaciona con el problema de lo que se considera una buena sociedad. Cuando estaba haciendo mi propio trabajo de campo, el concepto que yo tenía de una buena sociedad era el de un tipo ideal que me serviría como término de comparación para «medir» la vida urbana de Chicago y la vida campesina de Tepoztlán. Y encontré que ambos lugares se quedaban cortos al lado de mi tipo ideal. Y ello por varias razones.

A este respecto, me veo obligado a objetar la evaluación que hace Foster cuando piensa en la sociedad campesina como «un recurso social que ha tenido éxito», simplemente porque ha podido persistir. El éxito de una forma social hay que evaluarlo también en términos de su costo humano. Además, con la rápida mecanización de la agricultura en algunas áreas subdesarrolladas del mundo, está en camino la desaparición de la sociedad campesina de tipo tradicional. Me parece que los antropólogos, y sobre todo los especialistas en antropología aplicada, deberían buscar la manera de aliviar las tensiones de las comunidades campesinas durante este periodo de transición hacia nuevas formas sociales.

El hecho de que yo le haya concedido más notoriedad a los aspectos deplorables o funestos en la vida de los labriegos —la pobreza, el alto índice de mortalidad, la violencia física, las frustraciones, el sufrimiento y el desgaste de talento humano—, en modo alguno significa que, en lo personal, me disgustan los hombres del campo. Por el contrario, algunos de mis mejores amigos son campesinos. Mi preocupación por los campesinos como seres humanos es lo que me ha hecho más sensible a sus problemas.

Volviendo ahora a las aportaciones que ha hecho Foster, me agradaría sugerir una modificación a su definición de la sociedad campesina, lo mismo que agregar algunas otros variables para explicar lo que él considera la naturaleza relativamente uniforme de las relaciones interpersonales en tales sociedades.

Foster, siguiendo a Kroeber, define la sociedad campesina como una «sociedad en parte», esto es, «un pueblo rural que vive en relación con las poblaciones de mercado». Yo agregaría que el cultivo de la tierra es otro criterio importante a causa de lo relación hombre-tierra que interviene en gran manera en lo que viene a ser característico de la vida campesina. De acuerdo con la definición de Foster, los zapateros, carpinteros, alfareros y otros artesanos, que como especialistas se dedican por tiempo completo a sus trabajos, deberían ser clasificados como campesinos, aunque no hagan nada de agricultura: todo esto lo encuentro confuso. Siguiendo mi definición, en cambio, a los barrenderos y lavanderos de un pueblo del norte de la India no se les consideraría como una comunidad campesina. Del mismo modo, se me hace difícil pensar en el pueblo de Tzintzuntzán como una unidad campesina, porque menos de una tercera parte de sus residentes se dedican a las faenas agrícolas.

Si entiendo a Foster correctamente, él equipara la sociedad folk con la sociedad campesina. En esto, de nuevo, creo que debemos hacer diferenciaciones más precisas. Yo estaría de acuerdo con la equiparación que hace Redfield de las sociedades folk con las sociedades primitivas o ágrafas que no están en una relación simbiótica con los centros urbanos y, que, en realidad, anteceden al desarrollo de las ciudades. A mayor abundamiento, las comunidades campesinas llegaron a tener existencia solo después que se formaron las ciudades.

La sugerencia de Foster en el sentido de que la pobreza de relaciones interpersonales en las comunidades campesinas es función de una economía estática y de baja productividad —factores ambos que limitan la movilidad social vertical—, y su otra sugerencia de que estos factores se vuelven nocivos para las relaciones interpersonales cuando el tamaño de la comunidad pasa de un cierto punto óptimo, me llaman la atención sobremanera como interesantes y de peso. Sin embargo, todo esto es una explicación parcial y tiene el sabor de un crudo determinismo económico, que Foster sería el primero en no tomar en cuenta.

No se puede, honestamente, saltar de la economía y la tecnología a la personalidad y las relaciones interpersonales. Son necesarios, pues, algunos términos que medien o algunas variables que actúen entre aquellos extremos, particularmente los de la organización social, la naturaleza de la familia, el tipo de crianza de los hijos y otros... Y es, precisamente, la diferencia en estas variables la que hace que las comunidades campesinas de las tierras altas de México sean tan distintas del campesinado del norte de la India. El campesino del norte de la India me pareció mucho menos suspicaz y reservado que el tepozteco. Y aunque allá había mayor número de facciones que acá, este espíritu más acentuado de partido o de facción estaba mejor organizado y, por lo tanto, era menos nocivo para la vida de la comunidad. La existencia de un sistema de clanes y castas en el pueblo de Rampur daba a las relaciones sociales una naturaleza cohesiva que forma un gran contraste con el atomismo y el familismo nuclear de Tepoztlán. Como una advertencia final con respecto al peligro de las generalizaciones acerca de la personalidad campesina, debo decir que la baja calidad de las relaciones interpersonales que describe Foster, ocurre tanto en las sociedades urbanas como en las sociedades tribales y folk. A mí me impresionó, en el curso del trabajo de campo, la amplia variación en los tipos de personalidad dentro de las familias, lo mismo que la diferencia en la psicodinámica de la familia. Distinguí dos tipos de estructura familiar en Tepoztlán, el tipo segmentado y el monolítico, cada uno con sus consecuencias características en las relaciones de marido y mujer y de sus padres e hijos. Estoy seguro que hay otros tipos; ello depende de las variables particulares que uno escoja como tema de estudio.

Obras de consulta

Beals, Ralph, Cherán: *A Sierra Tarascan Village*. Washington, D. C., U. S. Government Printing Office, 1946. Exposición etnográfica de una población tarasca de 5.000 habitantes en el Estado de Michoacán.

Foster, George M., *Empire's Children, The People of Tzintzuntzan*. México, Imprenta Nuevo Mundo, S. A., 1948. Etnografía moderna de una aldea tarasca contemporánea en el Estado de Michoacán, cerca del Lago de Pátzcuaro.

Gruening, Ernest, *Mexico and Its Heritage*. Nueva York, Century Company, 1928. Excelente historia general de México donde se exponen los principales acontecimientos sociales, económicos y políticos desde los tiempos prehispánicos.

Lewis, Oscar, *Life in a Mexican Village: Tepoztlan Restudied*. Urbana, Ill., University of Illinois Press, 1951. Descripción completa de la vida en un pueblo con un análisis de los cambios que han ocurrido desde el anterior estudio de Robert Redfield en 1926-1927.

Parsons, Elsie Clews, *Mitla, Town of the Souls*. Chicago, University of Chicago Press, 1936. Buena descripción de una aldea indígena zapoteca de 2.500 habitantes en el Estado de Oaxaca. Especialmente interesante por su capítulo sobre el chismorreo en la población y el estudio de lo que es indígena y lo que es español.

Redfield, Robert, *Tepoztlan: A Mexican Village*. Chicago, University of Chicago Press, 1930. Estudio precursor de un pueblo mexicano, especialmente bueno por su detallada descripción del ciclo de las fiestas.

—A *Village that Chose Progress, Chan Kom Revisited*. Chicago, University of Chicago Press, 1950. Estudio de los cambios culturales por un prominente antropólogo que regresó a estudiar de nuevo el lugar al que dedicó uno de sus primeros estudios.

Tannenbaum, Frank, *Mexico, The Struggle far Peace and Bread*. Nueva York, Knopf, 1950. Estudio conciso de la sociología, la política, la economía y la psicología de México, por un destacado historiador que se familiarizó con el país casi durante tres décadas.

Whetten, Nathan L., *Rural Mexico*. Chicago, University of Chicago Press, 1948. Descripción y análisis amplios del México rural, que proporciona una base y un marco de referencia excelentes para comprender un pueblo particular como Tepoztlán.